자치분권 6법 사용설명서

자치분권
6법
사용설명서

이상걸· 이수영 공저

더봄

자치분권 6법 사용설명서

제1판 1쇄 인쇄　　2022년 08월 12일
제1판 1쇄 발행　　2022년 08월 16일

지은이　　이상걸·이수영
펴낸이　　김덕문

책임편집　　손미정
디자인　　블랙페퍼디자인
마케팅　　이종률
제작　　백상종

펴낸곳　　더봄
등록번호　　2015년 4월 20일
　　　　　　서울시 노원구 화랑로51길 78, 507동 1208호
대표전화　　02-975-8007　‖　팩스　02-975-8006
전자우편　　thebom21@naver.com
블로그　　blog.naver.com/thebom21

ISBN 979-11-92386-03-4 93300

강한 민주주의 혁신:
끝나지 않은 여정

안성호 | 전 한국행정연구원장

"거버넌스 체제가 나라의 흥망성쇠에 중대한 영향을 미친다."

이 명제는 고대 그리스의 플라톤으로부터 오늘날의 사회과학자들에
이르기까지 저명한 연구자들에 의해 누누이 지적되어 온 공개된 비밀이
다. 근래 발전경제학자 대런 애쓰모글루와 제임스 A. 로빈슨은 15년 동안
공동연구를 통해 국가의 번영과 빈곤이 정치체제의 포용성과 착취성에
달려 있음을 재확인했다. 이들은 《국가는 왜 실패하는가》(2012)에서 자신
들의 연구결과를 다음과 같이 요약했다.

"국가실패의 원인은 경제성장을 저해하거나 심지어 발목을 잡는 착
취적 정치제도를 시행하기 때문이다. …… 고대로부터 오늘날까지 일
부 사회는 경제성장을 촉진하는 포용적 정치제도를 발전시켰지만, 대
다수 사회는 엘리트의 이익증진을 위해 경제성장의 숨통을 죄는 착
취적 정치제도를 채택해왔다."

이들은 남한과 북한을 자신들의 연구결과를 입증하는 대표적 사례로 소개했다. 해방 후 70여 년 동안 남한은 치열한 민주화운동을 통해 쟁취한 민주주의를 토대로 비약적 경제성장을 이루어 선진국에 진입했다. 반면 북한은 권위주의 독재 치하에서 시민권이 말살된 상태로 2019년 남한 GDP의 54분의 1에 불과한 세계 최빈국으로 전락했다.

하지만 곰곰이 들여다본 남한의 민주주의는 흠결이 많다. 권력투쟁에 골몰하는 정당들의 이전투구 대결정치는 국론을 분열시키고 정치의 사법화와 사법의 정치화를 조장하고 있으며 언론의 상업화와 진영편향 보도는 이념의 갈등을 증폭시키고 정치적 양극화를 부추긴다. 소셜 미디어는 종종 사실을 과장·왜곡하거나 허위정보를 양산하는 돈벌이 수단으로 전락했다. 국민은 활극을 보듯 정치를 관람하며 정치인을 탓하고 불평불만을 늘어놓는 구경꾼−군중의 자리에 머물고 있다.

저급한 민주주의가 초래한 보수·진보 간 극단적 진영 대립은 한국의 불안한 평화를 더욱 위태롭게 만들고 있다. 고속 경제성장의 이면에 가려진 사회경제적 약자의 형편은 대다수 지수에서 OECD 회원국 중에서 최하위권에 머물고 있다. 2021년 출산율은 세계 최하위인 0.81명으로 급락했고, 소멸 위험에 직면한 시·군·구는 105개에 이르렀으며, 정원미달 지방대학은 175개에 달했다. 비상조치를 취하지 않으면 머지않아 부동산시장 붕괴와 주식시장 위축, 경제규모 축소, 재정적자가 엄습할 것이다.

더욱이 난폭한 개발로 야기된 기후변화, 생태붕괴, 팬데믹, 식량위기, 핵무기, 불평등 심화 등 문명위기가 호모사피엔스의 생존을 위협하고 있다. 이 문명위기를 극복하기 위해 국제협약을 맺고 UN을 비롯한 국제기구가 노력하고 있지만 신통치 않다. 글로벌 공공문제 해결에 앞장서야 할 각국의 정치지도자들은 당면 문제에 몰두하고 눈앞의 이해득실 계산에 여념이 없다.

《강한 민주주의》(1984)의 저자 벤자민 R. 바버는 "우리는 우리 시대의 온갖 위기에 직면해 너무 많은 민주주의 때문이 아니라 너무 적은 민주주의 때문에 고통 받고 있다"고 진단하고, 이 위기를 극복하기 위해 '빈약한 민주주의'thin democracy를 '강한 민주주의'strong democracy로 전환해야 한다고 역설했다. 최근 한국행정연구원 박준 등(2021)의 국가포용성지수State Inclusiveness Index 연구는 한국의 민주주의 포용성 수준이 OECD 회원국 중 32위로 하위권에 머물며, 민주주의 포용성 수준과 정책성과 사이에 정(正)의 상관성이 있으며, 빈약한 민주주의에서 강한 민주주의로 정치제도의 포용성이 높아질수록 정책성과가 높아지는 경향이 있음을 확인했다.

한국의 헌법질서가 빈약한 민주주의에서 강한 민주주의로 전환되기 위해서는 빈약한 민주주의에서 홀대받거나 소외당한 소수·지방·시민을 포용하는 정책이 필요하다. 다수와 소수, 중앙과 지방, 그리고 엘리트와 시민이 권력을 공유하는 헌법개혁이 그것이다. 중앙과 지방(광역-기초-풀뿌리공동체) 간 주종의 위계관계를 협약에 의한 연방적 협력관계로, 엘리트 지배의 대의민주제를 직접민주제 확대로 엘리트와 시민이 권력을 공유하는 대의직접민주제representative direct democracy로, 그리고 승자독식 다수결민주제를 다수와 소수가 권력을 공유하는 합의민주제로 바꿔야 한다.

지난 문재인 정부 시절 강한 민주주의 혁신을 위한 세 차례 근본적 헌법개혁 시도가 있었다. 그러나 정치계급의 저항에 부딪혀 연이어 좌절되었다. 2018년 3월 대통령은 "대한민국은 지방분권국가를 지향한다."고 천명하고, 법률에 대한 국민발의권과 국회의원에 대한 국민소환권 등을 규정한 헌법개정안을 발의했지만, 국회에서 제1야당의 표결 불참으로 무산되었다. 2019년 12월 양당제의 폐해를 완화하고 소수정당을 포용하는 준연동형 비례대표제를 규정한 공직선거법 개정안이 제1야당의 극렬한 반대 속에 극적으로 가결되었지만, 득표율과 의석수의 비례성이 미약한 데다 거대 양당이 위성정당을 급조한 바 오히려 2020년 6월 국회의원선거에서 소수정당의 입지가 더 좁아졌다. 2020년 3월 시민단체 개헌연대의 주선으로 148명의 여·야 의원은 유신헌법 개정으로 폐지된 헌법국민발안제를 부활시키는 원포인트 개헌안을 발의했지만, 이 개헌안 역시 제1야당의 표결 불참으로 무산되었다.

다행히 문재인 정부 말기 법률 차원의 강한 민주주의 혁신에 의미 있는 성과가 있었다. 본 저서가 집중적으로 다루는 '자치분권 6법(지방일괄이양법, 전부개정 지방자치법, 주민조례발안에 관한 법률, 전부개정 경찰법, 중앙지방협력회의법, 고향사랑기부금법)'이 그것이다. 자치분권 6법의 통과는 중앙집권적 국가운영 패러다임을 '연방제에 버금가는 강력한 지방분권적' 국가운영 패러다임으로 전환할 헌법개혁을 달성하지는 못했으나 그동안 지방자치단체의 자치권을 지나치게 제약해온 일부 장애요인을 개선한 법률개혁으로서 거버넌스 혁신의 역사적 의미를 지닌다.

본서는 지난 5년 동안 정책개발과 입법지원 활동을 펼쳐온 자치분권위원회의 이상걸 담당관과 이수영 전문위원의 열정과 노고가 배어 있는 현장의 기록이다. 제도와 정책생산 현장에서 실무를 담당해온 저자들의 정리 작업이기에 더욱 친근하게 다가온다. 자치분권이 국가적 난제를 해결할 희망이라고 보는 저자들은 현장에서 체험한 자치분권 6법의 추진과정과 내용 및 성과를 분석한다. 이어 향후의 자치분권 개혁과제를 논의함으로써 강한 민주주의 혁신이 차기 정부에서도 계속 추진되어야 할 거버넌스 개혁의 여정임을 환기한다.

2022년 제8기 지방자치 시대의 개막에 때맞추어 자치분권 관련 6개의 법안이 산고 끝에 시행되게 되었으니, 이들 법안이 자치분권 현장에 새바람을 몰고 오리라 기대한다. 자치분권 6법 제도화의 의의와 향후 과제를 정리하고 있는 이 책을 문명위기의 시대를 맞아 한국의 재도약을 염원하는 연구자와 실무자 및 시민들에게 일독을 권한다.

| CONTENTS |

부 록

지역의
재발견

중앙집중형 사회의 한계

지난 2018학년도 전국 대학수학능력시험이 돌연 일주일 연기된 적이 있었다. 시험을 강행하면 자칫 돌이킬 수 없는 상황이 벌어질 것을 우려한 것이었다. 경북 포항 지역에서 발생한 규모 5.4의 지진으로 포항지역의 수능 시험장 등 상당수 학교가 적지 않은 피해를 입은 데다 수능 당일에 여진이 발생할 경우 시험 차질 가능성을 배제할 수 없었기 때문이다. 당시 정부의 결정은 학생의 안전과 시험의 형평성을 최우선으로 생각했을 때 불가피한 조치였음이 이해되었으나, 일부 지역의 문제로 인해 전국의 모든 수험생과 가족이 충격과 혼란에 빠지는 상황을 보면서, 그리고 일주일의 연기 기간에 혹시라도 있을지 모를 또 다른 재난을 걱정하지 않을 수 없는 상황에서 뭔가 다른 대책은 없었을까? 아쉽고 답답함을 지울 수 없었다.

이렇게 급하고 위험천만한 정책결정을 할 수밖에 없었던 원인은 관치·집권형官治·集權形 국가운영시스템 때문이라고 할 수 있다. 중앙집권적 제도의 한계로 많은 문제가 파생되고 있고, 돌발사태의 대책도 중앙집권적 시스템 속에서 찾을 수밖에 없는 것이다.

전국 일제고사 방식의 대학수학능력시험은 중앙집중형 관치의 표본이다. 기본적으로 입시제도를 대학자율에 맡기고, 지역별 특성에 맞게 자치교육을 시행하고 있었다면 그런 급박한 상황은 초래되지 않았을 것이다. 예기치 못한 재난이 발생했을 때 현지 사정에 밝은 기초 자치단체와 시민의 자발적인 참여로 지역사회가 자율적으로 대응하고 책임지는 시스템이 필요하다.

코로나19 위기가 불러온 '지역의 재발견'

코로나19로 시작된 팬데믹 위기가 여전히 지구촌을 강타하고 있다. 코로나19 확산 이후 지방자치단체장과 공무원들의 방역 노력은 선제적이고 치열하게 진행되었다. 드라이브 스루 방식의 신속한 진단검사, 감염원에 대한 선제적인 제한조치, 소위 '닥치고 검사' 등 자치단체의 과감하고 즉각적인 노력이 시행되었다. 사회적 거리두기 실천으로 상점이 문을 닫고 일상적 경제활동이 중단되어 자영업자들과 국민들이 코로나 위기보다 더 심각한 경제위기에 빠지자, 수많은 자치단체들이 앞 다퉈 긴급재난지원금 마련과 시행에 나섰다. 국가의 위기 때마다 빛났던 시민정신은 팬데믹 위기에도 빛을 발하였다. 자치단체 간 지원의 손길을 내밀어 감염 환자들을 수용할 병상을 내놓는가하면 면 마스크와 도시락 보내기 운동을 전개하였던 사례는 가슴 뭉클한 시민연대의 표본이 되었다.

주민자치회에서는 동네식당 가이드북 제작, 면 마스크 제작, 주민 방역단을 만들어 마을방역에 나서는 등 코로나 위기 극복을 위한 자체사업을 발굴하기도 하고, 개학 연기로 판로에 차질을 빚고 있는 학교급식 조달 농가들의 피해를 돕기 위해 식품재료 꾸러미를 만들어 관내 주민들에게 공급하기도 하였다.

시행 30여 년에 이른 한국의 지방자치는 고비용 저효율 제도라는 뼈아픈 비판에도 불구하고 중앙집권화된 사회의 경직성과 비효율성을 방지하고, 권한과 자원의 분산을 통한 개방되고 민주화된 사회, 풀뿌리 시민들의 참여에 의한 아래로부터의 변화를 이끌어내면서 위기 속에 진가를 발휘하게 되었다. 코로나19 위기상황을 맞아 '지역의 재발견'으로 인정받기에 이른 것이다.

국가로부터의 응급대책, 긴급지원이 있다 하더라도 현장을 잘 아는 현지 주민들과 기초생활단위의 자치단체가 우선이 되고, 기초자치단체를 보완하는 광역시·도가 주체적으로 지휘를 하지 않는 한, 위로부터의 상의하달식의 방침과 지원이 효과적으로 작동할 수 없다. 각종 재난 위기상황에 대응해 시민들의 참여가 보장되는 시스템을 갖추고 기초자치단체부터 자립적으로 직접 책임질 수 있는 권한과 자원의 재분배가 필요하다.

지역을 살리기 위한 공존의 길

우리나라는 그동안 중앙집권체제 아래에서 물량 위주의 성장정책을 통해 국민소득이 3만 달러가 넘는 성과를 달성했다. 그러나 이러한 중앙집권체제는 심각한 해악을 끼치기도 했다. 경제적으로는 공간적 불균형의 심화와 소득의 정체를 낳았고, 정치적으로는 지역감정에 의존하는 선거 풍토를 낳아 민주주의의 발전을 크게 저해했다. 행정적으로는 중앙정부의 과도한 주도성과 지역의 의존성이 초래하는 비효율로 국가와 지역이 동반 쇠락하는 함정에서 헤어나지 못하고 있다.

중앙집권체제는 관료주도의 국가발전모델이다. 이를 자치형 분권사회 모델로 바꾸지 않으면 지역을 살릴 수 없다. 자치형 분권사회가 되면 수도권 중심 발전전략에 의한 생산성 정체를 돌파할 길을 지역에서 찾을 수 있고, 지역감정과 지역이기주의로 병든 나라를 쇄신할 수 있으며, 중앙만 쳐다보는 의존성 대신 주민들의 자발성이 높아져 지역에 맞는 발전을 도모할 수 있다.

수도권과 지역, 도시와 농촌이 상생과 협력 속에 상호 공존하기 위해서는 어떤 방향의 노력이 필요할까?

첫째는 온전한 지방분권이다. 온전한 지방분권은 중앙집권체제의 주도자인 중앙정부와 관료들이 자신들의 권한을 지방으로 돌려주고, 지방은 되찾은 권한과 이전 받은 재원을 활용해 지역의 비전을 스스로 만들고, 그 비전에 따라 정책을 집행하는 것이다.

둘째는 주민주권의 구현이다. 분권화된 지방권력을 누가 통제하느냐가 지방민주주의 측면에서 중요한 것인데, 주민이 스스로의 참여를 통해 자신의 의사를 지방정부에 반영하기도 하고 지방정부를 통제하는 역할을 행사하는 주민주권이 구현되어야 진정한 지방자치이다. 주민주권이 이루어지려면 가장 필수적인 요소가 자립심과 자립역량이다. 오랜 중앙집권의 전통은 지방이 중앙에 의존하는 폐단을 낳았다. 이제 주민의 자립역량을 강화하는 기초체력 단련이 필요하다.

셋째, 상생과 협력의 정신이다. 지역을 살리고 주민주권을 구현하기 위해서는 새로운 제도와 정책이 필요한데, 제도와 정책은 수많은 이해관계집단이 얽혀있어 조금만 개선하려 해도 의견충돌과 반발, 저항에 부딪치기 마련이다. 이제 지역이 살아야 나라가 살고, 지방과 서울이 상생해야 한다는 데에 공감대가 형성되어가고 있음에도 불구하고 이를 실현할 제도를 수립하고 시행하는 일은 진전이 더디다.

이와 같은 세 가지 방향과 원칙은 2018년 자치분권 종합계획의 작성 과정에 반영되었다.

자치분권 종합계획(2018~2022)의 작성

촛불혁명으로 탄생한 문재인 정부는 연방제수준의 자치분권국가를 표방한 바 있다. 지방자치를 염원해온 국민들, 전문가들, 지역 현장의 주체들은 환호하였다. 노무현 정부의 미완성 과업을 완수할 수 있으리라는 기대로 충만하였다. 이러한 자치분권 정신과 원칙은 100대 국정과제에 반영되었고, 2018년 국회 본회의를 통과한 지방분권특별법 개정안에 반영되었으며, 대통령발의 개헌안에 담기게 되었다.

그러나 어렵게 만들어진 개헌안은 국회의 문턱을 넘지 못했다. 대통령은 개헌에는 실패했지만 관련 정책과 법령의 적극적인 제도화를 통해 개혁의 과제들을 실현시킬 것을 주문하였다. 이러한 배경에서 개혁 과제들이 담긴 자치분권 5개년 종합계획과 연도별 시행계획이 작성되었다.

2018년 국무회의에 보고된 자치분권 종합계획은 6대 전략 33개 과제로 구성되어 있는데 첫 번째 전략을 주민주권 구현으로 설정하였다. 그 세부과제로는 주민참여권 보장, 숙의기반의 주민참여 방식 도입, 주민자치회의 대표성 제고 및 활성화, 조례 제·개정의 주민직접발안제도 도입, 주민소환 및 주민감사청구 요건의 완화, 주민투표 청구대상 확대, 주민참여예산제도 확대 등 7가지 과제가 담겨 있다. 지방자치에 주민참여를 촉진할 수 있도록 주민자치 원리를 강화하고, 자치단체의 정책결정 및 집행과정에 주민의 참여권을 보장하였으며, 지역 공동체 회복 및 갈등해소를 위한 숙의민주주의 확산, 주민자치회의 활성화, 주민 자치입법의 요건과 절차 개선, 주민 직접민주제도의 확대 등의 내용을 담고 있다.

문재인 정부의 자치분권정책은 주민주권 구현이라는 가치를 중심으로 내세운 것이 다른 역대정부의 지방정책과 다른 점이다. 이는 문재인 정부가 수립한 100대 국정과제에 '획기적인 자치분권 추진과 주민참여의 실질화(국정과제 74번), 지방재정 자립을 위한 강력한 재정분권(국정과제 75번), 교육민주주의 회복 및 교육자치 강화(국정과제 76번), 세종특별자치시 및 제주특별자치도 분권모델의 완성(국정과제 77번), 자치경찰제도의 실시(국정과제 13번, 권력기관의 민주적 개혁과제에 포함)'라는 과제로 반영되었고, 이를 이어받아 자치분권위원회가 발표한 '자치분권 종합계획'의 핵심적인 추진과제로 선정되었다.

주민주권은 주민이 자치권의 주체라는 것을 의미한다. 지방자치는 전통적으로 유럽대륙계의 단체자치와 영미계의 주민자치라는 두 가지의 형태로 발전해 왔는데, 학자들의 일반적인 지방자치에 대한 개념이 "일정한 지역을 기초로 하는 주민이 중앙정부로부터 상대적인 자율성을 가지고 그 지방의 행정사무를 자치기관을 통하여 자율적으로 처리하는 활동"으로 정리되듯이, '주민자치'가 본래적인 의미라고 할 수 있다.

국가권력에 대항하는 시민사회의 성장, 국민주권의식의 확산은 지방민주주의 차원에서는 풀뿌리 민주주의의 성장과 궤를 같이한다. 이러한 흐름이 집약되어 분출된 것이 한국의 촛불시민혁명이었고, 촛불시민의 염원에는 나라의 주인은 국민이라는 국민주권의식이 담겨 있지만, 지방민주주의 차원에서 보면 지방자치의 주인은 주민이라는 주민주권의식이 함께 성장하고 있음을 확인할 수 있다. 이러한 촛불의 염원은 지방분권형 헌법개정 운동으로 분출되었고, 문재인 정부의 자치분권 종합계획에 반영되게 된 것이다.

자치분권 종합계획이 확정되기 전 문재인대통령이 발의한 헌법 제9장 제121조에는 "지방정부의 자치권은 주민으로부터 나온다. 주민은 지방정부를 조직하고 운영하는 데 참여할 권리를 가진다"고 명시하고 있다.

자치분권 6법 제도화의 의미

문재인 정부의 〈자치분권 종합계획〉 수립 이후, 연도별 시행계획에 따라 자치분권 추진과제의 입법화가 진행되었다. 부처별, 분야별로 자치분권 입법안이 마련되어 차관회의, 국무회의를 거쳐 정부안으로 국회에 제출되었다.

20대 국회(2016. 6~2020. 6)에서는 제1차 〈지방일괄이양법〉(2020. 1.)이 가까스로 국회 문턱을 넘어서는 쾌거를 거두었지만, 〈전부개정 지방자치법〉(2019. 3. 29. 발의/정부), 〈고향사랑기부금법〉(2017. 9. 27. 발의/이개호 의원), 〈중앙지방협력회의법〉(2019. 12. 27. 발의/정부) 등 자치분권 실현을 위한 주요 법안들의 처리는 무산되고 말았다.

21대 국회에서 〈전부개정 지방자치법〉(2020. 7. 3. 발의/정부), 〈중앙지방협력회의법〉(2020. 7. 3. 발의/정부), 〈고향사랑기부금법〉(2020. 6. 3. 발의/이개호 의원), 〈전부개정 경찰법〉(2020. 8. 4. 발의/김영배 의원) 등 자치분권 핵심법안들이 다시 발의되었다.

21대 국회는 여대야소로 입법 여건이 크게 달라졌다. 이에 따라 〈전부개정 지방자치법〉 등 자치분권 실현을 위한 주요 법안들의 조속한 국회 통과를 위한 전략적 접근이 요구되었다.

자치분권위원회는 국회입법협력을 담당하는 소통협력담당관실을 설치하고 입법대응 T/F를 구성하였으며, 행정안전부, 청와대 자치발전비서관실 등 자치분권 입법과 관련된 정부 소속 기관들과 연이은 간담회를 개최하여 기관별 추진전략 및 대응방안 등을 공유하였다. 아울러 지방4대협의체, 전국자치분권협의회, 분권운동시민단체 등과 연계하여 협력 방안을 논의하고 공동으로 언론에 대응하는 한편, 자치분권 주요 법안의 입법화를 촉구하는 행동계획을 실천하는 등 자치분권 관련단체 및 정부기관들과 연계하여 활발한 국회 입법활동을 펼쳐 나갔다.

민주주의는 얻어지는 것이 아니라 쟁취하는 것이라는 말이 있는데, 지방자치도 마찬가지이다. 자치분권 6법도 부족하나마 제 정치세력들의 투쟁과 타협의 산물이라 할 수 있다.

20대 국회 말미에 가까스로 통과된 제1차 〈지방일괄이양법〉에 이어 21대 국회 들어 여대야소라는 변화된 의회 환경에서 여·야 합의로 통과된 32년 만의 〈전부개정 지방자치법〉, 김대중 대통령 시절부터 줄기차게 거론되어 온 자치경찰제 전면시행을 담고 있는 〈전부개정 경찰법〉, 그리고 대통령이 주재하고 총리·중앙부처장관과 광역시·도지사가 참석하는 중앙지방협력회의의 설치를 담고 있는 〈중앙지방협력회의법〉, 주민이 자치입법을 직접 발의할 수 있는 〈주민조례발안에 관한 법률〉(약칭: 주민조례발안법)이 통과되었고, 지방의 열악한 재정상황에 도움이 될 수 있는 〈고향사랑기부금법〉이 15년여의 여·야 협의 끝에 힘겹게 국회를 통과하였는데 이들 6개 법률을 자치분권 6법이라고 칭하였다.

돌이켜보면 지방자치제도도 민주화 과정의 결과물이었다. 1987년 6월항쟁으로 한국민주주의의 절차적 제도화가 획기적 전기를 마련하던 즈음, 지방자치제도 역시 6월항쟁 당시 거리에 나온 국민들의 주요 슬로건 중 하나였고, 6.29선언에 명기될 수 있었다. 그 직후 여·야가 합의로 만든 헌법개정안에 담기고, 5.16 군사정권의 임시조치법 이후 30년 만의 지방자치법개정안으로 구체화되게 된다. 그러나 제도의 시행은 김대중 대통령의 단식투쟁 이후에야 1991년 지방의회 구성, 1995년 자치단체장 선출로 빛을 보게 되었다.

자치분권 정착을 위한 남은 과제

그러나 이러한 큰 의미와 성과에도 불구하고 최고 규범인 헌법이 바뀌지 않는 상황에서 어쩔 수 없는 한계가 있을 것이라는 우려가 존재한다. 조례 제정권이 헌법에 법률유보 사항으로 명기되어 있는 한 자치입법권은 제한될 수밖에 없고, 지방자치단체가 헌법상의 용어인 상황에서 지방정부라는 명칭은 법적 용어가 될 수 없다.

지방자치를 실시한 지 벌써 30년이 되었지만, 우리의 지방자치가 이직도 정상궤도에 오르지 못하고 있는 까닭은 무엇보다도 지방의 자치권이 보장되어 있지 못하기 때문이다. 아직도 지방 스스로 결정할 수 있는

자치분권 6법 사용설명서

것이 거의 없다. 일부 자율권을 행사하는 경우도 있기는 하지만, 일반적으로 중앙정부의 정책적 결정과 지시를 이행하는 대리인 수준을 벗어나지 못하고 있다. 지방자치단체는 목적이 정해진 정부보조금이 아닌 자주재원(지방세, 세외수입 등)에 대해서만 자유롭게 예산을 편성할 수 있다. 그러나 자주재원은 충분치 못하다. 지방에 돈이 없다 보니 지방공무원의 급여마저도 중앙에 의존해야 하는 실정이다. 뿐만 아니라 행정안전부가 예산편성기준을 제시하고 있어서 기본적으로 많은 제약이 존재한다.

따라서 자치분권 6법이 실질적인 기능을 다하기 위해서는 남은 과제가 해결되어야 한다. 무엇보다도 자치분권형 개헌이 하루속히 이루어져야 한다. 자치분권의 가치를 헌법정신으로 반영하는 것이다. 그 개헌안에 대한민국이 자치분권국가임이 천명되고, 지방자치단체라는 반관반민의 용어가 아닌 '지방정부'로 불려야 한다.

그리고 국가의 입법권이 국회에 보장되는 것처럼 지방의 자치입법권이 주민의 대표기관인 지방의회에 보장되어야 한다. 뿐만 아니라 과세의 자주권이 확보되어 지방의 자주재원이 확충되고 자주재정능력이 신장되어야 한다. 또한 지역의 대표자로 구성된 상원이 헌법에 보장될 필요가 있다. 그렇게 되면 자치분권과 지역균형발전에 관한 사항은 상원에서 실질적으로 협의될 수 있게 될 것이고, 자치권이 부당하게 침해받을 우려가 있을 경우에는 입법과정에서 거부권을 행사할 수 있게 함으로써 중앙권력에 대한 견제가 가능해진다.

아울러 중앙정부의 기능과 사무 중 보충성의 원칙에 따라 지방자치단체에서 더 잘 수행할 수 있는 경우 과감하게 지방에 이양함으로써 지방분권을 앞당겨야 한다. 그러나 가까스로 제정된 제1차 지방일괄이양법

이후 2차 지방일괄이양법안의 입법이 국회에서 여·야의 견해 차이로 난관에 부딪혀 있다. 입법방식 논란은 가뜩이나 지난한 중앙정부 권한·사무의 지방이양 사업을 더욱 더디게 할 가능성이 높다. 모쪼록 국회에 지방일괄이양법의 심의 권한을 갖는 상설 '지방분권 특별위원회'의 설치 노력이 경주되어 지속적이고 안정적인 지방일괄이양법 제정의 제도적 기반이 마련될 수 있기를 바라마지 않는다.

또 하나 자치분권의 실질화를 위해서는 지역의 행위주체들이 깨어 있어야 한다. 지방의회 의원들과 집행부의 공무원, 그리고 지방자치의 주인인 지역 주민들이 우리 지역 우리 동네의 일은 나로부터 자치自治한다는 자치의식에 투철해야 한다. 자치는 내 삶을 주체적으로 바꾸고 마을공동체를 부활시키는 일이다.

권위주의 시대에 중앙집중의 획일성과 추진력으로 인구 5천만 이상 국가이면서 국민소득 3만 불이 넘는 '5030' 선진국클럽에 안착한 선진 대한민국. 이제 우리 앞에 놓인 저성장의 늪, 저출산 심화, 수도권 과밀에 따른 도시문제 폭발, 소멸 위기의 지방 등등의 산적한 난제를 해결하기 위한 정답은 자치분권형 사회로의 대전환이다. 자치분권은 한시도 멈출 수 없는 시대적 과제이고 우리의 희망이다.

제1부

지역을 살리는
자치분권 6법

<지방일괄이양법>[1)]
제정

들어가며

지방일괄이양법(《중앙행정권한 및 사무 등의 지방 일괄 이양을 위한 물가안정에 관한 법률 등 46개 법률 일부개정을 위한 법률》의 약칭)이 지난 2020년 1월 9일 국회를 통과, 2월 18일에 공포되어 2021년 1월 1일자로 시행되었다.

지방일괄이양법의 국회 통과소식을 접한 사람들의 반응은 반신반의하는 경우가 대부분이었다. 지방일괄이양법은 2004년, 2010년, 2015년도에도 추진한 적이 있었으나 국회에 법률을 제출하는 것 자체가 번번이 무산되었기 때문에 이러한 반응이 새삼스럽지 않았다.

처음 지방이양일괄법이 추진된 당시에는 일본의 사례에서 적지 않은 영향을 받았으리라 본다. 1995년 지방분권 추진의 기본이념과 추진계획 등이 담긴 〈지방분권추진법〉을 제정한 일본은 이 법에 따라 설치한 지방

[1)] 〈중앙행정권한 및 사무 등의 지방 일괄 이양을 위한 물가안정에 관한 법률 등 46개 법률 일부개정을 위한 법률〉, 법률 제17007호, 2020. 2. 18. 일괄개정, 시행 2021. 1. 1.

분권추진위원회에서 논의된 사항을 바탕으로 2000년에 23개 성·청 소관, 475개 법률, 848개의 사무를 일괄하여 개정하는 〈지방분권의 추진을 도모하기 위한 관계 법률의 정비 등에 관한 법률(지방분권일괄법)〉을 제정, 시행하게 되었다. 이후 2011년에는 〈지역의 자주성 및 자립성을 향상시키는 개혁의 추진을 위한 관계 법률의 정비에 관한 법률(지역주권강화일괄법)〉 제정을 시작으로 거의 매년 일괄법을 제정하면서 지방이양을 추진해 오고 있다.

도대체 이름조차 생소한 지방일괄이양법이 무엇이기에 이렇게 오랜 기간 동안 추진해왔던 것일까. 또 지방이양을 하는데 꼭 일괄법의 형식이어야만 하는 것인가라는 의문을 가지지 않을 수 없다. 본 글에서는 우리나라 사무배분의 기본원리와 기준, 그동안의 지방이양 추진현황을 짚어보면서 지방일괄이양법 제정의 추진배경을 살펴보고자 한다. 아울러 지방일괄이양법의 주요 내용과 함께 법 제정을 통한 기대효과와 향후 과제에 대한 정책제언을 덧붙이고자 한다.[2]

사무배분의 기본원리와 기준

우리나라는 사무를 처리하는 주체로서 중앙정부가 권한행사를 할 수 있는지, 지방정부가 할 수 있는지를 모두 개별법에 명시해 놓고 있다. 그렇지만 사무배분의 원칙, 배분 기준 등에 대한 기본사항은 〈지방자치

---

2) 필자(이수영)가 월간 자치발전(통권 300호, 2020년 4월)에 게재한 '지방이양일괄법 통과의 의의와 향후 과제' 원고를 토대로 함

법)과 지방분권법이라고도 불리는 〈지방자치분권 및 지방행정체제개편에 관한 특별법〉에서 밝히고 있다. 구체적으로 관련 법조항을 나열해보면, 〈지방자치법〉에는 사무처리의 기본원칙(제11조), 지방자치단체의 사무범위(제13조), 지방자치단체의 종류별 사무배분기준(제14조)과 국가사무의 처리제한(제15조)을 규정해놓고 있다.

<표 1> 지방자치법상 자치사무의 예시와 국가사무의 처리제한

제13조(지방자치단체의 사무범위)

1. 지방자치단체의 구역, 조직, 행정관리 등에 관한 사무

2. 주민의 복지증진에 관한 사무

3. 농림·상공업 등 산업 진흥에 관한 사무,

4. 지역개발과 주민의 생활환경시설의 설치·관리에 관한 사무,

5. 교육·체육·문화·예술의 진흥에 관한 사무,

6. 지역민방위 및 지방소방에 관한 사무 등

제15조(국가사무의 처리제한)

1. 외교, 국방, 사법司法, 국세 등 국가의 존립에 필요한 사무

2. 물가정책, 금융정책, 수출입정책 등 전국적으로 통일적 처리를 요하는 사무

3. 농산물·임산물·축산물·수산물 및 양곡의 수급조절과 수출입 등 전국적 규모의 사무

4. 국가종합경제개발계획, 국가하천, 국유림, 국토종합개발계획, 지정항만, 고속국도·일반국도, 국립공원 등 전국적 규모나 이와 비슷한 규모의 사무

5. 근로기준, 측량단위 등 전국적으로 기준을 통일하고 조정하여야 할 필요가 있는 사무

6. 우편, 철도 등 전국적 규모나 이와 비슷한 규모의 사무

7. 고도의 기술을 요하는 검사·시험·연구, 항공관리, 기상행정, 원자력개발 등 지방자치단체의 기술과 재정능력으로 감당하기 어려운 사무

또한 〈지방분권법〉과 〈지방자치법〉에서 사무배분의 원칙을 밝히고 있는데 첫째, 지방정부의 종합적·자율적 행정수행을 위하여 국가와 지방정부 간에 또는 지방정부 상호 간의 사무를 주민의 편익증진, 집행의 효과 등을 고려하여 서로 중복되지 않도록 배분해야 한다는 원칙이다. 둘째, 사무배분 시에 지역주민생활과 밀접한 관련이 있는 사무는 원칙적으로 기초지방정부(시·군·구)가, 기초지방정부가 처리하기 어려운 사무는 광역지방정부(시·도)가, 광역지방정부가 처리하기 어려운 사무는 국가의 사무로 각각 배분해야 한다는 원칙이다. 셋째, 국가가 지방정부에 사무를 배분하거나 지방정부가 다른 지방정부에게 사무를 재배분할 때 사무를 배분받는 지방정부가 그 사무를 자기의 책임하에 종합적으로 처리할 수 있도록 관련 사무를 포괄적으로 배분해야 한다는 원칙이다. 마지막으로 네 번째는 사무배분 시 민간부문의 자율성을 고려하여 국가 또는 지방정부의 관여를 최소화하고, 민간의 행정참여 기회를 확대하여야 함을 밝히고 있다.

이러한 사무배분의 원칙과 기준을 바탕으로 한 중앙권한의 지방이양 추진은 1991년 지방의회의원선거를 시작으로 지방자치제도가 부활되

던 시기부터 활발해지기 시작했다. 당시 국무총리훈령(〈정부조직관리지침〉)에 따라 총무처에 설치된 '지방이양합동심의회'에서는 1991년부터 1997년까지 총 1,174건을 지방이양 사무로 확정하였다. 이후 지방이양의 법률적 추진기반 마련을 위해 〈중앙행정기관의 지방이양촉진 등에 관한 법률(1999. 1. 29. 제정)〉이 제정된 이후 〈지방분권특별법(2004. 1. 16. 제정)〉, 〈지방분권촉진에 관한 특별법(2008. 2. 29. 전부개정)〉, 〈지방분권 및 지방행정체제 개편에 관한 특별법(2013. 5. 28. 제정)〉에 따라 중앙권한의 지방이양이 추진되고 있다. 그동안 특별법에 따라 설치된 대통령소속의 지방분권 추진기구에서는 지방이양 대상사무를 발굴하여, 관계 중앙부처와 지방의 의견을 들어 지방이양에 대한 심의·의결을 거치고 마지막으로 대통령 보고절차를 거쳐 지방이양을 추진하고 있다.

이렇게 확정된 지방이양 사무는 앞서 언급한 바와 같이 사무처리 권한을 밝히고 있는 개별법령에서 사무처리 주체를 국가 또는 중앙부처 장관에서 지방자치단체장으로 개정하는 작업이 이루어져야만 지방이양이 완료되었다고 볼 수 있다. 아래 〈표 2〉에서 볼 수 있듯이 지난 2000년부터 총 3,256건의 지방이양사무가 확정되었고, 이 중에서 2,489건의 사무가 이양완료되었다. 이양완료 사무에는 지방이양에 따른 법률 개정을 추진하였으나 국회 심의과정에서 부결되어 사실상 이양추진이 종결된 것으로 파악되는 사무도 포함되어 있다. 또 하나 알아둘 사항은 지방이양이 당해년도에 확정되었다고 해서 바로 지방이양이 완료되는 것은 아니라는 점이다. 법률 개정의 특성상 짧게는 2~3년 대개 4~5년 이상이 소요되기도 한다.

<표 2> 중앙권한의 지방이양 추진현황

2022년 3월 기준, 단위: 사무건수

구분	합계	00년	01년	02년	03년	04년	05년	06년	07년	08년	09년	10년	11년	12년	13~18년	19년	20년	21년
이양확정사무	3,256	185	176	251	478	53	203	80	88	53	698	481	277	78	-	45	40	70
이양완료사무	2,489	185	176	250	466	53	191	79	86	52	456	262	188	45	-	-	-	-
미이양사무	767	-	-	1	12	-	2	1	2	1	242	219	89	33	-	45	40	70

자료: 자치분권위원회

지방일괄이양법의 추진배경

지방일괄이양법은 중앙정부의 권한을 지방정부의 권한으로 지방이양하는 데 수반되는 법률 제·개정사항들을 하나로 묶어 일괄로 처리할 수 있도록 만든 법안 형태이다. 지방일괄이양법이 국회를 통과하면 이 법안에 담긴 개별법의 제·개정이 추진되고 사실상 일괄법 자체는 제 역할을 다하고 소멸하는 법이기도 하다.

이렇게 일괄법안을 마련하여 추진하는 배경에는 여러 가지 이유가 있다. 먼저 지방이양의 효과를 극대화하기 위해서이다. 그동안 지방이양에 따른 법률 제·개정은 산발적으로 이루어져 왔다. 국회의 입법상황은 법률마다 그 진행상황을 예측하기 매우 어렵다. 따라서 지방이양을 위한 법률 정비가 완료된 시기와 그 시행일이 각기 다르기 때문에 지방정부 입장에서는 권한확대라고 부를 만큼의 효과를 체감하기가 어렵다. 또 하나 개별법령의 정비를 통해서 지방이양이 추진되면 사무의 이양에 따라 반드시 수반되어야 하는 수행인력 증원과 비용부담 지원 등을 포함하는 행정·재정적 지원이 이루어지기가 쉽지 않다. 따라서 일괄법의 형태를 통해 지방으로 이양하는 규모를 갖추어 사무이양에 따른 수행인력과 재정지원 규모를 산정하여 그 지원을 제도화할 수 있도록 하려는 것이다. 마지막으로 소관 부처의 소극적 지방이양 추진의 탈피이다. 중앙부처 입장에서는 사실상 본인의 권한을 지방으로 이양하는 것이 그리 달갑지만은 않을 것이다. 지방이양 대상사무가 해당 부처가 행사하고 있는 중요한 권한이라면 더더욱 그럴 것이다. 현재 대통령소속의 자치분권위원회와 같이 지방이양 추진기구에서 지방이양 사무를 확정하였다 하더라도 이를 소관하고 있는 중앙부처로 하여금 지방이양의 추진을 강제할 수 있는 수단은 없다. 지방이양 확정사무의 대통령 보고과정을 통해 이행력을 확보하고 중앙부처를 대상으로 지방이양 추진상황을 점검하는 것으로 추진을 독려하고 있지만 어디까지나 지방이양 추진의 권고사항이기 때문이다.

문재인 정부의 국정과제에 지방일괄이양법의 제정이 포함되어 있었기도 하지만, 지방일괄이양법의 추진에 있어서 구심점이 된 것은 2018년 3월 26일 대통령발의 개헌안이 무산된 시점 이후라고 볼 수 있다. 개헌안 발의 당시 대통령은 지방분권과 국가균형발전은 결코 포기할 수 없는 국가발전의 가치이자 수도권과 지방이 상생과 협력 속에 지속가능한 발전을 이룰 수 있게 하는 최고의 국가발전 전략이라고 하였다. 개헌안에 담긴 자치분권의 쟁점별 논의는 차치하더라도 대통령발의 개헌안을 두고 권력분산과 지방분권형 헌법개정이라 할 만큼 자치분권에 관한 상당한 내용이 포함되어 있던 것은 사실이다. 비록 대통령발의 개헌안이 국회 표결에 부쳐지지는 못했지만 자치분권형 헌법개정을 기대하는 지역의 관심은 뜨거웠었다. 결론적으로 개헌추진이 무산되면서 개헌안의 취지를 살

린 제도와 정책을 적극적으로 추진하라는 대통령의 추진의지가 여러 차
례 언급되면서 지방일괄이양법은 다시 한 번 추진 동력을 갖게 되었다.
특히 2018년 5월 18일에 대통령이 참여한 5당 대표 회담에서 지방일괄
이양법안을 국회 운영위원회에서 다루는 데 여·야가 합의함으로써 급물
살을 타게 되었는데, 이는 여러 분야의 법을 담고 있는 지방일괄이양법의
특성상 그동안 국회법상의 상임위원회 소관주의에 위배되어 어느 상임위
원회에서도 법안을 회부하기 어려웠던 상황이 해결되었음을 의미한다 하
겠다.

지방일괄이양법의 주요 내용과 기대효과

지방일괄이양법은 지난 2000년부터 2012년까지 지방이양의 확정에
도 불구하고 아직까지 이양이 완료되지 않는 사무 중에서 시행령이나 시
행규칙 개정사항과 중대한 사정변경으로 지방이양을 추진하기가 대단히
곤란한 사무를 제외한 571개의 사무(19개 부처, 66개 법률)를 담아 2018년
10월 26일 정부안으로 국회에 제출되었다.

<표 3> 지방일괄이양법(안)의 소관 상임위별 사무 현황

구분	합계	농해수위	환노위	국토위	산자위	여가위	복지위	문체위	교육위	행안위	과기정통위	기재위	국방위
사무(개)	571	170	99	120	33	51	18	26	15	32	2	4	1

〈표 3〉과 같이 지방일괄이양법은 국회 운영위원회에 회부됨과 동시

에 농림축산식품해양수산위원회, 환경노동위원회, 국토교통위원회, 여성
가족위원회 등 12개 상임위원회에 동시에 회부되었다. 운영위원회에 법안
의 심의·의결권이 있으나, 해당 법률을 소관하고 있는 개별 상임위원회의
의견을 존중하기 위하여, 12개 상임위원회별로 안건을 상정하고, 심의과
정을 거쳐 지방이양 사무에 대한 찬, 반 의견을 채택하는 과정을 거쳤다.
법안이 제출된 직후 2018년도 11월부터 12월까지 보건복지위원회, 여성
가족위원회 등 9개 위원회에서 의견을 채택하였으나, 2019년 3월과 6월
에서야 의견을 채택한 국토교통위원회, 행정안전위원회도 있었고, 산업통
상자원중소벤처기업위원회와 같이 찬, 반 의견이 팽팽하여 의견채택 과정
없이 국회 내부적으로 운영위원회에 관련 의견을 전달한 경우도 있었다.

당초 571개 사무의 지방이양을 담아 정부안으로 제출된 지방이양일
괄법(안)은 12개 개별 상임위원회를 거쳐 2019년 11월 29일 국회 운영위
원회에서 처리되기까지 <표 4>와 같이 최종적으로 400개 사무가 이양확
정되었다. 국회 논의과정에서 부결된 171개 사무는 수도권대기환경 개선

<표 4> 지방일괄이양법에 포함된 지방이양 사무와 해당 법률

부처	법률(개)	사무(개)	부처	법률(개)	사무(개)
1. 기재부	1	4	9. 복지부	3	12
2. 교육부	2	15	10. 환경부	2	5
3. 과기부	1	2	11. 여가부	1	51
4. 국방부	1	1	12. 국토부	9	70
5. 행안부	6	20	13. 해수부	7	135
6. 문화부	3	26	14. 식약처	1	3
7. 농림부	2	2	15. 소방청	1	1
8. 산업부	4	22	16. 산림청	2	31
			합 계	46	400

이나 수질관리와 같은 환경분야 67개 사무의 비중이 가장 컸고, 직업능력개발훈련, 고령자인재은행과 관련된 고용노동분야 27개 사무 등이 그 뒤를 이었다.

지방일괄이양법에 담긴 지방이양 사무 중 주요 이양기능을 몇 가지 소개해보고자 한다. 해양수산부의 지방관리항 항만시설의 개발·운영권한이 국가에서 시·도로 이양되었다. 전국 60개의 항만 중에서 지방이양 대상이 되는 지방관리항은 총 35개이다. 이러한 지방관리항의 항만시설 개발과 운영, 사용허가, 사용료 징수, 과태료 부과 등에 관련한 41개 사무가 지방이양됨으로써 지역 내 산업환경 등을 종합적으로 고려한 맞춤형 항만시설 투자의 확대와 지역주민의 고용 창출 효과를 기대해볼 수 있을 것이다. 또한 국토교통부의 개발이익 환수를 위한 개발부담금과 관련된 권한이 국가에서 시·군·구로 이양되었다. 택지개발사업, 산업단지개발사업, 체육시설 부지조성사업과 같이 지역 내 개발사업으로 인해 발생하는 초과이익에 대해 개발부담금을 결정하여 부과하는 관련 20개 사무가 지방이양되면 부담금액의 정확한 산정, 부과, 징수는 물론 부담금 감면에 있어서도 지역여건을 반영하여 결정할 수 있기 때문에 지방정부 주도의 지역개발기능이 더욱 강화될 것으로 기대한다. 보건복지부의 외국인환자 유치와 관련된 사무도 지방이양되었다. 우리나라의 외국인 환자 수와 외국인 환자를 받고 있는 의료기관과 유치업자의 수는 매년 증가하는 추세인 반면, 외국인 환자 유치기관 또는 의료기관의 질적 관리강화의 필요성에 대해서는 꾸준히 문제가 제기되고 있다. 외국인환자 의료기관과 유치업자의 등록과 사업실적의 보고, 위반사항에 대한 시정명령과 등록취소, 과태료 부과·징수에 관한 9개 사무가 지방이양됨으로써 지방정부는 한방, 성형 등 지역 내 특화된 의료기관을 적극적으로 발굴·등록하고 연계 관광상품 개발 등을 적극적으로 추진할 수 있을 뿐만 아니라 지역 내 의료기관과 유치업자에 대한 질적 관리도 도모할 수 있을 것으로 기대하고 있다.

제2차 지방일괄이양법 추진

2020년 2월 18일, 지방일괄이양법 제정 이후 자치분권위원회는 '일괄이양' 방식의 사무 이양을 제도화하기 위해 제2차 지방일괄이양법 제정을 추진하였다. 지방일괄이양법 제정을 통해 지방이양의 효과를 극대화할 수 있는 한편, 지방자치단체에 한꺼번에 사무가 이양됨으로써 이에 따른 인력과 소요비용의 규모산정이 용이하다는 장점이 있기 때문이다. 다만, 제2차 지방일괄이양법은 제1차 일괄법과 달리 국회 상임위 우선주의 원칙을 근거로 단일법 형태로의 국회제출이 어려워졌다. 이에 정부에서는 〈표 5〉와 같이 부처별로 소관 법률을 묶어 일괄법으로 재구성하고, 부처별 소관 법률이 1개인 경우는 개별법 개정안을 마련하여 2022년 1월 25일 국회에 제출하였다.

제2차 지방일괄이양법 12개 법률안에는 13개 부처 소관의 36개 법률, 261개 사무를 포함하고 있다. 261개 사무에는 의료기관 감염관리 실태조사 및 감염병 역학조사, 이러닝산업 창업지원, 항만재개발사업계획 수립 등 새로운 행정환경 변화에 대응하고 지역경제 활성화 및 지방의 자율성을 강화하는 사무들이 포함되어 있다. 또한 인구 50만 이상 대도시 및 인구 100만 이상 대도시(특례시)에 대하여 특례를 부여하는 사무가 포함되어 있다

<표 5> 제2차 지방일괄이양법안의 국회 상임위원회별 구성 현황

8개 상임위	부처(법률/사무수)	법안명
정무 위원회	공정거래위원회 (1개 법률, 2개 사무)	전자상거래 등에서의 소비자보호에 관한 법률 일부개정 법률안
행정안전 위원회	행정안전부 (1개 법률, 15개 사무)	중앙행정권한 및 사무 등의 지방 일괄이양을 위한 관광진 흥법 등 2개* 법률의 일부개정에 관한 법률안 * ①관광진흥법, ②독서문화진흥법
문화체육 관광위원회	문화체육관광부 (2개 법률, 7개 사무)	중앙행정권한 및 사무 등의 지방 일괄이양을 위한 관광진 흥법 등 2개* 법률의 일부개정에 관한 법률안 * ①관광진흥법, ②독서문화진흥법
농림축산식품 해양수산 위원회	농림축산식품부 (1개 법률, 6개 사무)	농어촌정비법 일부개정법률안
	해양수산부 (5개 법률, 75개 사무)	중앙행정권한 및 사무 등의 지방 일괄이양을 위한 마리나 항만의 조성 및 관리 등에 관한 법률 등 5개* 법률의 일부 개정에 관한 법률안 * ①마리나항만의 조성 및 관리 등에 관한 법률, ②무인도 서의 보전 및 관리에 관한 법률, ③수산식품산업의 육성 및 지원에 관한 법률, ④수중레저활동의 안전 및 활성화 등에 관한 법률, ⑤항만 재개발 및 주변지역 발전에 관한 법률
산업통상자원 중소벤처 기업부	산업통상자원부 (4개 법률, 11개 사무)	중앙행정권한 및 사무 등의 지방 일괄이양을 위한 경제자 유구역의 지정 및 운영에 관한 특별법 등 4개* 법률의 일 부개정에 관한 법률안 * ①경제자유구역의 지정 및 운영에 관한 특별법, ②액화 석유가스의 안전관리 및 사업법, ③전기공사업법, ④이러 닝(전자학습) 산업 발전 및 이러닝 활용 촉진에 관한 법률
	중소벤처기업부 (1개 법률, 1개 사무)	벤처기업육성에 관한 특별조치법 일부개정법률안
보건복지 위원회	복건복지부 (4개 법률, 5개 사무)	중앙행정권한 및 사무 등의 지방 일괄이양을 위한 공중위 생관리법 등 5개* 법률의 일부개정에 관한 법률안 * (보건복지부) ①공중위생관리법, ②국민건강증진법, ③노인장기요양보험법, ④심뇌혈관질환의 예방 및 관리 에 관한 법률 / (질병관리청) ⑤감염병의 예방 및 관리에 관한 법률 ※ 복건복지부-질병관리청은 단일 일괄법으로 발의
	질병관리청 (1개 법률, 9개 사무)	
	식품의약품안전처 (1개 법률, 19개 사무)	마약류 관리에 관한 법률 일부개정법률안

환경노동 위원회	환경부 (8개 법률, 35개 사무)	중앙행정권한 및 사무 등의 지방 일괄이양을 위한 독도 등 도서지역의 생태계 보전에 관한 특별법 등 8개* 법률의 일부개정에 관한 법률안 * ①독도 등 도서지역의 생태계 보전에 관한 특별법 ②물환경보전법, ③자연환경보전법, ④지하수법, ⑤폐기물관리법, ⑥폐기물시설촉진 및 주변지역지원 등에 관한 법률, ⑦환경교육의 활성화 및 지원에 관한 법률, ⑧환경기술 및 환경산업 지원법
	고용노동부 (1개 법률, 1개 사무)	근로복지기본법 일부개정법률안
국토교통 위원회	국토교통부 (6개 법률, 75개 사무)	중앙행정권한 및 사무 등의 지방 일괄이양을 위한 건설기계관리법 등 6개* 법률의 일부개정에 관한 법률안 * ①건설기계관리법, ②건설기술 진흥법, ③도시교통정비촉진법, ④물류시설의 개발 및 운영에 관한 법률, ⑤여객자동차운수사업법, ⑥자동차관리법 ※ 물류시설의 개발 및 운영에 관한 법률의 경우 사무(해양수산부 사무 9개 포함)의 수행 부처와 관계없이 국토교통위원회에서 심의

<표 6> 제2차 지방일괄이양법안 대상사무 부처별 현황

부처	법률(개)	사무(개)	부처	법률(개)	사무(개)
1. 행정안전부	1	15	8. 국토교통부	6	66
2. 문화체육관광부	2	7	9. 해양수산부	5(6)	84
3. 농림축산식품부	1	6	10. 중소벤처기업부	2	2
4. 산업통상자원부	4	11	11. 식품의약품안전처	1	19
5. 보건복지부	4	5	12. 질병관리청	1	9
6. 환경부	8	35	13. 공정거래위원회	1	2
7. 고용노동부	1	1	합 계	36(37*)	261

* 국토교통부와 해양수산부 법률 1개 중복

맺으며

　　지방일괄이양법의 제정은 그동안 지방이양의 추진역사에 있어서 매우 중요한 의미를 갖는다. 그 추진과정과 방식에 있어서 지방이양에 다소 소극적이었던 중앙부처로 하여금 강력한 지방이양의 추진의지를 확실하게 되새김과 동시에 지방이양의 일괄 추진이라는 입법형태가 가능하다는 중요한 선례를 남겼다. 무엇보다 지방일괄이양법에 중앙권한의 지방이양에 따른 필요한 인력과 재정 소요사항을 지원해야 하며, 자치분권위원회가 이를 전문적으로 조사·평가할 수 있도록 명시한 부분도 주목해야 할 부분이다. 다시 말하면 지방이양비용평가 전문위원회를 통해 지방으로 사무가 이양되면 반드시 이에 따른 행·재정지원 규모를 산정하고 실제 지원으로 이어질 수 있도록 관련 제도를 공고히 했다는 데 더욱 의미가 크다고 하겠다.

　국가권한 및 사무의 지방이양을 위해서 제1차 지방일괄이양법 제정이 유일한 선례로 남기보다, 제2차, 제3차 제정으로 이어져야 하며, 앞으로 전 부처에 걸친 일괄법 추진보다는 지방정부가 가장 필요로 하는 권한인 지역경제 활성화, 도시계획권한 등과 같이 분야를 특정하여 순차적으로 일괄법을 제정해나가는 것도 지방에 미치는 효과가 클 것으로 본다.

〈지방자치법〉[3] **전부개정의 의미**

들어가며

문재인 정부에서 2018년 3월에 발의한 헌법개정안은 권력분산과 자치분권을 위한 것으로 지방자치 강화와 분권 실현을 위한 조항이 다수 포함되어 있었다. 그러나 헌법개정이 무산되면서 그 취지를 살릴 수 있는 대안 중 하나로 지방자치법 전부개정이 추진되었다. 〈지방자치법〉 전부개정안과 함께 〈주민조례발안법〉 제정안, 〈중앙·지방협력회의법〉 제정안, 〈지방공무원법〉 개정안, 〈지방공무원교육훈련법〉 개정안, 〈지방자치분권 및 지방행정체제개편에 관한 특별법〉 개정안 등 지방자치법 전부개정에 따라 부수적으로 제·개정이 필요한 5개 법률안이 2020년 6월 30일에 국무회의를 통과하였고, 7월 3일에 국회에 제출되었다. 지방자치법 전부개정안은 20대 국회에 제출된 바 있으나, 국회 임기만료로 자동폐기되었다

---

3) 〈지방자치법〉, 법률 제17893호, 2021. 1. 12. 전부개정, 시행 2022. 1. 13.

가 내용 일부를 수정, 보완하여 다시 제출된 것이다. 지방자치법 전부개정은 2020년 12월 9일에 국회 본회의를 통과하였고, 2022년 1월 13일부터 시행되었다. 1949년에 제정된 지방자치법은 1988년 한 차례의 전부개정을 거친 이후 큰 틀에서의 변화가 없었는데, 이번 전부개정을 통해 중앙과 지방의 역할 재정립, 주민의 권리 강화, 행정효율성 강화 등의 측면에서 많은 조문이 개정되었다. 다만, 기초지방자치단체에 대한 중앙부처의 통제·감독권한이 강화되고 자치조직권 등이 보장되지 못했다는 한계는 존재한다. 아래에서 지방자치법이 어떻게 바뀌었으며 이것이 갖는 의미는 무엇인지 자세히 살펴보고자 한다.

주민의 권리강화

이번 지방자치법 전부개정의 가장 중요한 내용 중 하나가 주민의 권리강화이다. 제1조 목적규정에 '주민의 지방자치행정 참여'를 명시하여 지방자치에 있어서 주민참여 원리를 강조하였다. 또한 주민의 권리가 기존의 자치단체의 재산과 공공시설의 이용, 균등한 행정혜택을 받을 권리와 참정권에 대해 행사할 수 있던 것을 주민생활에 영향을 미치는 자치단체의 정책결정과 집행과정에 참여할 권리 등으로 확대시켜 사실상 지방행정 전반에 걸친 주민의 참정권이 보장된 것이라 볼 수 있다(§17). 주민조례발안제를 도입하여 기존에는 조례의 제정, 개정 및 폐지의 청구를 자치단체장에게 할 수 있었던 것을 조례안을 직접 지방의회에 제출할 수 있도록 하였다(§19). 또한 주민이 주민의 권리·의무와 직접 관련되는 사항에 대하여 자치단체장에게 규칙의 제·개정과 폐지에 대한 의견을 제출할

수 있도록 규정한 것도 기존에는 보장되어 있지 않은 것이다(§20). 주민감
사 청구제도도 실질적으로 활용할 수 있도록 요건이 완화되었다. 기존에
는 주민감사 청구를 위한 서명요건으로 시·도, 50만 이상 대도시, 시·군
·구 각각 500명, 300명, 200명의 상한요건이 있었으나, 각각 300명, 200
명, 150명으로 서명인 수 요건이 완화되었고, 청구 가능기간도 사무처리
가 있었던 날이나 끝난 날로부터 2년이었으나 3년으로 개정이 되어 주민
감사 청구제도의 활성화를 도모하였다(§21). 주민조례발안, 주민감사 청구,
주민소송 제기 기준연령이 기존 만19세에서 만18세로 낮아졌다(§21~22).
무엇보다도 우리나라 지방자치제도 실시 이후 전국 자치단체가 단체장-
의회 대립형 구조였으나, 주민의 의사에 따라 주민투표를 거쳐 자치단체
장의 선임방법을 포함하여 자치단체의 기관구성 형태를 다르게 정할 수
있도록 보장하여 주민의 선택권을 보장하였다(§4).

<표 7> 주민의 권리강화를 위한 지방자치법 전부개정 내용

주요 내용	과거	개선
주민의 자치행정 참여 원리 강화	• 단체자치 중심	• 목적규정에 '주민의 지방자치행정 참여' 명시
주민참여권 강화	• 주민 권리 제한적: ① 자치단체 재산과 공공시설 이용권 ② 균등한 행정의 혜택을 받을 권리 ③ 참정권	• 주민 권리 확대 : 주민생활에 영향을 미치는 정책결정 및 집행과정에 참여할 권리 신설
주민조례 발안제 도입	• 조례안 제정, 개·폐 청구시 조례안을 단체장에게 제출	• 별도 법률로 제정(주민조례발안에 관한 법률) - 조례안을 의회에 직접 제출 - 청구요건 완화(19세→18세)
규칙 제정과 개정·폐지 의견 제출	(미규정)	• 주민은 권리·의무와 직접 관련되는 사항에 대하여 자치단체장에게 규칙의 제·개정 및 폐지의견 제출 가능

주민감사
청구 제도개선
	• 서명인 수 상한: 시·도 500명,
	  50만 이상 대도시 300명,
	  시·군·구 200명
	• 청구가능기간 2년
		• 상한 하향조정: 시·도 300명,
		  50만 이상 대도시 200명,
		  시·군·구 150명
		• 청구가능기간 3년

청구권 기준연령 완화	• 19세 이상 주민 청구 가능	• 조례발안, 주민감사, 주민소송은 18세 이상 주민 청구가능
기관구성 다양화	• 단체장 중심형으로 획일화	• 주민투표 거쳐 기관구성 선택권보장 * 추후 별도법 제정 추진

주민에 대한 책임성 강화

지방자치법 전부개정으로 지방자치단체의 주민에 대한 책임성이 강화된 것이 특징이다. 그동안은 자치단체의 정보공개에 대한 규정이 없었으나 자치단체가 지방의회의 의정활동, 집행기관의 조직, 재무 등 지방자치에 관한 정보를 주민에게 공개하도록 의무화하였다(§26). 특히 지방의회의 경우 주민에 대한 책임성 규정이 대폭 신설되었다. 먼저 이전에는 규정이 없었던 지방의회 의원의 겸직금지 대상을 명확히 하였다. 겸직금지 대상에 해당 자치단체가 출자·출연하거나, 자치단체로부터 사무를 위탁받아 수행하고 있거나, 운영비·사업비 등 지원을 받고 있는 기관과 단체가 포함되어 있는 것도 매우 구체적인데 이는 현실을 잘 반영한 것이라 볼 수 있다. 지방의회 의장이 겸직신고 받은 내용도 공개하도록 의무화하였다. 또한 윤리특별위원회의 설치를 두도록 하여 지방의회 의원의 윤리강령과 윤리실천규범의 준수 여부와 징계 등에 관한 사항을 심사할 수 있도록 하고(§65), 민간위원으로 구성된 윤리심사자문위원회를 설치하여, 지방의원의 징계 등에 대한 심사 전 자문위원회의 의견을 청취하도록 하였다(§66). 또한 자치단체의 자문기관 설치와 운영의 투명성을 확보하기 위하여 자문의 내용적 범위를 명확히 하고 운영의 효율성을 높이기 위해 자문기관의 운영현황을 지방의회에 보고하도록 하였다(§130).

지금까지 지방자치법 제9장은 '국가의 지도·감독'으로 명명되어 있어, 자치단체가 국가의 지도·감독을 받는 하위 행정기관이라는 인상을 지울 수 없었으나, 제9장의 명칭이 국가와 지방자치단체 간의 관계로 개정되었다. 제9장의 첫 조문으로 '국가와 지방자치단체의 협력 의무'가 신설되어 국가와 자치단체가 주민에 대한 균형적인 서비스 제공과 지역 간 균형발전을 위하여 협력해야 함을 명문화하였다(§183). 한편, 위법·부당한 명령·처분의 시정 및 미이행과 위임사무 태만에 대한 주무장관의 권한이 강화되었다. 시장·군수·구청장의 명령이나 처분이 법령에 위반됨에도 시·도지사가 시정명령을 하지 않은 경우 주무장관이 시·도지사에게 시정명령을 하도록 명하고, 이를 행하지 않을 경우 시장·군수·구청장에게 서면 시정명령 후 취소·정지가 가능하도록 하고, 시·도지사가 시정명령을 했더라도 미이행에 다른 취소·정지를 하지 않으면 주무장관이 직접 취소·정지가 가능하다. 또한 시장·군수·구청장이 국가위임사무 태만에도 불구, 시·도지사가 이행명령을 하지 않은 경우 주무장관이 시·도지사에게 이행명령을 명하도록 하고, 시·도지사에게 이행명령을 명함에도 행하지 않는 경우 주무장관이 직접 대집행 등이 가능하도록 하였다. 물론 주무장관이 개입할 수 있는 상황적 요건이 법으로 명시되어 있기는 하지만, 기본적으로 광역자치단체의 역할이 미비할 경우 주무부처가 개입할 수 있는 법적 근거를 명확히 한 것으로 아쉬움이 남는 부분이다(§188, 189).

<표 8> 주민 책무성 강화를 위한 지방자치법 전부개정 내용

주요 내용	과거	개선
정보공개 제도화	• 자치단체 정보공개 의무·방법 등 미규정	• 자치단체 정보공개 의무·방법 등에 대해 일반규정 신설
지방의회 의정활동 정보공개	• 의회 의정활동이 분산적으로 공개되어 접근성 하락	• 의회 의정활동 종합적 공개하여 주민 접근성 제고
지방의원 겸직금지 정비	• 겸직 금지대상 직 명시 (미규정)	• 겸직금지 대상에 자치단체 출자·출연 기관 등 추가 • 겸직신고 내역 공개를 의무화
지방의원 영리목적 거래금지 대상기관 구체화	• 영리목적 거래금지 대상에 자치단체, 공공단체 명시	• 지방의원은 자치단체, 자치단체 출자·출연 기관 등 겸직금지 대상기관과 영리 목적 거래 금지
윤리특별위원회 설치	• 윤리특위 설치 임의규정	• 윤리특위 설치 의무화
윤리심사자문위원회 설치	(미규정)	• 민간위원으로 구성된 윤리심사자문위 설치, 지방의원의 징계 등에 대한 심사 전 자문위 의견청취 의무화
자치단체 자문기관 설치 운영 투명성	• 19세 이상 주민 청구 가능	• 주민의 권리를 제한하거나 의무를 부과하는 내용의 자문 금지 • 매년 해당 지방의회에 보고
국가와 자치단체의 협력의무	(미규정)	• 주민에 대한 균형적인 서비스 제공과 지역 간 균형발전을 위한 협력의무 명문화
위법·부당한 명령·처분의 시정 및 미이행에 대한 주무장관 권한	(미규정)	• 시장군수구청장의 명령, 처분이 법령에 위반됨에도 시·도지사가 시정명령을 하지 않는 경우 주무장관이 시·도지사에게 시정명령을 명하고, 이를 행하지 않을 경우 시장군수구청장에게 서면 시정명령 후 취소·정지 가능 • 시장군수구청장의 명령, 처분이 법령에 위반되어 시·도지사가 시정명령을 했더라도 미이행에 따른 취소·정지를 하지 않으면 주무장관이 직접 취소·정지 가능
위임사무 태만에 대한 주무장관의 이행명령 및 대집행 권한	(미규정)	• 시장군수구청장이 국가위임사무 태만에도 불구, 시·도지사가 이행명령을 하지 않는 경우 주무장관이 시·도지사에게 이행명령을 명함 • 시·도지사에게 이행명령을 명함에도 행하지 않는 경우 주무장관이 직접 대집행 등 가능

                                                   자치분권 6법 사용설명서

지방자치단체 권한 강화

그동안 지방자치분권 및 지방행정체제개편에 관한 특별법에 명시되어있던 사무배분의 원칙이 지방자치법으로도 규정되었다(§11). 이미 법률로 명시되어있는 내용이므로 엄격한 의미에서 조문신설이라고 보기는 어렵지만, 특별법에 규정되어 있는 내용이 지방자치제도의 전반적인 사항을 모두 다루고 있는 지방자치법으로 옮겨온 것만으로도 의미 있는 것이다. 먼저 국가는 지방자치단체가 사무를 종합적·자율적으로 수행할 수 있도록 국가와 지방자치단체 간 또는 지방자치단체 상호 간의 사무를 주민의 편익증진, 집행의 효과 등을 고려하여 서로 중복되지 아니하도록 배분하여야 한다는 중복배분 금지의 원칙과, 사무를 배분하는 경우 지역주민생활과 밀접한 관련이 있는 사무는 원칙적으로 시·군 및 자치구의 사무로, 시·군 및 자치구가 처리하기 어려운 사무는 시·도의 사무로, 시·도가 처리하기 어려운 사무는 국가의 사무로 각각 배분하여야 한다는 보충성의 원칙, 국가가 지방자치단체에 사무를 배분하거나 지방자치단체가 사무를 다른 지방자치단체에 재배분할 때에는 사무를 배분받거나 재배분받는 지방자치단체가 그 사무를 자기의 책임 하에 종합적으로 처리할 수 있도록 관련 사무를 포괄적으로 배분하여야 한다는 포괄적 배분의 원칙이 그것이다. 지방자치법 제13조에서는 자치단체의 사무 범위를 명시하고 있는데 1)지방자치단체의 구역, 조직, 행정관리, 2)주민의 복지증진, 3)농림·수산·상공업 등 산업 진흥, 4)지역개발과 자연환경보전 및 생활환경시설의 설치·관리, 5)교육·체육·문화·예술의 진흥, 6)지역민방위 및 지방소방 7)국제교류 및 협력 사무가 추가되었다. 이 조항은 사실상 자치단체의 사무범위에 대한 예시로 현재 자치단체가 수행하고 있는 사무의 범위 모두를 담기는 어렵다. 그러나 자치경찰제 실시와 맞물려있는 시기에 현재 예시에 포함되어 있는 지방소방과 같이 자치경찰과 관련된 사무의 범위 또는 예시가 포함되지 않은 것은 아쉬운 부분이다. 국제교류 및 협력에 관한 내용은 지방자치법상 제10장으로 신설되어 지방자치단체의 역할, 국제기구 지원, 해외사무소의 설치와 운영에 관한 내용이 새롭게 마련되었다.

이번 지방자치법 전부개정의 내용 중 하나로 지방의회의 권한이 강화된 것도 주요한 특징 중 하나이다. 지방의회의 인사권이 독립되어 그동안 자치단체장이 행사하던 의회사무처 직원에 대한 인사권이 의회 의장에게 부여되었다(§103). 현재 제주특별자치도 의회에서만 의원 정수의 1/2 범위에서 정책자문위원(전문인력)제도가 운영되었는데 모든 지방의회가 지방의원의 입법활동을 지원하는 정책지원전문인력을 지방의회 의원정수의 1/2 범위 내에서 운영할 수 있도록 관련 내용이 신설되었다(§41). 지방의회의원 의안발의 요건도 현행 재적의원 1/5 이상 또는 의원 10명 이상의 연서에서 지역의 상황에 따라 정할 수 있도록 조례로 정하는 수 이상의 의원 찬성으로 발의할 수 있도록 개정되었다(§76). 또한 지방의회의 기록표결 등에 대한 규정이 없었으나, 본회의에서 표결시 조례 또는 회의 규칙으로 정하는 표결방식에 의한 기록표결로 가부를 결정하도록 의무화하고, 의장·부의장 선출 등 몇 가지 경우는 무기명투표로 표결한다는 규정을 신설하였다(§76).

<표 9> 자치단체 권한 강화를 위한 지방자치법 전부개정 내용

주요 내용	과거	개선
조례제정권 강화	• 법령의 범위 안에서 사무에 관해 조례 제정	• 법령의 범위에서 사무에 관해 조례 제정

사무배분 원칙 명시	• 국가·지방 간 사무배분 원칙 및 준수의무 등 미규정으로 국가중심의 사무배분 발생	• 보충성, 중복배제, 포괄적 배분 등 사무배분 원칙 규정
지방자치단체 사무범위 확대	• 1~6	• 7. 국제교류 및 협력 추가
정책지원전문인력	• 제주도만 의원정수 1/2 범위에서 정책자문위원(전문인력)운영(21명)	• 모든 지방의회 정책지원전문인력을 지방의회 의원정수에 1/2 범위 내에서 운영
지방의회의원 의안발의 요건	• 재적의원 1/5 이상 또는 10명 이상의 연서	• 조례로 정하는 수 이상의 의원 찬성으로 발의
지방의회 회의기록 표결 의무화	(미규정)	• 본회의에서 표결 시 조례 또는 회의 규칙으로 정하는 표결방식에 의한 기록표결로 가부결정
지방의회 인사권 독립	• 시·도의회사무처 소속 사무직원 임용권은 시·도지사 권한	• 시·도 및 시·군·구의회 사무처 소속 사무직원 임용권을 의회 의장에게 부여
국제교류·협력	(미규정)	• 국제교류·협력에서 지방자치단체의 역할 명시 • 외국지방자치단체, 민간기관, 국제기구와 협력 • 해외사무소의 효율적 설치·운영

지방행정의 효율성 강화

그동안 지방자치단체의 주요 갈등사항 중 하나인 자치단체 관할구역의 경계조정에 대한 효율성이 제고되었다. 현재 경계변경 시 지방의회 의견청취 또는 주민투표를 실시 후 대통령령으로 정하도록 되어 있는데, 경계변경으로 주민투표가 실시된 사례는 현재까지 없다. 또한 지역의 이해관계에 따라 지방의회가 반대하는 경우 주민이 불편해도 경계조정이 쉽지가 않았다. 이러한 이유로 자치단체장이 행정안전부장관에게 경계변경 조정을 신청하면 행정안전부장관은 경계변경자율협의체를 구성·운영하고, 이러한 협의체에서 경계변경 합의에 이르지 못할 경우, 중앙분쟁조정위원회의 심의를 거쳐 행정안전부장관이 조정하여 대통령령을 입안하도록 개정되었다. 이때 경계변경에 따른 비용부담 발생 및 행·재정적 분쟁은 중앙분쟁조정위원회 심의를 거쳐 행정안전부장관이 조정하도록 하였다(§6). 또한 매립을 통해 새로운 지역이 생겨난 지역이나 자치단체에 등록되지 않은 누락 지역에 대한 소속 자치단체 결정에 있어서는 행정안전부장관이 중앙분쟁조정위원회의 심의·의결에 따라 결정하던 것을 다른 자치단체 이의제기가 있는 경우 중앙분쟁조정위원회 심의·의결을 거치고, 이의제기가 없는 경우 중앙분쟁조정위원회를 거치지 않고 행정안전부장관이 결정하도록 하였다. 또한 중앙분쟁조정위원회 심의 시 동일 시·도 내 시·군·구 간 매립지조성비용 등의 조정이 필요한 경우 행정안전부장관이 당사자 신청 또는 직권으로 중앙분쟁조정위원회의 심의·의결에 따라 조정할 수 있도록 하여 신속한 결정이 가능하도록 개선하였다(§5).

그동안 규정에 없었던 지방자치단체장의 인수위원회도 제도화하여 시·도 20명, 시·군·구 15명 이내에서 임기 시작 후 20일 범위 내로 단체장 인수위원회가 존속할 수 있도록 하였다(§105). 그동안 지방자치법에서 인구 50만 이상의 대도시는 행정, 재정 운영 및 국가의 지도·감독에 대해서는 그 특성을 고려하여 관계 법률로 정하는 바에 따라 특례를 둘 수 있도록 하였다. 그렇지만 100만 이상의 대도시가 등장하고, 인구기준 외에 실질적인 행정수요, 국가균형발전 및 지방소멸위기 등을 고려하여 시·군·구에 대해서도 특례를 둘 수 있도록 특례제도를 대폭 개선하는 한편, 특히 인구 100만 이상의 대도시에는 '특례시'라는 별도의 명칭을 부여하였다(§198). 다만 특례시의 경우 별도의 명칭이 부여된 것 이외에 자치단체의 지위 등은 그대로 유지하고 있어 사실상 새로운 제도가 도입되거나 행정체제가 개편되었다고는 볼 수 없다.

<표 10> 지방행정의 효율성 강화를 위한 지방자치법 전부개정 내용

주요 내용	과거	개선
경계조정 효율성 제고	• 경계변경 시 지방의회 의견 청취 또는 주민투표를 실시 후 대통령령으로 정함	• 자치단체장이 행안부장관에게 경계변경 조정 신청 → 행안부장관은 경계변경자율협의체 구성·운영 • 협의체 미합의 시, 중앙분쟁조정위 심의를 거쳐 행안부장관이 조정 후 대통령령 입안 • 경계변경에 따른 비용부담 발생 및 행·재정적 분쟁은중앙분쟁조정위 심의를 거쳐 행안부장관이 조정
매립지·등록 누락지 소속 자치단체 결정	• 행안부장관이 중앙분쟁조정위 심의·의결에 따라 결정 (미규정) ※ 자치단체 간 사무처리의 분쟁 시 행안부장관 또는 시·도지사가 분쟁조정위를 거쳐 조정	• 다른 자치단체 이의제기가 있는 경우 중앙분쟁조정위 심의·의결을 거치고, 이의제기가 없는 경우 중앙분쟁조정위를 거치지 않고 행안부장관이 결정 • 중앙분쟁조정위 심의 시 동일 시·도 내 시·군·구 간 매립지조성비용 등의 조정이 필요한 경우 행안부장관이 당사자 신청 또는 직권으로 중앙분쟁조정위 심의·의결에 따라 조정
단체장 인수위원회 제도화	(미규정)	• 시·도 20명, 시·군·구 15명 이내에서 임기 시작 후 20일 범위내로 단체장 인수위 존속
특례시제도 도입	• 인구 50만 이상 외 대도시 인정기준 근거 미규정	• 100만 이상 대도시 특례시 명칭 부여 • 실질적인 행정수요, 국가균형발전 및 지방소멸위기 등을 고려하여 대통령령으로 정하는 기준과 절차에 따라 행안부장관이 지정하는 시·군·구

중앙·지방, 지방자치단체 간 협력 강화

이번 지방자치법 전부개정의 주요한 특징 중 하나는 중앙과 지방, 지방과 지방 간의 협력에 관한 부분이다. 그동안 규정에 없던 것을 명문화한 것이 대부분이다. 먼저 국가와 자치단체가 주민에 대한 균형적인 서비스 제공과 지역 간 균형발전을 위해 협력하여야 함을 밝히고 있다(§183). 또한 지방의 국정참여기구를 제도화하여 중앙·지방협력회의의 설치근거를 마련하였다(§186). 또한 그동안 자치단체의 종류 중 하나로 특별지방자치단체를 언급하고, 설치·운영에 관해서는 별도로 규정하도록 하였으나, 입법화되지 않았던 부분을 좀 더 명확히 하였다.

제12장으로 특별지방자치단체를 별도로 신설하여, 특별지방자치단체의 설치방법, 규약, 기관구성, 운영 등에 관한 내용을 규정하였다(§199~211). 또 행정협의회 구성 절차를 간소화하여, 현재 행정협의자치단체 간에 정한 규약을 지방의회 의결 후 고시하도록 되어있는 절차를 지방의회에 보고 후 고시로 개선하였다(§169). 지방재정에 대하여도 국가와 자치단체가 국가-자치단체, 자치단체 간 재정조정을 위해 노력하도록 하였다(§136). 또한 지방자치단체 상호 간의 협력을 위해 지방자치단체가 다른 지방자치단체로부터 사무의 공동처리에 관한 요청이나 사무처리에 관한 협의·조정·승인 또는 지원의 요청을 받으면 법령의 범위에서 협력하여야 하며, 이때 관계 중앙행정기관도 필요한 지원을 할 수 있도록 개선하였다(§164). 중앙과 지방, 지방 간의 협력에 관한 규정 마련과 제도 도입 측면에서는 긍정적 평가이나, 향후 깊이있는 제도의 보완적 설계가 필요하다.

<표 11> 중앙·지방, 자치단체 간 협력 강화를 위한 지방자치법 전부개정

주요 내용	과거	개선
국가와 자치단체의 협력의무	(미규정)	• 주민에 대한 균형적인 서비스 제공과 지역 간 균형발전을 위한 협력 의무 명문화
국정참여기구 제도화	(미규정)	• '중앙·지방협력회의' 설치근거 마련
특별지방자치단체 도입	(미규정)	• 광역사무의 효율적 처리를 위한 특별지방자치단체 설치, 구성, 운영 등 규정

자치분권 6법 사용설명서

행정협의회 구성 간소화	• 행정협의회 구성 시, 자치단체 간에 정한 규약을 지방의회 의결 후 고시	• 행정협의회 구성 시, 자치단체 간에 정한 규약을 지방의회에 보고한 후 고시
지방재정의 조정	(미규정)	• 지역 간 재정불균형 해소를 위해 국가-자치단체, 자치단체 간 재정조정을 하도록 국가와 자치단체의 노력 명시
자치단체 간 협력 지원	(미규정)	• 관계 중앙행정기관장의 자치단체 간 협력 활성화를 위한 필요한 지원규정 신설

지방자치법 전부개정의 의의와 향후 과제

많은 학자들은 이제까지 우리나라의 지방자치를 불완전하게 평가하였다. 그 이유는 민주화시기에 더 심도 깊게 제도를 정비하고 가다듬지 못한 채 지방의원 선거를 시작으로 지방자치가 부활되었기 때문이다. 이 때문에 지방자치제도 전반에 걸쳐 고쳐 나가야할 부분이 상존하는 것이 현실이다. 이번 지방자치법 전부개정으로 그동안 자치단체가 요구했던 내용, 학계 등에서 논의했던 부분의 상당수가 반영되어 제도적으로 진일보한 것은 틀림없는 사실이다. 다만, 자치입법권과 자치조직권 차원에서는 이렇다 할 개정사항이 없고, 자치사무의 기준과 범위도 현실을 반영하여 구체화하지 못하였다. 특히 기초지방자치단체 입장에서는 관계 중앙행정기관의 행정개입의 여지가 더 명확해진 것도 사실이다. 특별지방자치단체, 지방의회, 기관구성형태 다양화, 시·군·구 특례제도 등에 대해서는 구체적인 제도의 설계 없이 지방자치법에 반영된 부분들이 있어 향후 구체적인 내용을 반영한 시행령 개정, 추가 입법 추진 등 제도개선이 필요하다 할 것이다.

<주민조례발안에 관한 법률>[4] 현황과 과제

문제의 제기

〈주민조례발안법〉은 정부가 2018년 9월 14일 제정 계획을 수립하고, 2018년 11월 6일부터 12월 17일까지 입법예고를 하였다. 2019년 3월 26일 국무회의를 통과하였고, 2019년 3월 29일 20대, 2020년 7월 3일 21대 국회에 각각 제출되었다. 21대 국회에서 2021년 9월 13일 국회 행정안전위원회 의결, 2021년 9월 28일 국회 본회의 의결을 거쳤다. 법안발의에서 의결까지 2년 6개월이 소요되었고, 2022년 1월 13일부터 지방자치법 전부개정안과 함께 시행되었다.

이에 따라 주민들이 지방의회에 직접 조례안을 제출할 수 있고, 청구에 필요한 주민서명 요건도 완화되게 되었다. 또한 지방의회에서 해당 조례안을 심의·의결하는 의무기간도 정하는 등 이전 지방자치법에 규정된

---

4) 〈주민조례발안에 관한 법률〉, 제18495호, 2021. 10. 19. 제정, 시행 2022. 1. 13.

주민조례청구제도보다 내용이 크게 변경되었다.

주민조례청구제도는 지방자치 행정에 대한 지역주민의 직접참여를 통해 민주성과 책임성을 제고하기 위해 1999년 8월 31일 〈지방자치법〉 개정안에 주민조례 제정·개정·폐지 청구(이하 주민조례청구)제도[5]로 도입된 바 있다. 그러나 그동안 엄격한 청구요건과 복잡한 절차 등으로 활용실적이 저조하여 제도개선에 대한 목소리가 높았다. 이에 주민조례청구제도를 보다 활성화시키고, 이를 통해 주민주권을 강화하고자 지방자치법으로부터 분리된 개별법의 제정을 추진하게 되었다.

현재 지방자치단체에서는 법령의 범위에서 그 권한에 속하는 사무에 대하여 조례 또는 규칙 등 자치법규를 제정할 수 있다. 조례안 발의 주체를 보면 지방자치단체의 장이나 지방의회의원이 다수이고, 주민들의 청구에 의한 조례안은 많지 않았다. 주민조례청구제도는 지방자치단체장이나 지방의원이 주민들의 입법요구를 충족시키지 못하거나, 민의를 제대로 반영하지 못하는 경우에 지방행정에 직접 참여할 수 있는 직접민주제를 가미한 것이다.

이와 같은 간접민주제(대의민주제)를 보완하는 직접민주제의 요소로서 주민참여의 3대 수단이 있는데, 주민발안·주민투표·주민소환이 그것이다. 이하에서 우리 지방자치법과 부수법안 중에서 주민발안제도를 개관

---

5)   지방자치법 제19조(조례의 제정과 개정·폐지 청구)①주민은 지방자치단체의 조례를 제정하거나 개정하거나 폐지할 것을 청구할 수 있다.

②조례의 제정·개정 또는 폐지 청구의 청구권자·청구대상·청구요건 및 절차 등에 관한 사항은 따로 법률로 정한다.

해보고, 2022년 시행된 주민조례발안법의 주요 내용과 향후 과제에 대해 정리하고자 한다.

주민발안제도

주민발안住民發案은 지방선거 유권자 일정 수 이상의 연서에 의하여 지방자치단체의 자치헌장이나 조례의 제정 또는 개·폐 등에 관하여 주민이 직접 의안을 발의하는 제도이다. 이 주민발안은 지방자치의 기본정책과 행정이 주민의 의사대로 실현되는 것을 확보하고 대의기구에 대하여 평소에 주민의사를 존중하도록 촉구하는 압력수단이 되기도 한다. 그러나 주민발안은 실제에 있어서 일반주민들의 능력으로는 이를 실행할 수가 없는 것이고, 사실상 일부 극성자들의 특수 이익보호의 수단이 되기 쉽다는 문제점을 가지고 있다.

주민발안에는 직접적 주민발안과 간접적 주민발안의 두 가지가 있다. 직접적 주민발안은 주민의 발안이 있으면 이를 반드시 주민투표에 붙이도록 되어 있는 제도이다. 대표적인 예는 미국 워싱턴 D. C.Washington, D. C.와 대만의 각 자치단체의 주민발안제에서 찾을 수 있다. 간접적 주민발안은 이를 일단 지방의회에 회부하여 의회가 그 내용을 수용할 때에는 주민투표에 부치지 않고 바로 성립되며, 의회가 그 내용을 수용하지 않을 때에 이를 주민투표에 부치는 제도이다. 대표적인 예는 미국 콜로라도Colorado주 잉글우드Englewood시와 일본 각 자치단체의 주민발안제에서 볼 수 있다.

우리나라에서는 1999년의 지방자치법 개정에서 주민 조례제정·개폐 청구제가 채택되었다. 즉, 주민(일정한 조건을 갖춘 재외동포와 국내거주 외국인 포함)은 인구 50만 이상 대도시에서는 19세 이상 주민 총수의 100분의 1 이상 70분의 1 이하, 시·군 및 자치구에서는 50분의 1 이상 20분의 1 이하의 범위 안에서 조례로 정하는 주민 수 이상의 연서로 해당 지방자치단체의 장에게 조례의 제정이나 개폐를 청구할 수 있다(1999년 개정 지방자치법 제15조 제1항)

국내에서 주민조례청구제도가 본격적으로 시행된 2000년부터 2020년 12월 말까지의 운영실적을 보면, 전국에서 총 277건의 주민청구조례안이 제출되어 연평균 13건 정도가 제출되었다. 주민조례청구제도가 본격적으로 대중에 알려지기 시작한 계기가 학교급식조례이다. 2003년 9월 전라남도 나주시가 〈나주시 학교급식비 지원 조례〉를 제정(2003. 9. 25.)하였고, 2003년 10월에는 전라남도가 〈전라남도 학교급식 식재료 사용 및 지원 조례〉를 제정(2003. 10. 20.)하였다. 이후 전국적으로 학교급식 관련 조례 제정을 청구하는 시민운동이 활발해졌다.

2000년부터 2019년 12월 말까지 주민이 청구한 조례안의 처리결과를 보면, 이 기간 총 269건의 조례안이 제출되었고, 이 중에서 처리가 진행 중인 조례안(23건)을 제외하고, 처리결과가 나온 총 246건 중 원안 혹은 수정안이 지방의회에서 가결된 조례안은 121건(49.2%), 부결은 34건(13.8%), 각하·철회·폐기 등은 91건(37.0%)이었다.

〈주민조례발안에 관한 법률〉의 주요 내용

2021년 10월에 제정된 〈주민조례발안에 관한 법률〉은 2021년 1월 12일 〈지방자치법〉 전부개정안의 공포로 주민조례청구제도를 독립된 법체계로 운용하기 위한 근거 규정을 마련하고 나서, 후속입법으로 추진되었다. 이번에 제정된 법률을 이전과 비교한 유사점 및 차이점은 다음과 같다.

우선, 이 법의 제정목적은 〈지방자치법〉 제19조에 따른 주민의 조례 제정과 개정·폐지 청구에 필요한 사항을 규정함으로써 주민의 직접 참여를 보장하고 지방자치행정의 민주성과 책임성을 제고함을 목적으로 한다(제1조)고 규정하고 있다.

그리고 이전과 비교해서 주민조례청구의 대상과 제외 규정은 같다. 주민들이 청구하는 조례의 경우도 법령에서 정한 자치사무 범위 내에서 가능하지만, 청구가 되지 않는 금지사항이 있다. 이 법에 따른 주민조례 청구의 제외 대상은 ①법령을 위반하는 사항, ②지방세·사용료·수수료·부담금의 부과·징수 또는 감면 관련 사항, ③행정기구를 설치하거나 변경하는 사항, ④공공시설의 설치를 반대하는 사항이 해당된다(동법 제4조).

반면, 이번 법률 제정에 따라 현행과 달리 변경된 제도는 다음과 같다.

첫째, 주민조례청구의 청구자 요건이 완화되었다. 그동안 선거권 기준 연령과 동일하게 주민조례청구도 19세 이상의 주민을 청구권자로 정했다. 그러나 2020년 1월 14일 〈공직선거법〉 개정으로 선거권 연령이 19세에서 18세로 낮춰짐에 따라 주민조례청구의 청구자 연령도 18세로 낮추었다.

둘째, 그동안 지속적으로 지적받아 온 주민 서명수의 요건을 인구규모별로 세분화하고 완화시켰다. 기존 제도의 서명요건은 광역-기초 2단계로 구분해서 정했다. 그러나 이번 제정법에서는 인구규모별 6단계로 세분화하여 서명요건을 완화하고, 법률에는 상한만 규정하였다.

앞으로 적용될 주민조례청구를 위한 주민 서명수는 ①특별시, 인구 800만 이상 광역시·도의 경우 청구권자 총수의 1/200 이하, ②인구 800만 미만 광역시·도, 특별자치시, 특별자치도 및 인구 100만 이상의 시는 청구권자 총수의 1/150 이하, ③인구 50만~100만 시·군·자치구의 경우는 청구권자 총수의 1/100 이하, ④인구 10만~50만 시·군·자치구의 경우 청구권자 총수의 1/70이하, ⑤인구 5만~10만 시·군·자치구의 경우는 청구권자 총수의 1/50 이하, ⑥인구 5만 미만의 시·군·자치구의 경우 청구권자 총수의 1/20 이하에서 해당 지방자치단체의 조례로 정하는 청구권자 수 이상이 연대 서명하도록 하였다(동법 제5조 제1항).

셋째, 주민조례의 청구절차 간소화 및 지원제도 강화이다. 그동안 청구자가 지방자치단체장에 제출해 조례규칙심의회 등 절차를 거쳐 지방의회에 제출되었던 조례안을 지방의회에 직접 제출토록 하는 등 절차를 간소화시켰다. 내년부터는 청구권자가 주민조례청구를 하려면 대표자를 선정하고, 선정된 대표자는 주민조례청구의 취지·이유 등을 담은 청구서와 주민청구조례안을 첨부하여 지방의회의 의장에게 대표자 증명서 발급을 신청해야 한다(동법 제6조 제1항).

넷째, 주민이 청구한 조례안에 대한 이행력을 강화시켰다. 그동안 주민청구조례안에 대한 지방의회의 심의 및 의결 기간에 관한 규정은 없었고, 해당 조례안은 단체장이나 지방의원 발의안과 같이 의원의 임기만료 시 자동 폐기되었다. 그러나 이번 〈주민조례발안에 관한 법률〉에서는 지방의회에 수리된 주민청구조례안에 대하여 지방의회가 1년 이내 심의·의결을 하도록 의무화(필요 시 1년 연장 가능)하였다(동법 제13조 제1항). 이와 더불어 주민이 청구한 조례안의 경우 지방의원의 임기만료 시 자동 폐기되지 않고, 차기 지방의회에 한하여 계속 심사하도록 하는 규정을 신설하였다(동법 제13조 제3항).

향후 과제

지방자치단체와 지방의회는 법에서 위임한 사항을 담은 〈주민조례발안에 관한 조례〉를 제정하는 등 지역에서 관련 자치법규를 정비해서 입법공백이 없도록 해야 하며, 주민청구 조례안은 지방의회에서 1년 이내 심의·의결 의무기간을 준수하고, 특별한 사유가 없으면 당해 임기 내에 처리를 완료해야 할 것이다. 아울러 온라인 주민참여시스템의 구축을 통해 포스트 코로나 시대의 주민참여제도를 확충할 필요가 있다. 이전과 같이 대면 방식을 통해 주민조례청구에 필요한 주민들의 서명을 받기란 쉽지 않을 것이다. 주민들의 서명 수집이나 결과 확인 등을 위한 온라인 정보시스템을 구축·관리하는 한편, 주민에 대한 홍보와 교육을 통해 온라인 주민참여의 활용도를 높일 필요가 있다.

그동안 온라인 주민참여에 대한 필요성이 높아지면서 2018년 1월 9일 〈지방자치법 시행령〉 일부개정을 통해 주민조례청구 시 전자적 방식을 도입하였다(제13조 2항). 이에 따라 현재 청구자가 주민조례를 신청할 때 지방자치단체장에게 주민참여조례시스템(www.juminegov.go.kr) 이용을 요청하면, 온라인을 통해서도 주민 서명을 받을 수 있다. 현재 온라인 주민조례 청구현황을 보면, 22년 1월 13일 지방자치법 시행 이후 5월 13일 현재까지, 15건의 주민조례가 청구완료 또는 진행 중에 있다.

앞으로 주민조례청구제도를 통한 주민참여 활성화를 위해서는 지방의회의 역할이 매우 중요하다. 주민조례청구제도가 변경됨에 따라 이전보다 활용하는 주민들이 늘어날 것으로 예상되고, 주민의 의사를 반영한 다양한 조례안이 지방의회에 제출될 것으로 보인다. 이에 따라 의회사무기구에서는 주민조례청구제도의 개편에 따라 필요한 행정적 지원을 위한 업무와 인력 배치 등에 만전을 기해야 할 것으로 보인다.

현행 자치경찰제[6]의
의의와 개선방안

들어가며

국가의 가장 원초적인 존재이유는 국민의 생명과 재산을 보호하는 것이다. 경찰제도는 국가의 국민보호 의무를 달성하기 위해 유지되고 있다. 한국은 세계에서 최고수준의 치안 환경을 자랑한다. 그러나 더 나은 국민보호를 위해 해방 후 미군정시기부터 자치경찰 실시에 대하여 정치권에서 논쟁을 벌여 왔다. 이 논쟁은 크게 두 가지 흐름으로 나눌 수 있다. 정치적 동기와 분권적 동기로 분류할 수 있다. 다시 말하면, 노무현 정부 이전에 자치경찰 실시 동기는 정치적 동기였고, 노무현 정부 이후는 분권적 동기라고 할 수 있다[7]. 정치적 동기에 의한 자치경찰 실시 논의는

---

6)   <국가경찰과 자치경찰의 조직 및 운영에 관한 법률>, 법률 제17689호, 2020. 12. 22., 전부개정, 시행 2021. 1. 1.

7)   양영철(2016: 99). <자치경찰제 도입>, 한국지방자치 발전과제와 미래, 지방자치발전위원회, 박영사, 서울.

국가경찰이 독재정권의 일등 하수인이라는 오명을 오랫동안 벗어나지 못한 시기였다. 여기서 논의의 초점은 어떻게 하면 국가경찰의 힘을 분산시켜 중앙정치가 개입할 여지를 차단하고 경찰의 정치적 중립성을 확보할 것인지에 대한 대책이었다. 그러나 분권적 동기에 의한 논의는 민선지방자치가 실시되고 수평적 정권교체가 이루어진 이후의 시기였다. 이 시기의 초점은 지방자치가 부활하여 성숙해가고 있지만 지방자치의 핵심제도인 경찰 자치가 실시되지 않고 있는 사정에서, 지방자치의 보완적 차원에서 이루어졌다고 할 수 있다. 이러한 관점에서 자치경찰제의 도입과정을 살펴보고, 2021년 7월부터 실시되고 있는 현행 자치경찰제의 내용과 특징, 문제점과 개선방안을 분석해 본다.

자치경찰제 도입과정과 주요 내용

역대 정부

자치경찰제 도입은 매우 긴 논의과정을 거쳐 왔다. 1993년 출범한 김영삼 정부는 지방자치실시와 더불어 국정방향으로 '본격적인 지방화 시대의 개막'을 내걸었다. 김영삼 정부는 당시 재정경제원 예산실이 중심이 되어 자치경찰제 실시계획을 발표한다. 이때 자치경찰사무는 관할 지역의 방범·교통·경비·일반수사 등 민생치안 및 범죄 예방행정 등이었고, 자치경찰의 재원은 지방양여금 확대를 통해 확보하고자 하였다. 그러나 구체적인 추진과정에서 내무부 및 경찰청은 자치경찰제 도입에 대해 강력한 반대 입장을 표하였다.

국민의 정부에서도 김대중 대통령은 자치경찰제를 시행하고자 하였다. 1998년 당시 여당인 새정치국민회의는 자치경찰제 정책기획단을 설치하고 경찰청 내 경찰개혁위원회의 제안 사항인 '광역단위 자치경찰제 도입'을 받아들이게 된다. 광역단위 자치경찰제 도입방안을 중점 논의하였으나 이해관계 기관, 정치세력 간 대립·갈등 등으로 인해 중단되고 말았다.

참여정부에서는 지방자치와 분권을 국정운영방향으로 제시하였고, 이에 따라 2004년 1월 16일에 〈지방분권 특별법〉을 제정하면서 '자치경찰제 도입'을 의무적 사항으로 규정하였다. 이후 경찰청 경찰혁신위원회의 자치경찰분과위원회 설치, 정부혁신지방분권위원회 내 자치경찰특위 설치, 행정자치부 자치경찰제 실무추진단 구성·운영 등 다양한 추진기구를 가동한다. 그러나 노무현 대통령 탄핵정국 등으로 제주특별자치도 설치 및 제주도에서의 제한적 자치경찰제 실시에만 그치고 말았다.

이명박 정부를 살펴보면 2008년 2월 29일 〈지방분권 특별법〉이 〈지방분권촉진에 관한 특별법〉으로 전부 개정되었는데, 이때에도 '자치경찰제의 도입'이 유지된다. 이에 2012년 6월 지방분권촉진위원회는 '기초단위 자치경찰제 도입계획'을 수립하여 대통령과 국회에 보고한다. 정권 말기 대단히 형식적인 수준의 발표로서 추진성과를 거두지는 못했다. 박근혜 정부는 2013년 5월 28일 기존 〈지방분권촉진에 관한 특별법〉을 계승한 〈지방분권 및 지방행정체제개편에 관한 특별법〉을 제정한다. 이 법률에서 '자치경찰제의 도입' 규정을 이전과 같은 형태로 유지한다. 이에 따라 2014년 12월 지방자치발전위원회가 발표한 〈지방자치발전 종합계획〉에서 이명박 정부의 '기초단위 자치경찰제 도입계획'이 소폭 수정되어 자치경찰제 도입방안을 제시한다. 그러나 박근혜 정부에서도 자치경찰제논의가 소기의 성과를 거두지 못한다. 이러한 역대 정부의 자치경찰제 추진 내용을 도입수준, 자치경찰 사무 및 신분, 재원 등으로 구분하여 정리하면 다음 〈표 12〉와 같다.

〈표 12〉 자치경찰 도입관련 역대 정부 추진상황

구분	문민 정부	국민의 정부	참여 정부	이명박 정부	박근혜 정부
도입 수준	기초자치단체 (시·군)	광역자치단체 (시·도)	기초자치단체 (시·군·자치구)	기초자치단체 (시·군·자치구)	기초자치단체 (시·군·자치구)
자치경찰 사무	방범, 교통, 경비, 일반수사	광역, 공안 외 경찰사무	순찰, 교통	정부안 불명확 (포괄적 경찰사무)	주민밀착사무 및 특사경사무
지차경찰 신분	지방공무원 (경찰서 이하)	지방공무원 (경정 이하)	지방공무원 (자원 전환)	지방공무원 (자원 전환)	지방공무원 (자원 전환)
자치경찰 재원	지방양여금 (국가 지원)	지방부담 원칙 (한시 국가 지원)	지방부담 원칙 (한시 국가 지원)	범칙금·과태료 (국가 지원)	지방소비세 및 범칙금·과태료 (국가 지원)

자료 : 대한민국시도지사협의회(2021) 내부자료 일부 수정

문재인 정부의 자치경찰제

문재인 정부 국정과제 13번째는 '국민의, 국민을 위한 권력기관 개혁'이었다. 이러한 권력기관 개혁의 하나로 〈광역단위 자치경찰제〉 도입을 국정과제로 제시하였고, 대통령 소속 자치분권위원회에서는 이의 법제화를 위해 노력하였다. 2020년 12월 9일 〈국가경찰과 자치경찰의 조직과 운영에 관한 법률〉이 국회에서 통과됨으로써 자치경찰제 시행의 근거가 마련되었다. 이후 2021년 전반기에 시·도별 시범운영 및 조례제정 등을 거쳐 2021년 7월 1일부터 자치경찰제가 전면 시행되기에 이른다. 문재인 정부의 자치경찰제를 앞의 〈표 12〉를 기준으로 살펴보면 다음과 같다.

첫째, 도입수준은 시·도 경찰위원회를 두도록 함으로써 형태상 광역자치경찰제를 채택하였다.

둘째, 사무의 구분은 국가경찰사무, 자치경찰사무로 구분하였다. 다만, 이는 이론적 사무구분과 다르다. 개별법에서의 일반적 행태의 사무구분은 "시·도지사가 ~한다." 혹은 "시장·군수·구청장이 ~한다."라고 규정함을 통해 사무수행주체를 표현하여 자치사무임을 나타낸다. 즉, 기본법 개념인 지방자치법을 제외하고는 어떤 사무가 자치사무라고 표현하지 않는다. 개정된 경찰법에서는 국가경찰사무와 자치경찰사무를 열거하고 있다. 자치경찰사무는 생활안전, 교통, 여성·청소년 등이다.

셋째, 정치적 중립성 확보를 위한 장치로써 합의제 행정기관인 시·도 경찰위원회를 두는 것으로 하였다. 구성은 7인으로 하되(법 제20조), 위원은 시·도지사 1명 지명, 시·도 의회 2명, 국가경찰위원회 1명, 시·도 교육감 1명, 위원추천위원회 2명 등을 추천하면 추천자를 시·도지사가 임명한다. 위원 임기는 3년이며 연임은 불가능하다. 역할은 자치경찰사무에 관하여 시·도 경찰청장을 지휘·감독한다.

넷째, 인사운용측면에서 접근해보면, 모든 경찰공무원의 신분은 수행사무와 관계없이 국가공무원이다. 따라서 경찰에 대한 지방자치단체장의 임면권은 인정되지 않는다. 다만, 경찰청장이 시·도지사에게 자치경찰사무를 수행하는 시·도 경찰청 소속 경찰공무원의 임용권 일부를 위임[8]하도록 하고 있다.

마지막으로 재원과 관련하여 살펴보면, 인건비는 국가가 부담하되 자

---

[8]   경정, 전보·파견·휴직·직원해제 및 복직/ 경감 이하, 신규채용·면직 제외한 임용권 단, 지구대·파출소 근무자는 제외한다. 실질적으로는 시·도지사가 임면권 행사를 재위임하는 것이 일반적이다.

치경찰사무 수행에 따른 사업비는 지방자치단체가 부담한다. 다만, 자치경찰사무 수행경비는 재정분권과 연계한 기능이양사업으로 한다. 이 밖에 "국가는 지방자치단체가 이관 받은 사무의 원활한 수행을 위하여 인력·장비 등에 소요되는 비용에 대한 재정지원 의무(법 제34조)"를 부여하고 있다. 또한 예산운용과 관련하여 "자치경찰의 예산은 경찰청장의 의견을 들어 시·도 자치경찰위원회의 심의·의결을 거쳐 시·도지사가 수립(법 제35조)"하도록 하고 있다.

현행 자치경찰제도의 의의

국가경찰, 국가수사본부, 자치경찰이 공존하는 한 지붕 세 가족 형태의 경찰제도에 따른 각계각층의 우려와 비판의 목소리에도 불구하고, 현행 자치경찰제는 '우리나라 최초로 시행되는 자치경찰제도'라는 데 큰 의의를 가진다. 광복 이후 자치경찰제 도입·운영을 위한 국가적 차원의 노력이 정권별로 지속적으로 추진되었으나, 논의만 무성한 채 실질적인 관계법률 제·개정이 이루어지지 못하였다.

그 이유는 자치경찰제의 도입 단위를 광역자치단체와 기초자치단체 등에 어디로 할 것인지에 대한 정치권·학계·시민사회 등의 합의가 이루어지지 못하였기 때문이며, 무엇보다 국가경찰제도에 대한 국민의 신뢰와 지지가 높은 상황에서 굳이 자치경찰제 도입이 필요한가에 대한 회의적 시각이 크게 작용한 결과로 볼 수 있다.

그럼에도 불구하고, 지방분권론자들의 주장을 중심으로 국가경찰체제에 대한 민주적 통제와 경찰권의 지방 분산이 이루어져야 한다는 주장이 지속적으로 제기되어 왔으며, 중앙정부 차원에서도 지방분권이 목적인 '국가와 지방자치단체의 합리적인 권한·책임배분 및 기능 조화(《지방분권법》 제2조 제1호)'를 실현하기 위해 자치경찰제를 도입해야 한다는 데 인식을 함께해오고 있었다. 이에, 현 정부에서는 〈문재인 정부 국정운영 5개년 계획〉 13번에서 제시한 '국민의, 국민을 위한 권력기관 개혁'을 본격 추진하였고, 검·경 수사권 조정 등에 따라 비대해진 경찰권의 지방분산을 위해 '광역단위 자치경찰제'의 도입을 적극 추진하게 되었으며, 2020년 12월 '광역단위 자치경찰제' 중심의 〈경찰법〉 및 〈경찰공무원법〉 전부개정안이 국회를 통과함에 따라 우리나라 역사상 최초로 현행의 자치경찰제가 도입되어 운영되기에 이르렀다.

두 번째 의의로 국가경찰-자치경찰 일원화 모형의 채택에 따른 '업무 혼선과 재정부담 우려'의 불식을 들 수 있다. 이원화 모형으로 할 경우 국가경찰관의 자치경찰관(지방공무원)으로 전환, 지역 내 별도의 자치경찰 관서 설치·운영 등으로 인해 중앙정부와 지방자치단체의 막대한 재정이 소요될 수 있으며, 국가경찰과 자치경찰의 지구대·파출소 중복 운영 등으로 인해 업무 혼선이나 주민의 불편이 발생될 우려가 높다는 반대론이 대두되고 있는 가운데, 가뜩이나 코로나19 팬데믹 상황에서 이를 극복하기 위한 국가적 차원은 물론 지방자치단체 차원의 막대한 사회적 비용이 발생되고 있음을 고려할 때, 현행 일원화 모형에 입각한 자치경찰제가 국가와 지방자치단체의 재정부담을 최소화하고, 국가와 자치경찰의 업무 혼선 및 주민의 불편을 최소화하는 데 가장 적합한 모형이라는 것이다.

마지막으로 '자치경찰제의 지속적·실질적 발전을 위한 초석'을 마련했다는 점에서도 큰 의의를 가진다. 정부와 국회에서는 현행의 자치경찰제 모형을 '과도기적 모형'으로 표현하고 있는데, 이는 현재의 자치경찰제가 완전하다는 것이 아니라 앞으로 현장에서 발생되는 각종 문제점들을 중심으로 향후 명실상부한 자치경찰제도를 확립해 나가겠다는 것을 의미한다. 따라서 현행의 자치경찰제는 앞으로 합리적이고 바람직한 자치경찰제의 발전 및 확립을 위한 시작점과 기준점을 제시하고 있다는 데 큰 의미를 부여할 수 있을 것이다.

현행 자치경찰제도의 문제점 및 개선과제

전국 18개 시·도 자치경찰위원회에 대한 조사 결과를 중심으로 본격적인 자치경찰제가 시행된 이후 시·도 현장에서 발생되고 있는 각종 문제점들을 제시해 보면 다음과 같다.

첫째, 자치경찰에 관한 시·도지사의 권한이 미흡하여 지방행정과 치안행정의 연계성 확보가 어려운 상황이다. 〈경찰법〉에서는 시·도 경찰청장 임용 시 경찰청장과의 협의권을 비롯하여 자치경찰에 관한 정책·사무·인사·평가 및 감사·감찰요구 등 전반적인 권한을 부여하고 있다. 그러나 지방행정의 총괄책임자인 시·도지사에게는 시·도 자치경찰위원회 위원 1명 지명권 및 위원장·상임위원 임명권, 시·도 자치경찰위원회 회의에 대한 의제 발안권 및 임시회의 개최 요구권, 시·도 자치경찰위원회 의결에 대한 재의요구권 등의 매우 제한적인 권한만 부여하고 있다.

현행 〈지방자치분권 및 지방행정체제개편에 관한 특별법〉 제12조 제3항에서는 '지방행정과 치안행정의 연계성 확보' 및 '지역특성에 적합한 치안서비스 제공'등을 자치경찰제의 도입 목적으로 천명하고 있다. 따라서 현행 자치경찰제가 특별법상 목적과 취지를 살려 지역사회에 연착륙하기 위해서는 지방행정의 총괄책임자로서 지역의 상황과 주민의 수요를 가장 잘 알고 있는 시·도지사에게 충분한 권한을 부여해야 할 것이다.

둘째, 시·도 자치경찰위원회 사무국에 대한 국가경찰의 정원이 부족하고, 파견경찰관에 대한 근무평정권한이 부재한 상황이다. 시·도 자치경찰위원회별로 사무국의 조직진단·기능분석 등을 실시하여 파견경찰관의 정원을 자율적·탄력적으로 확보하도록 하고, 위원회의 파견경찰관에 대한 근무평정권한을 부여함으로서 실질적인 지휘·감독권을 행사할 수 있도록 관계법령을 개정해야 할 것이다.

셋째, 원활한 자치경찰사무 수행을 위한 국가의 충분한 재정지원이 이루어지지 않고 있는 상황이다. 〈국가경찰과 자치경찰의 조직 및 운영에 관한 법률(약칭:경찰법)〉 제34조에서는 자치경찰사무의 인력·장비 등에 소요되는 비용을 국가가 지원하도록 규정하고 있으나, 시·도자치경찰위원회의 사무국 인건비·운영비 등에 대한 국비지원이 시·도 요구액에 미치지 못하고, 신규 자치경찰사무 수행비용(사업비 등) 및 자치경찰사무 담당공무원에 대한 후생복지비용을 모두 시·도에서 부담하도록 하고 있다. 또한, 관계법령상 이상의 자치경찰제 소요비용에 대한 중앙정부의 재정지원 규모·범위 및 방식 등이 명확히 규정되어 있지 않아, 시·도 입장에서 안정적인 예산 수립·운용이 어려운 실정이다.

따라서 현재 국가재원으로 활용되고 있는 지역의 교통 과태료·범칙금 등을 자치경찰제 재원으로 사용할 수 있도록 하거나 '(가칭)자치경찰교부세'를 신설하여 자치경찰제의 포괄적이고 안정적인 재원을 마련해야 할 것이다.

넷째, 현행 〈경찰법〉에서는 자치경찰제의 핵심이라 할 수 있는 주민 참여에 관한 사항이 규정되어 있지 않은 상황이다. 현재 우리나라의 지방분권과제를 종합적으로 규정하고 있는 〈지방자치분권 및 지방행정체제 개편에 관한 특별법〉 제12조 제3항에서는 '국가는 지방행정과 치안행정의 연계성을 확보하고 지역특성에 적합한 치안서비스를 제공하기 위하여 자치경찰제도를 도입하여야 한다'고 천명하고 있다. 즉 지역주민의 치안행정수요를 파악하여 이에 부합되는 치안서비스를 제공하는 것이 자치경찰제의 근본적인 도입 목적이라 하겠으며, 이를 위해서는 무엇보다 주민참여가 필수인 것이다.

다섯째, 가장 근본적인 문제점으로 현재 자치경찰사무를 국가경찰이 수행하고 있는 상황이다. 〈경찰법〉 제4조 제1항에서는 생활안전·교통·경비 등에 관한 사무를 '자치경찰사무'로 규정하고, 이를 제외한 경찰사무를 '국가경찰사무'로 구분하고 있다. 자치경찰사무는 시·도의 자치사무로서 시·도지사의 책임 하에 시·도 공무원이 수행해야 하겠으나, 현재 시·도 경찰청이 관할 구역의 자치경찰사무를 관장하고 국가경찰이 자치경찰사무를 수행하고 있다. 이로 인해, 시·도지사 소속인 시·도 자치경찰위원회가 국가기관인 시·도 경찰청을 지휘·감독하기 어렵고, 시·도의 예산을 자치경찰에 배정하는데 한계가 있으며, 지방행정-치안행정 연계사무 발굴·수행에 따른 현장경찰관의 업무 부담이 늘어나고 있다. 또한 지방행정의 총괄책임자인 시·도지사의 자치경찰에 대한 관심 저하, 시·도의 행·재정적 협력·지원 부족, 지역주민의 체감도 미흡 및 혼란 가중 등 많은 문제점이 발생되고 있다.

이에 가장 궁극적인 개선과제로 현재 자치경찰사무를 담당·수행하고 있는 국가경찰관을 시·도지사 소속의 자치경찰관으로 전환해야 할 것이다. 당시 중앙정부와 시·도 간 소통과 협의를 통해 생활안정·교통·지역경비에 관한 사무를 자치경찰사무로 구분하고 해당 분야에 근무하는 약 43,000명의 국가경찰관을 시·도지사 소속의 지방공무원으로 전환하고자 하였으나, 지난 2020년 8월 중앙정부의 현행 자치경찰제 모형으로 일방적인 정책 변경이 이루어져 무산되었다. 앞으로 시·도지사의 관심과 책임·통솔하에 시·도 공무원인 자치경찰관이 지역주민에 대한 양질의 치안서비스를 제공할 수 있도록 이른바 '국가경찰−자치경찰 이원화 모형', '시·도 자치경찰제뿐만 아니라 시·군·구 풀뿌리 자치경찰제의 병행 체제로의 전환과 개편이 이루어져야 할 것이다.[9]

나오면서

자치경찰제는 시작되었다. 자치경찰제 전면 시행 이후 팬데믹 등의 사정으로 일원화 모델로 출발하는 한계점에도 불구하고 현장에서는 적지 않은 변화가 나타나고 있다. 시범실시기간(2021. 1.~2021. 6.)부터 2021년 7월 전면실시 이후 8개월여 지난 시점에 자치분권위원회가 조사한 자료에 따르면, 코로나 팬데믹 등의 사정에도 불구하고 충북은 도농복합지역의 특성을 반영한 농산물 절도예방 대책 수립으로 절도 발생건수가 5.8% 감소하고, 검거건수는 88% 증가하는 등 지역여건을 반영한 시책을 추진

---

9)   윤태웅(2022). <자치경찰제의 안착과 발전을 위한 정책 개선과제>, 대한민국시도지사협의회.

하였으며, 서울은 스토킹행위 근절을 위해 관련법 시행에 앞서 스토킹 예방 및 피해자 보호지원 대책을 수립하여 사회적 약자에 대한 보호지원 대책을 선제적으로 마련하였다. 이 외에도 대구의 '여성 1인 가구 세이프-홈Safe-Home지원 사업', 대전의 '정신질환자 응급입원 체계 고도화', 제주의 '휴가철 안심 제주 4YOU' 등 지역 특성을 반영한 시책을 추진하여 앞으로 더 많은 효과가 나타날 것으로 기대된다.[10]

대한민국 경찰이 과거 권위주의 시절의 낡은 유습에서 벗어나 진정으로 국민을 보호하고 국민의 사랑을 받는 민주적이고 선진화된 경찰로 나아가기 위해서는 스스로의 자정노력과 제도적인 개혁이 쉼 없이 진행되어야 한다. 목하 검경 수사권 조정의 제2라운드라고 할 수 있는 수사권과 기소권의 분리 이후의 보완대책을 위한 국회 입법과정이 여·야 간의 뜨거운 논쟁 속에 진행 중이다. 2020년 자치경찰제 도입을 위한 경찰법의 개정과정은 검경수사권 조정국면에 바로 이어서 비대해진 경찰권의 분산 필요성에 대한 국민 공감대에 힘입어 추진될 수 있었다. 현행 자치경찰제의 문제점 개선과 제도적 완성을 위한 입법도, 지금 이 시기에 경찰권의 민주적 재편과 치안역량의 선진화 차원에서 시행될 필요가 있다. 자치경찰제의 첫 단추를 꿴 21대 국회가 결자해지해야 할 사명으로 생각된다.

---

10) 자치분권위원회(2022). <자치경찰제도 시행 8개월, 주민밀착 정책 본격 추진>, 보도자료 (2022.2.21.).

<중앙지방협력회의법>[11]

들어가며

국정 현안을 점검하고 각 분야별, 부처 소관별로 국정 추진상황을 공유하는 한편, 각 부처 간의 협조가 필요한 사항을 조정하는 등의 역할을 하는 국무회의는 매주 1회 정례적으로 개최해오고 있다. 국무회의 규정에 따르면 국무회의에는 대통령비서실장, 국가안보실장, 대통령비서실 정책실장, 국무조정실장, 국가보훈처장, 인사혁신처장, 법제처장, 식품의약품안전처장, 공정거래위원회위원장, 금융위원회위원장, 과학기술혁신본부장, 통상교섭본부장 및 서울특별시장이 배석한다. 국정운영을 위해서는 국가행정을 담당하는 행정부가 중심이 되어야 함이 마땅하나, 그 내용과 정책대상이 국민이라는 점을 상기해보면 지방자치단체의 참여가 일정 부분 보장될 필요가 있다. 특히 서울특별시장만 배석할 수 있는 상황을 두고

---

11) <중앙지방협력회의의 구성 및 운영에 관한 법률>, 법률 제18297호, 2021. 7. 13. 제정, 시행 2022. 1. 13.

자치분권 6법 사용설명서

서울시보다 인구규모가 더 큰 경기도 등은 배석에 경기도를 참여하도록 해달라는 요구를 계속해왔다.

이러한 배경에서 중앙과 지방의 공식적 협의기구 법제화에 대한 논의는 계속되어 왔다. 실제로 박근혜 정부의 국정과제에는 중앙·지방협력회의의 법제화가 포함되어 있었고, 당시 18대 국회에서 이철우 의원(한나라당)이 중앙·지방 협력회의 설치 법률안을 대표발의하였으나, 국회 임기만료로 폐기되었다. 당시에는 협의체의 의장을 대통령으로 할 것인지가 쟁점사항 중 하나였다.

이후 문재인 정부에서 제2국무회의 도입이 국정과제에 포함되었다. 2018년 3월 대통령발의 헌법개정안에는 '국가자치분권회의 신설'이 포함되었다. 당시 제2국무회의라는 회의 명칭을 두고 상당한 고심이 있었는데, 현행 국무회의와 동일한 위상을 갖도록 하기 위해 제2국무회의라 칭하도록 한 의미는 있으나, 헌법상의 체계정리 선행과 용어의 혼란 등을 이유로 결국 국가자치분권회의라는 명칭으로 헌법개정안에 담겼다. 그러나 헌법개정이 무산된 이후 정부는 〈중앙-지방협력회의법안〉의 제정을 추진하였으며, 2019년 12월 24일에 국무회의를 통과하여 국회에 법안을 제출하였다. 국회 논의 당시 대체로 여·야 모두 법 제정 필요성 및 취지 등에 공감하였으나, 협의체 명칭을 두고 여당에서는 개헌안과 같이 국가자치분권회의로 야당에서는 중앙지방협력회의로 하자는 입장이었고, 참석 대상에 지방4단체의 대표와 교육감협의회 대표까지 포함할지 여부가 쟁점이었다. 이러한 논의를 거쳐 중앙지방협력회의법은 2021년 6월 29일에 국회 본회의의 의결을 거쳐 2022년 1월 13일자로 시행되었다. 한편, 2022년 1월 13일자로 시행된 지방자치법 전부개정법률에도 국가와 지방자치단체는 주민에 대한 균형적인 공공서비스 제공과 지역 간 균형발전을 위하여 협력하여야 한다는 협력 의무 규정과, 국가와 지방자치단체 간의 협력을 도모하고 지방자치 발전과 지역 간 균형발전에 관련되는 중요 정책을 심의하기 위하여 중앙지방협력회의를 두도록 하는 내용이 포함되어 있다.

주요 내용

중앙지방협력회의의 구성 및 운영에 관한 법률은 국가와 지방자치단체의 대등하고 협력적인 관계를 바탕으로 지방자치 발전과 지역 간 균형발전 정책의 효과를 제고하는 것을 목적으로 제정되었다. 이 회의에서는 1)국가와 지방자치단체 간 협력에 관한 사항, 2)국가와 지방자치단체의 권한, 사무 및 재원의 배분에 관한 사항, 3)지역 간 균형발전에 관한 사항, 4)지방자치단체의 재정 및 세제에 영향을 미치는 국가 정책에 관한 사항, 5)그 밖에 지방자치 발전에 관한 사항 등을 심의한다. 협력회의의 의장은 대통령이며, 국무총리와 시·도지사협의회장이 공동부의장이다. 협의체 구성원으로 기재부·교육부·행안부 장관, 국무조정실장, 법제처장, 시·도지사, 시·도의회의장협의회장, 시·군·구청장협의회장, 시·군·구의회의장협의회장, 자치분권위원장, 국가균형발전위원장이 참여한다.

중앙지방협력회의법 시행일인 2022년 1월 13일에 제1회 중앙지방협력회의가 개최되었는데, 중앙지방협력회의 운영방안에 대한 의결과 더불어 지역경제 활성화 방안, 초광역협력 추진현황 및 향후계획, 자치분권 성과 및 2.0시대 발전과제에 대한 보고가 있었다. 이날 논의된 내용으로는 그간 비정기적으로 이루어진 시·도지사 간담회 등과는 달리, 분기별 1회 개최하여 지방 관련 주요 정책을 심의하기로 하고, 지방에 중요한 영향을 미치는 법률, 정책 등에 대해서는 국무회의 상정 전 중앙지방협력회의에서 필수적으로 논의하고, 개최결과를 국무회의에 공유함으로써 국무회의와 연계될 수 있도록 하겠다는 것이다.

향후 과제

특별한 목적이나 내용범위의 제약이 없이 지방자치단체와 중앙행정기관이 참여하는 공식적인 회의체는 사실상 거의 없다. 국무총리 소속의 행정협의조정위원회는 중앙행정기관과 지방자치단체 간 이견을 협의하여 조정하는 역할을 하는데, 민간전문가와 기획재정부, 행정안전부, 국무조정실장, 법제처장, 안건과 관련된 관계부처 장관과 관계 시·도지사가 참여한다. 행정협의조정위원회는 사후 조정기구로서 사전 갈등관리에는 한계가 있고, 신청주의로 인하여 적극적인 운영이 곤란하다는 단점이 있다. 또한 지방재정법에 근거하여 연1회 개최하도록 되어있는 지방재정부담심의위원회는 국가와 자치단체 간, 시·도와 시·군·구 간 재원분담 비율 조정과 자치단체의 재원분담 또는 지방세 수입 관련 법령 등을 심의하기 위한 기구이다. 이 외에 전국 행정안전부 주관으로 월 1회 개최되는 시·도 행정부단체장 회의가 있는데 중앙정부의 시책을 전달하고 협조를 요청하는 목적으로 운영되고 있기는 하다.

이러한 몇 가지 사례는 사후 조정기구이거나 중앙과 지방의 소통 목적으로 운영되고 있지 않기 때문에 그동안 포괄적인 정책과 제도를 다루고, 사전적인 갈등 조정 및 협의기구로서 실행력을 담보할 수 있는 중앙-

지방 협의체를 제도화하고자 한 것이다.

앞으로의 과제는 중앙지방협력회의가 실질적인 역할을 해나갈 수 있도록 필요한 내용을 제도화하고, 운영방안을 세부적으로 마련하는 데 있다. 그렇지 않으면 지방자치법에 따라 시·도지사협의회 등이 지방자치에 영향을 미치는 법령 등에 관한 의견을 행정안전부, 국회 등에 제출할 수 있는 현행 제도와 별반 다르지 않을 것이기 때문이다. 먼저 중앙지방협력회의가 상시 개최될 수 있도록 할 필요가 있다. 국정운영에 있어서 지방은 단순히 정책을 공유하는 대상이 아니라 정책입안 전에 함께 논의하고, 최선의 방향을 찾아 정책효과를 최대화하기 위해 같이 노력해야 하는 파트너이다. 정책대상자가 되는 국민은 결국 지역주민이기 때문이다. 또한 중앙지방협력회의의 심의안건을 구체화하여 법령에 규정할 필요가 있다. 예를 들어 일정금액 이상 지방 부담이 필요한 국고보조사업의 경우 '지방재정부담심의위원회' 논의 후 중앙지방협력회의에서 심의·의결하도록 하는 등 심의안건을 구체화해야만 회의체의 성격도 명확해지기 마련이다. 중앙지방협력회의의 구성원도 확대할 필요가 있다. 특히 기초지방자치단체장의 경우 현재 직접 참여가 불가능하고, 전국적 협의체의 대표자만 구성원으로 되어 있어 기초지방자치단체의 의견 개진과 참여부분을 제도화할 수 있도록 고심할 필요가 있다. 교육정책의 논의에 있어서는 전국시·도교육감협의회의 참여도 확보되어야 한다. 현재 중앙지방협력회의법 시행령에 회의의 운영과 실무협의 업무를 효율적으로 지원하기 위해 행정안전부에 두도록 한 회의지원단도 행정안전부와 시·도지사협의회 공동 운영, 또는 지역중심의 안건 발굴 및 사후 조치를 위해 시·도지사협의회에 지원단을 설치하도록 개정하는 안도 검토해 볼 수 있다.

\<고향사랑기부금법\>[12]

들어가며

고향사랑기부금법은 본인이 거주하고 있는 지역 외의 지방자치단체에 기부를 할 수 있는 제도를 도입하기 위해 지난 2021년에 제정된 법이다. 제도 도입에 대한 논의는 2008년 제17대 대통령 선거 당시로 거슬러 올라갈 수 있다. 당시 창조한국당 문국현 대통령선거 후보자가 FTA로 피해를 입은 농촌을 살리기 위한 대안으로 고향세를 만들겠다고 발표하였다. 그 이후 제18대 국회에서 이주영 의원(당시 한나라당)이 〈기부금품의 모집 및 사용에 관한 법률안〉을 대표발의(2009. 3. 13)하여 행정안전위원회에 상정(2011. 3. 7.)되었으나, 국회 본회의 임기만료로 법안이 폐기(2011. 5. 29.)되었고, 홍재형 의원(당시 민주통합당)이 〈소득세법 일부개정법률안〉을 대표발의(2011. 7. 5.)하여 기획재정위원회에 상정(2011. 11. 4.)되었으나, 이 역시

---

12)　〈고향사랑 기부금에 관한 법률〉, 법률 제18489호, 2021. 10. 19. 제정, 시행 2023. 1. 1.

국회 본회의 임기만료로 폐기(2011. 12. 28.)된 바 있다.

그러다가 2017년 제19대 대통령 선거에서 더불어민주당 문재인 대통령선거 후보가 고향사랑기부금법을 공약으로 채택하였고, 당선 이후 국정과제(75. 지방재정 자립을 위한 강력한 재정분권: 고향사랑 기부제도 도입 추진)로 선정되어 추진되었다.

국회 논의과정

고향사랑기부금에 대한 논의가 처음 시작된 지 14년여 만에 법률이 제정되었는데, 21대 국회에서 법률안이 통과되기까지도 난항이 있었다. 21대 국회에서는 이개호 의원 대표발의(2020. 6. 3.) 외에도 김태호(2020. 7. 2.), 김승남(2020. 7. 7.), 한병도(2020. 7. 23.), 이원욱 의원(2020. 8. 18.)등 고향사랑기부금에 관한 법률 제정안이 총 5건 발의되었다. 이러한 법안들은 행정안전위원회 제2차 법안심사 제1소위원회(2020. 9. 21.)에서 통합·조정되었다. 이후 법제사법위원회 법안심사 제2소위원회(2020. 11. 18.)에 회부되어 논의가 계속되었는데, 1)공무원 동원 모금 강요에 대한 방지 대책, 2)기부금액의 상한액 제시, 3)시·도와 시·군·구의 중복 기부 방지, 4)2022년 지방선거 이후부터 시행하도록 하자는 내용 등이 주요 쟁점이었다. 이에 소관 부처인 행정안전부에서는 공무원이 기부금 강요·권유·독려를 하지 못하도록 벌칙규정 등을 마련하고, 개인별 기부액 상한을 500만 원으로 한정하며, 시행시기도 2023년으로 조정하여 국회 논의 쟁점이 해소되었다. 이후 9개월 이상 계류 중이던 법안은 중점법안으로 분류되어 추진에 급물살을 타고 2021년 9월 28일 본회의를 통과하여 10월 19일에 공포되었다.[13]

자치분권 6법 사용설명서

주요 내용

고향사랑기부금 제도는 열악한 지방재정의 보완과 지역경제 활성화를 위해 개인이 지방자치단체에 기부할 수 있도록 하는 것이 주요 골자이다. 출향주민, 기부 금액, 기부참여자 수를 변수로 하여 고향사랑 기부액을 예측한 한국지방행정연구원의 자료에 따르면 출향민 2,300만 명을 대상으로 이 중 경제활동을 하는 대상자(48%)가 모두 연말정산 기준 현금기부액(11.5만 원) 만큼 고향사랑 기부를 한다고 가정할 때 그 총액은 1조 2814억 원으로 예상하였다. 반면에 현실적인 예상치로는 출향민 2300만 명 가운데 상대적 고소득자(69%)를 대상으로 하고, 현금기부에 참가자 비율(27%)을 고려해보면 평균 정치기탁금인 91,140원씩 기부한다고 가정할 경우 1899억 원이 고향사랑기부를 통해 모금되는 총액이 될 것이다. 이 금액은 지방세 징수액(71.0조 원)의 약 0.27%에 해당하고, 지방예산 총액(173조 원)의 0.11%에 해당하는 규모이다.

\<표 13\> 기부금액과 기부참여자 수에 따른 기부액 예상치

기부자 / 기부액	Ⓐ 경제활동하는 출향인이 모두 기부 참여	Ⓑ 경제활동 출향인 중 상대적 고소득자(과세대상) 기부 참여	③ 경제활동 출향인 중 현금 기부 참가자 비율만 기부 참여	④ 경제활동 고소득자 출향인 중 현금기부 참가자 비율만 참여
기부 참여자수	1,100만 명	760만 명	303만 명	208만 명
(1) 115,928원 국세청 기준 기부액	① 1조 2,814억 원	② 8,816억 원	③ 3,511억 원	④ 2,416억 원

---

13)　염명배(2021: 146-151). \<고향세 논의 20여 년 추적과 고향사랑기부제 법제화 이후의 과제\>, 경제연구, 제39권 제4호.

| (II) 31,030원
통계청 조사액의
10% | ⑤ 3,430억 원 | ⑥ 2,360억 원 | ⑦ 940억 원 | ⑧ 647억 원 |
| (III) 91,140원
평균 정치기탁금 | ⑨ 1조 74억 원 | ⑩ 6,931억 원 | ⑪ 2,760억 원 | **⑫ 1,899억 원** |

고향사랑 기부는 강제모집 등을 방지하기 위해 현재 거주하고 있는 자치단체에 대한 기부는 제외하고 전국의 모든 자치단체에 대한 기부는 가능하다. 조세제한특례법에 따라 기부금액 10만 원까지는 전액 세액공제가 가능하며, 10만 원 초과 5백만 원 이하는 16.5%의 세액공제가 가능하다.

자치단체는 기부 촉진, 지역경제 활성화 차원에서 고향사랑기부자에게 답례품을 제공할 수 있는데 자치단체 간의 과열경쟁 방지를 위해 종류와 상한선은 법령으로 정하여 기부액의 30% 내에서 제공하되 현금, 유가증권 등은 답례품으로 제공이 불가능하도록 하였다. 또한 기부금에 의한 수입이 지방자치단체장의 선심성 사업에 활용되는 것을 방지하기 위해 별도기금으로 관리하도록 하고, 지방기금법에 따라 기금운용계획안과 기금결산보고서를 예산, 결산안과 함께 지방의회에 제출하여 심의를 받도록 하였다.

일본 사례

일본은 우리보다 앞서 2008년에 도시와 농촌지역의 재정격차를 완화하기 위하여 고향 납세제도를 도입하였다. 2008년 도입 당시 54,000건의 기부를 통해 814억 원을 모금했는데 2015년에 공제 한도액이 상향 조정되고, 신고절차가 간소화되는 등의 고향납세 원스톱 특례제도를 시행하고, 답례품을 다양화하는 등의 제도개선을 통해 이 시점에 모금액과 기부건수가 크게 증가하였다. 2018년 현재 23,224,000건을 통해 5조 이상이 모금되었다.

<표 14> 일본 고향납세 모금액 및 모금 건수

연도	08년	09년	10년	11년	12년	13년	14년	15년	16년	17년	18년
모금액 (억 원)	814	770	1,022	1,216	1,041	1,456	3,885	1조 6,529	2조 8,441	3조 6,532	5조1,271
기부건수 (만 건)	5.4	5.6	8.0	10.1	12.2	42.7	191.3	726.0	1,271.1	1,730.2	2,322.4

※ 100엔 = 1,000원으로 가정

특히 고향납세제도가 대지진 등 대규모 자연재해 발생지역에 대한 구호성금 전달이나 사회통합을 위한 제도로도 활용되기도 하였다. 2011년 3월에 발생한 규모 9.0의 대지진으로 피해를 입은 이와테현岩手県의 경우 2011년에 전년대비 기부금액이 16배 증가한 2871백만 엔이었고, 2016년에 규모 6.5의 지진으로 피해를 입은 구마모토현熊本県은 전년대비 8배 증가한 8,047백만 엔이었다. 이러한 통계를 보면 단순히 기부 건수와 기부금액 증가의 의미가 있는 것이 아니라 고향납세가 자연재해 발생지역에 대한 관심 증가로 사회통합을 위한 제도로 활용될 수 있다는 사례임을 보여준다. 일본의 고향납세와 우리나라의 고향사랑기부제도는 몇 가지 차이가 있다. 먼저 일본은 세액공제 조항만 추가로 규정하는 형태로 세법이 개정되었고, 우리의 경우는 고향사랑기부금법이라는 별도의 법 제정을 통해 제도를 도입하였다. 일본의 경우 거주하고 있는 자치단체에도 기부가 가능하나, 우리의 경우 강제모집과 조세에 준한다는 논란을 피하기 위해 거주하고 있는 자치단체에의 기부는 불가능하다.

<표 15> 일본 이와테현岩手県의 고향납세 모금 건수 및 모금액

연도	08년	09년	10년	11년	12년	13년	14년	15년	16년	17년
기부건수 (건)	654	688	899	9,463	5,538	4,692	23,712	147,461	175,056	182,046
기부금액 (천 엔)	124,729	160,202	177,935	2,871,331	594,242	366,856	579,461	2,380,556	3,039,550	3,675,698

<표 16> 일본 구마모토현熊本県의 고향납세 모금 건수 및 모금액

연도	08년	09년	10년	11년	12년	13년	14년	15년	16년	17년
기부건수 (건)	1,235	1,358	1,348	1,186	1,650	2,957	11,250	50,508	273,740	226,014
기부금액 (천 엔)	67,141	103,614	93,352	98,010	120,177	132,658	250,507	1,178,643	8,046,579	5,384,511

제도 도입의 의의와 개선방향

자치단체의 전체 예산으로 볼 때 고향사랑기부금의 비중은 크지 않을 것이나 지역의 필요한 일에 쓰는 가용재원이 증가한다는 효과를 기대해 볼 수 있다. 특히 인구의 유출이 많고 재정이 열악한 자치단체가 도움을 받을 것으로 기대할 수 있는데, 인구 5,000명의 일본 홋카이도 가미시호로정은 2017년 기준 8.8만 건의 고향사랑기부를 통해 167억 원을 모집하였는데 이는 해당 지역 인구의 18배로 기부액은 지방세 수입의 2배 수준이었다. 무엇보다 재난상황에서는 지역이 필요로 하는 물품과 장비 등의 구입을 위한 재원으로 바로 쓸 수 있다는 장점이 있다.

이러한 지방재정 차원에서의 이점뿐만 아니라 지역 홍보와 방문객 증가에 따라 지역의 활력이 살아날 수 있으며, 고향사랑기부에 따른 지역 답례품 제공을 통해 지역의 농·축·수산물의 매출 증대로 이어지는 효과가 나타날 수 있겠다. 무엇보다도 고향기부를 통해 다른 지역에 살고 있는 사람들이 서로 연대하고 협력하여 지역을 활성화하는 문화가 형성되는 긍정적 효과를 기대할 수 있다. 이러한 정책효과를 거두기 위해서는 무엇보다 고향사랑기부제도에 대한 정부와 지방자치단체의 홍보가 전제되어야 할 것이다. 특히 지방자치단체 차원에서는 기부유인에 대한 여러 가지 정책아이디어를 구상하여 기부금 모집으로 이어질 수 있도록 전략을 마련하야 한다. 고향사랑기부금제도는 열악한 지방재정을 보완하고 지역경제를 활성화하려는 목적으로 도입된 제도이다. 따라서 향후 제도를 운영해본 후 그 효과가 제대로 발현될 수 있도록 하기 위해서는 기부대상 자치단체를 재정이 열악한 지역으로 한정하거나, 재정이 열악한 지역의 경우 세액공제에 있어서 추가 혜택을 주거나 하는 등의 개선안을 고려해 볼 수 있다.

제2부

자치분권의 정착을 위한 과제

지방분권·권한이양의 과제

들어가며

1987년 10월 29일 헌법이 개정되면서 지방의회의 구성을 제한하였던 부칙이 삭제되었고, 1991년 지방의회의원 선거가 실시되면서 비로소 지방자치가 부활하였다. 이러한 연유에서 매년 10월 29일을 지방자치의 날로 정하여 기념하고 있기도 하다. 지방분권 과제 중에서 지방자치가 실시되면서부터 현재까지 꾸준히 추진하고 있는 과제가 바로 중앙권한의 지방이양이다.

이양 추진기구와 현황

중앙권한의 지방이양은 지방자치 부활시기부터 현재까지 별도의 기구에서 추진해오고 있는데, 〈정부조직관리지침(국무총리훈령)〉에 따라 1991년에 설치된 '지방이양합동심의회'를 중심으로 시작되었다. 지방이양합동심의회는 1991년부터 1997년까지 총 2,779건을 심의하여 1,174건을 지방

<표 17> 지방이양 추진기구

정부	김영삼 정부	김대중 정부	노무현 정부	이명박 정부	박근혜 정부	문재인 정부
법적 근거	(비법정기구)	중앙행정기관의 지방이양촉진 등에 관한 법률	중앙행정기관의 지방이양촉진 등에 관한 법률 지방분권특별법	지방분권촉진에 관한 특별법 지방행정체제개편에 관한 특별법	지방분권 및 지방행정체제개편에 관한 특별법	지방자치분권 및 지방행정체제개편에 관한 특별법
추진 기구	지방이양 합동심의회	지방이양추진위원회	지방이양추진위원회 정부혁신·지방분권위원회	지방분권촉진위원회 지방행정체제개편추진위원회	지방자치발전위원회	자치분권위원회

이양 대상으로 확정하였다. 지방이양 추진기구로서 지방이양합동심의회
는 민관 합동기구이자 비법정기구로서 체계적인 지방분권 추진에 한계가
있었고,[14] 지방보다는 중앙의 시각으로 지방이양이 추진되었다는 비판도
있었으나, 지방자치 실시와 함께 중앙행정권한의 지방이양을 위한 발판
을 마련했다는 데 의미를 부여할 수 있다.[15]

　　1999년 1월 29일 중앙권한의 지방이양을 제도적으로 뒷받침하기 위
하여 <중앙행정기관의 지방이양촉진 등에 관한 법률>이 제정되었고, 이
를 전담하는 기구로서 대통령 소속으로 지방이양추진위원회를 설치함
으로써 지방이양을 위한 제도적 기반을 마련하였다. 당시 지방이양촉진
법에서 처음으로 지방자치단체 우선의 원칙(보충성의 원칙)을 명시하였다.
1999년 출범 이후 2008년까지 활동한 지방이양추진위원회는 총 1,568

---

14)　김익식 (2008: 1000). <지방분권 추진체제 및 전략 개선방안>, 한국지방자치학회 학술대회, pp. 999~1020.

15)　지방이양추진위원회(2000: 27). <지방이양관련 자료집>.

건의 지방이양사무를 확정하고 1,288건의 사무를 이양 완료하였다.[16] 지방이양추진위원회는 2년마다 '지방이양 기본계획'을 수립해야 하며, 지방이양 대상사무를 발굴, 심의하고 최종적으로 국무회의 심의와 대통령 보고를 거쳐 지방이양사무를 확정하였다. 이는 이전 지방이양합동심의회에 비해 지방이양 확정 과정이 더 강화된 절차임을 알 수 있다.

다소 선언적이고 형식적인 〈지방분권특별법〉을 구체적인 실천과제와 추진시한을 명시한 〈지방분권촉진에 관한 특별법〉으로 전부 개정하는 안[17]이 2008년 2월 26일에 본회의를 통과하고, 지방분권 추진기구로 2008년 12월 2일 대통령소속의 지방분권촉진위원회가 출범하였다.[18] 지방분권촉진위원회는 지방자치단체의 사무를 자치사무와 법정수임사무로 이분화하여, 기존의 기존위임사무를 폐지하는 내용의 지방자치법 개정(안)을 마련하여 국회에 제출(2012년 9월)하고, 1,587건의 지방이양 대상사무를 확정하였다. 또한 특별지방행정기관과 관련해서는 국도·하천, 해양·항만, 식·의약품의 기능 이관을 위해 11개 법률과 15개 시행령 개정을 완료하고, 이와 관련한 인력 208명과 재원 3,969억 원의 이관도 완료하였다.[19] 이 외에도 지방분권촉진위원회는 2013년 5월까지 활동하면서 1,587건의 지방이양 사무를 확정하였고, 이중 516건이 이양 완료되었다. 박근혜 정부 때 설치된 대통령소속의 지방자치발전위원회에서는 127건의 지방이양

---

16) 지방이양추진위원회 (2008: 16~19, 347). 〈지방이양백서 1998~2008〉.

17) 2005년 11월 3일, 권경석 외 81명 개정안 발의

18) 지방분권촉진위원회 (2011: 6, 13). 〈제1기 지방분권촉진위원회 지방분권 백서〉.

19) 지방분권촉진위원회 (2013: 302). 〈제2기 지방분권촉진위원회 지방분권 백서〉.

사무를 의결하였으나, 대통령재가를 받지 못하여 지방이양 사무로는 확정되지 못하였고, 이후 문재인 정부의 대통령소속 자치분권위원회에서는 155건의 지방이양 사무를 확정하였다.

<표 18> 중앙권한의 지방이양 추진현황

2022. 5월 기준, 단위: 사무건수

구분	총계	지방이양추진위														지방분권 촉진위				
		국민의 정부				참여 정부						이명박 정부								
		소계	'00	'01	'02	소계	'03	'04	'05	'06	'07	소계	'08	'09	'10	'11	'12
이양 확정	3,101	612	185	176	251	902	478	53	203	80	88	1,587	53	698	481	277	78
이양 완료	2,489	611	185	176	250	875	466	53	191	79	86	1,003	52	456	262	188	45
미이양	612	1	-	-	1	27	12	0	12	1	2	584	1	242	219	89	33

<표 19> 2013~2021년 지방이양 추진현황

2022. 4월 기준, 단위: 사무건수

구분	총계	지방자치발전위		자치분권위					
		박근혜 정부		문재인 정부					
		소계	'13~'16	소계	'17	'18	'19	'20	'21
이양 확정	155	-	-	155	-	-	45	40	70
이양 완료	-	-	-	-	-	-	-	-	-
추진중	155	-	-	155	-	-	45	40	70

이처럼 1990년대부터 현재까지 추진해오고 있는 중앙권한의 지방이양은 각고의 노력에도 불구하고 국가사무와 자치사무의 비율이 크게 개선되지는 않았다. 2019년 법령상 사무총조사 결과<표 20>을 보면, 국가총사무가 60,964개(100.0%)이고 이 중 국가사무는 43,696개(71.7%), 자치사무는 10,467개(17.2%)로 집계되었다. 또한 국가와 자치단체의 공동사무는 6,801개로 전체의 11.1% 해당하는 것으로 나타났다. 법령에서 사무

를 추출하는 방법과 기준, 국가와 자치단체의 공동사무를 어떻게 분류할 것인가에 따라 조금씩 다른 조사결과가 나올 수 있지만 2013년과 2009년도 사무총조사 결과를 보아도 국가사무와 자치사무의 비중이 대략 70~80%, 20~30% 수준임을 알 수 있다. 국가사무와 자치사무의 비중이 대략 어느 정도이어야만 분권화된 것인가에 대한 명확한 기준은 없으나 여전히 국가에 사무처리 권한이 집중되어 있음은 한눈에 알 수 있다.

<표 20> 2009, 2013년 법령상 사무총조사 결과

(단위: 개)

연도	총계	국가사무				지방사무			
		계	국가사무	위임사무	공동사무	계	광역사무	기초사무	공동사무
2009	42,316 (100%)	33,864 (80%)	30,325 (71.6%)	1,215 (2.9%)	2,324 (5.5%)	8,452 (20.0%)	3,854 (9.1%)	3,888 (9.2%)	710 (1.7%)
2013	46,005 (100%)	31,161 (67.7%)	30,143 (65.5%)	1,018 (2.2%)	0 (0.0%)	14,844 (32.3%)	7,707 (16.7%)	7,137 (15.5%)	0 (0.0%)

<표 21> 2019년 법령상 사무총조사 결과

사무유형	사무수
▶ 총계	60,964(100%)
▶ 국가사무 합계	43,696(71.7%)
• 국가사무 소계	42,730(70.1%)
- 국가직접처리사무(국가소속/산하사무 포함)	37,515
- 특별지방행정기관사무	4,428
- 국가위탁사무	787
• 기관위임사무 소계	966(1.6%)
- 시도지사 위임사무	720
- 시군구청장 위임사무	162
- 시군구청장 재위임사무	30
- 시도지사 및 시군구청장 위임사무	54

▶ 국가-지자체 공동사무 합계	**6,801(11.1%)**
- 국가-시도-시군구 공동사무	4,955
- 국가-시도 공동사무	1,521
- 국가-시군구 공동사무	325
▶ 자치사무 합계	**10,467(17.2%)**
• 시도 사무 소계	3,446(5.7%)
- 시도직접처리사무(시도소속/산하사무 포함)	3,241
- 시도 위탁사무	68
- 시도지사의 시군구청장 위임사무	137
• 자치단체간 공동사무 소계	3,333(5.5%)
• 시군구 사무 소계	3,688(6.0%)
- 시군구직접처리사무(시군구소속/산하사무 포함)	3,637
- 시군구 위탁사무	51

지방자치 사무배분의 기본 원칙

〈지방자치법〉과 〈지방자치분권 및 지방행정체제개편에 관한 특별법〉에 사무배분의 3가지 기본원칙이 명시되어 있다. 먼저 국가와 지방자치단체 간 또는 지방자치단체 상호 간의 사무를 주민의 편익증진, 집행의 효과 등을 고려하여 서로 중복되지 아니하도록 배분하여야 한다는 원칙과, 지역주민생활과 밀접한 관련이 있는 사무는 원칙적으로 시·군·구의 사무로, 시·군·구가 처리하기 어려운 사무는 시·도의 사무로, 시·도가 처리하기 어려운 사무는 국가의 사무로 각각 배분하여야 한다는 보충성의 원칙, 마지막으로 사무를 배분받거나 재배분받는 지방자치단체가 그 사무를 자기의 책임하에 종합적으로 처리할 수 있도록 관련 사무를 포괄적으로 배분하여야 한다는 원칙이 그것이다. 앞에서도 언급하였듯이 보충성의 원칙이 법으로 명시된 것은 1999년임에도 불구하고 원칙으로만 존재할 뿐 개별법에서 보충성의 원칙에 입각해 국가사무와 자치사무를 구분해놓고 있지 않다. 이런 이유 때문에 지방자치단체, 자치분권을 주장하는 학계 등에서는 보충성 원칙이 헌법에 명시되어야 함을 강력히 주장하고 있다.

보충성의 원칙에 입각하여 지방자치법에서는 시·도사무[20]와 시·군·구사무[21]의 배분기준을 명시하고 있고 외교, 국방, 사법司法, 금융정책 등 자치단체가 처리할 수 없는 사무를 제시하여 이를 국가의 사무로 명시하고 있다. 또한 지방자치법은 사무배분의 원칙 외에 국가사무와 자치사무의 범위와 사무 예시를 나열하고 있다. 먼저 자치단체의 사무로 1)지방자치단체의 구역, 조직, 행정관리 등에 관한 사무, 2)주민의 복지증진에 관한 사무, 3)농림·상공업 등 산업 진흥에 관한 사무, 4)지역개발과 주민의 생활환경시설의 설치·관리에 관한 사무, 5)교육·체육·문화·예술의 진흥에 관한 사무, 6)지역민방위 및 지방소방에 관한 사무, 7)국제교류 및 협력 등 7개 분야의 59종의 사무예시를 들고 있다. 이 중 마지막 국제교류

---

[20] 가. 행정처리 결과가 2개 이상의 시·군 및 자치구에 미치는 광역적 사무
      나. 시·도 단위로 동일한 기준에 따라 처리되어야 할 성질의 사무
      다. 지역적 특성을 살리면서 시·도 단위로 통일성을 유지할 필요가 있는 사무
      라. 국가와 시·군 및 자치구 사이의 연락·조정 등의 사무
      마. 시·군 및 자치구가 독자적으로 처리하기 어려운 사무
      바. 2개 이상의 시·군 및 자치구가 공동으로 설치하는 것이 적당하다고 인정되는 규모의 시설을 설치하고 관리하는 사무

[21] 시·도가 처리하는 것으로 되어 있는 사무를 제외한 사무. 다만, 인구 50만 이상의 시에 대해서는 도가 처리하는 사무의 일부를 직접 처리하게 할 수 있음. 시·도와 시·군 및 자치구는 사무를 처리할 때 서로 겹치지 아니하도록 하여야 하며, 사무가 서로 겹치면 시·군 및 자치구에서 먼저 처리함.

및 협력분야는 2021년 지방자치법 전부개정시 새롭게 추가된 내용이다.

이처럼 지방자치법에 국가사무와 자치사무의 배분원칙과 기준, 사무 범위와 예시 등을 규정해놓고 있지만, 모호한 표현과 포괄적 의미 때문에 실제로 적용하기에는 한계가 많은 것이 사실이다. 특히, 2021년 7월에 자치경찰제도가 시·도 단위에 도입이 되었는데도 불구하고, 자치경찰 사무도 지방자치법상에 반영되지 않았다. 국가사무와 자치사무의 구분은 국가와 자치단체의 권한 행사 범위와도 매우 밀접한 관계가 있으며 사무처리에 따른 책임소재가 누구에게 있는가를 가름하는 중요한 과제이다. 아울러 집중된 국가의 권한을 지방으로 분권하기 위해서는 지방이양의 과감한 추진도 매우 중요한 문제가 아닐 수 없다.

향후 과제

이러한 과제를 원활히 추진하기 위해서는 먼저 추진기구의 격상을 고려해보아야 한다. 이제까지 대통령소속의 위원회에서 이러한 과제를 추진함에 있어서 집행력이 담보되어 있지 않아 지방이양 의결을 넘어서 지방이양 완료의 단계로 진행시키기에 매우 어려운 구조적 한계가 있었다. 따라서 지방이양을 실행력 있게 추진하기 위해서는 행정위원회 설치 등 집행력이 있는 기구의 설치를 고려해 볼 필요가 있다.

또 하나 지방이양 추진이 원활하지 않은 배경에는 지방이양에 따른 행·재정지원이 제대로 이루어지지 않아서이다. 사실 개별법 개정을 통해 사무이양을 추진하다보니, 해당사무를 담당하는 인력이 온전히 1명이 안 될 수도 있고 이에 따른 인건비 등의 비용도 그때그때 반영하기에는 적은 규모일 수밖에 없다. 따라서 한 번에 지방이양하는 규모가 어느 정도 갖춰지면 이에 따른 인력과 재정의 지원규모를 산정하기가 용이하기 때문에 2018년도에 정부에서 지방일괄이양법의 형태로 517개 사무의 지방이양을 위한 법 개정안을 하나로 모은 법안을 국회에 제출하여 결국 400개 사무가 지방이양되었고, 지방이양에 따른 소요비용 1654억 원이 자치단체 재원으로 이전된 사례가 있다. 그렇다면 이전과 같이 행·재정지원규모의 산정이 어렵다는 이유로 재정적 지원 없이 지방이양을 계속 추진해야 하는가? 이를 해결하기 위해서는 여러 방안이 있을 수 있는데, 지방이양을 먼저 추진하되, 1~3년 단위로 지방에서 소요된 비용을 산정하여 실질적인 추가 비용 그대로를 반영하여 재정적 지원을 하는 방법도 있을 수 있다. 또 다른 방안은 교부세제도와 같이 지방이양에 따른 비용추계모형을 개발하여 매번 별도의 산정과정이나 관계부처의 협의과정을 거치지 않고 지방이양에 따른 비용을 신속하게 자치단체로 지원하는 방법도 있을 수 있다.

2021년도에 지방일괄이양법이 시행되었지만, 지방일괄이양법 형태의 법안이 앞으로도 국회에서 심의될 가능성은 그리 높지 않다. 국회법상 법률을 소관하고 있는 상임위원회를 중심으로 법률안을 심의한다는 원칙이 있기 때문에 다수의 상임위소관 법률을 하나로 모은 일괄법 형태를 국회에서 달가워하지 않기 때문이다. 정부 차원에서 지방이양을 추진하기 위한 각고의 노력을 다했다 하더라도 입법이 추진되지 않으면 지방이양이 완결될 수 없다. 그렇기 때문에 국회에 지방분권을 다루는 법안심사권이 부여된 특별위원회 설치가 필요하다. 물론 행정안전위원회에서 관련 내용을 다룰 수 있으나, 지방분권은 환경, 국토, 해양, 문화, 중소벤처 등

전 분야에 걸친 내용을 다루기 때문에 행정안전위원회 내 소위원회를 별도로 구성하는 방안보다 별도의 특별위원회 설치가 현실적으로 바람직하다 할 것이다.

마지막으로 지방이양을 과감하게 추진하기 위해서는 무엇보다도 정부와 부처의 강력한 추진의지가 있어야 한다. 사실 위원회 차원에서 지방이양을 추진하여 국회에 개정안을 제출하고 법안이 통과되었다 하더라도 부처차원에서는 그 권한을 온전히 지방이양하지 않고, 대통령령을 통해 사무처리 기준을 더 강화하거나 자치단체에 대한 감독권한을 강화하는 등의 수단을 통해 본인들의 권한을 더 강화할 수도 있다. 이러한 일이 벌어지지 않으려면 지방이양 초기단계에서부터 그 필요성과 배경을 원처리권자인 부처가 이해하고, 스스로 지방이양할 사무를 찾도록 하는 것이 가장 바람직하다. 따라서 정부차원에서는 지방이양의 취지와 방향성을 각 부처에 주기적으로 전달하고, 이런 방향에 맞추어 부처차원에서 지방이양사무를 발굴하는 프로세스로 추진하는 것이 지방이양의 효과를 극대화할 수 있는 방안일 것이다.

주민자치
실질화

지역에서 꽃피는 직접민주주의의 실험

촛불혁명을 경험하면서 국민주권의식이 높아진 데 이어, 지역에서도 주민주권의식이 싹트면서 다양한 지역 민주주의의 실험이 전개되고 있다. 대표적으로 '주민총회'와 숙의민주주의를 들 수 있다.

주민총회란 자치단체 지역 전 유권자들로 구성돼 주요공직자를 선출하고 자치단체의 중요정책·예산·인사 문제 등을 주민이 직접 결정하는 최고 의사결정기구다. 2018년 이후 서울의 도봉구·경기 광명시·충남 논산·전남 담양과 순천·세종시 등에서 매년 정기적으로 실시되고 있는 등 전국으로 확대되고 있다. 미국의 타운미팅(주민총회와 선출직으로 구성된 집행위원회가 입법·예산권 행사)과 스위스의 게마인데 총회(주민발안으로 입법, 주민투표를 통한 예산 운영방향 심의)가 발전모델이다.

숙의민주주의는 대의제를 보완하는 직접민주주의 제도로 탄생되었다. 사회가 복잡화, 다양화되면서 국민의 대리자인 정당과 정치인이 국민의 요구에 섬세하게 답하지 못해 발생한 문제를 시민들이 직접 결정하는 절차이다.

문재인 정부는 민주주의를 위한 국민들의 숙의熟議의 힘을 민주적 정책결정과정에 도입하고자 시도하였다. 2017년 신고리원전 5·6호기 건설 여부에 주민들의 참여와 숙의민주주의를 적용한 것이 첫 사례이다. 2018년 광주에서도 지역사회의 가장 큰 갈등요소였던 도시철도 2호선 건립 여부를 공론화를 통해 숙의민주주의 방식으로 결정하는 과정을 진행하였다. '광주 도시철도 2호선 공론화'는 16년간 건설 여부를 놓고 전개되어 온 지역 사회의 갈등과 분열을 해소하기 위해 시민공론조사방식에 합의하고, 건설 찬성과 반대 측 시민참여단 각 125명씩 250여 명이 1박 2일 숙의 프로그램을 통해 도시철도 2호선 건설 여부를 결정하는 방식으로 진행되었다.

대전에서는 도시철도 건설 여부를, 제주도에서는 영리병원 허가 여부를 시민들의 공론화절차에 맡긴 바 있고, 부산에서도 간선급행버스(BRT) 공사 재개 건에 대한 판단을 13명으로 구성된 공론화위원회에 맡겼고, 경남 김해시 역시 쓰레기소각장을 증설하는 문제에 숙의민주주의를 도입했다. 다만 이 같은 숙의민주주의 적용이 성공적으로 마무리되기까지에는 합의와 관용의 문화, 시민의 힘을 믿고 민주주의적 룰을 준수하려는 관계자들의 지난한 노력이 필요하다.

문재인 정부 자치분권 종합계획의 근간은 주민주권의 구현

촛불정신을 계승한 문재인 정부의 자치분권정책은 주민이 지방자치의 주인인 민주적 지방자치체계를 만들겠다는 것으로 집약된다. 즉 주민주권 구현이라는 가치를 중심으로 내세운 것이 다른 역대정부의 지방정책과 다른 점이다. 이는 문재인 정부가 수립한 100대 국정과제에 '획기적인 자치분권 추진과 주민참여의 실질화'라는 과제로 반영되었고, 이를 이어받아 자치분권위원회가 발표한 '자치분권 종합계획'의 핵심적인 지향점이 되었다.

　주민주권은 대중적 민주주의(직접 민주주의)와 엘리트 민주주의(대의제 민주주의)가 교차하며 발전해온 민주주의 발달사를 통해서도 살펴볼 수 있다. 18~19세기 초반 민주주의 초창기에는 대중적 민주주의가 발달했지만 19세기 중반 이후 각국의 헌정원리는 대의제 민주주의를 근간으로 하게 되었고, 특히 20세기 중반 미국을 중심으로 반공주의의 대두 등에 의해 엘리트민주주의가 확고해졌다. 이는 다시 21세기 기술, 문화, 정치현상의 비약적인 발전과 함께 사회적 네트워크의 발전과 다원주의적 경향이 확대되면서 대중적 민주주의의 발전추세가 뚜렷해졌다.

　이는 국가권력에 대항하는 시민사회의 성장, 국민주권의식의 확산과 함께하지만 지방민주주의 차원에서는 풀뿌리 민주주의의 성장과 접목된다. 이러한 흐름이 집약되어 분출된 것이 한국의 촛불시민혁명이었고, 촛불시민의 염원에는 나라의 주인은 국민이라는 국민주권의식이 기초가 되고 있지만, 지방민주주의 차원에서 보면 지방자치의 주인은 주민이라는 주민주권의식이 함께 성장하고 있음을 확인할 수 있다. 이러한 촛불의 염원은 지방분권형 헌법개헌운동으로 분출되었고, 문재인 정부의 자치분권 종합계획에 반영되게 된 것이다.

　자치분권종합계획은 6대 전략 33개 과제로 구성되어 있는데 제1전략이 주민주권 구현이며 그 세부과제로 주민참여권 보장, 숙의기반의 주민참여 방식 도입, 주민자치회의 대표성 제고 및 활성화, 조례 제·개정의 주민직접발안제도 도입, 주민소환 및 주민감사청구 요건의 완화, 주민투표 청구대상 확대, 주민참여예산제도 확대 등 7가지 과제가 담겨 있다. 지방 자치에 주민참여를 촉진할 수 있도록 주민자치 원리를 강화하고, 자치단체의 정책결정 및 집행과정에 주민의 참여권을 보장하였으며, 지역 공동체 회복 및 갈등해소를 위한 숙의민주주의 확산, 주민자치회의 활성화, 주민 자치입법의 요건과 절차 개선, 주민 직접민주제도의 확대 등의 내용을 담고 있는 것이다.

자치분권계획이 확정되기 전 문재인 대통령이 발의한 헌법 제9장 제121조에는 "지방정부의 자치권은 주민으로부터 나온다. 주민은 지방정부를 조직하고 운영하는 데 참여할 권리를 가진다"고 명시하여 주민에 의한 자기통치를 의미하는 주민주권을 보장하고 있다.

자치분권의 추진동력은 주민참여

풀뿌리 주민자치 실현이 빨라지고 있다. 국민들이 주권자임을 자각하고 참여하면서 민주주의가 견고해졌듯이, 주민들이 지방자치의 주인임을 자각하고 참여하면서 자치분권이 현장 속에 뿌리내리고 있다. 1991년 지방의원 선거가 실시되고 전국 시·도와 시·군·구에 지방의회가 구성되면서 30년 만에 부활한 지방자치, 그러나 초기 지방자치 현장에는 지방의원과 단체장만 보일 뿐 주민은 선거권만 가진 수동적 객체에 머무를 수밖에 없는 현실이었다. 30년이 지난 지금, 지역 주민들이 내 지역은 내가 자치할 수 있다는 권리를 자각하고, 각종 위원회와 자치기구, 주민참여예산제 등 정책과정에 참여하기 시작하면서 지방의 현장이 변모하고 있는 것이다.

세종시·논산시·광명시·담양군의 경우 관내 모든 읍·면·동에 주민 자치회가 구성되는 등 2021년 12월 31일 현재 전국에 1,013개 읍·면·동에서 주민자치회가 설치·운영 중에 있고, 전국의 지자체들이 앞 다투어 주민총회, 마을총회라는 직접민주주의 형식의 정책결정과정을 도입하고 있다. 30여 년 전부터 시작된 주민참여예산제도 서울 은평구·광주 북구 등 전국 모든 지자체에서 주민참여의 핵심 사업으로 시행되고 있는 가운데, 주민참여예산으로 선정된 사업에 주민들의 뜨거운 관심과 호응이 모이고 있다.

2022년 1월 13일부터 시행되고 있는 지방자치법은 자치분권 2.0시대의 제도화라는 슬로건에 걸맞게 자치분권의 추진동력이라 할 주민참여권이 다양하게 반영되어 있다. 제1조의 목적규정에서 '주민의 지방자치 행정 참여'를 명시하여 주민중심의 지방자치를 천명하였고, 주민생활에 영향을 미치는 정책결정 및 집행과정에 참여할 권리를 신설(제17조)함으로써 주민참여의 법적 근거를 마련하였으며, 자치단체의 정보공개 의무·방법 등에 대한 일반규정도 신설(제26조)하였다.

일정 수 이상의 주민이 직접 지방자치단체의 조례를 발의하거나 개정·폐지할 수 있고, 자치단체장에게 규칙의 제·개정 및 폐지의견을 제출할 수 있으며, 주민이 참여하여 주민소환, 주민투표, 감사청구를 할 수 있는 요건도 개선되고 있다. 다만 이번에 시행되는 지방자치법에 읍·면·동 주민자치회를 전면 실시하는 조항이 담기지는 못했지만, 현재 주민자치회와 관련한 개별법이나 주민자치회의 상세규정을 포함하는 지방자치법 개정안이 국회에 다수 발의되어 입법을 앞두고 있다.

30년 만의 지방자치법 전부개정을 필두로 한 자치경찰제 실시, 중앙지방협력회의의 설치, 주민조례발안제, 고향사랑기부제의 실시 등 자치분권 2.0시대 제도변화의 핵심은 주민이 참여하여 지방자치의 주인이 되는 주민자치이다. 주민주권의 사상과 보충성의 원칙에 따라 자치권이 확대되고, 자치분권이 국가운영의 기본원리로 등장하면서 국가와 지방의 대등하고 수평적인 협력이 강화될 것이다. 코로나19의 대응과정에서 보았듯이 자치분권이 정착되고 확산되면 자치단체의 자주성과 창의성, 다양성이 더욱 빛을 발하고, 권한과 책임이 확대되는 만큼 상응하는 자치역량강화가 이루어질 것이다.

주민자치 실질화를 위한 입법 과제

이와 같이 주민참여를 원동력으로 활짝 열리게 될 자치분권 2.0시대에 대한 기대가 많지만, 개선되어야 할 과제 역시 끊임없이 대두되고 있다. 무엇보다 주민자치회가 지방자치분권 특별법의 주민자치회 설치근거 조항(제27조~제29조)에 의거하여 시범사업으로만 실시되는 한계를 뛰어넘어 전국에서 실시되고 주민 대표성을 강화할 수 있도록 관련입법의 보완이 필요하다.

2020년 12월 9일, 가까스로 국회 문턱을 넘은 전부개정 지방자치법에는 주민자치회 근거조항이 포함되지 못했다는 아쉬움이 남아 있다. 주민자치회는 지방자치현장의 활동가들을 비롯한 시민운동, 지방의회의원 등 각계의 요구가 많았고, 국회 행정안전위원회 법안심사과정에서도 수많

은 토론과 공청회 등을 충분히 거쳤던 사안이라 반영될 것이라는 기대가
컸다.

주민자치회는 주민자치위원회의 부족한 점을 보완하여 주민대표성을
높이고 읍·면·동 차원의 풀뿌리 자치기구로서 역할과 기능을 강화해야
한나는 주장도 있고, 기존의 주민자치위원회와 특별한 차이가 없고, 지방
의회의 기능과 중복될 수 있으며 단체장의 하부조직으로 악용될 수 있
다는 경계론도 만만치 않아 여·야 간 쟁점이 있었다. 그러나 행정안전위
원회 여·야의원들은 합리적인 의사진행을 통해 상호 간의 이견과 쟁점을
조정하고 입법내용에 대한 공감대를 넓혀오고 있었다.

지방자치법 전부개정안은 20대 국회에도 제출되었지만 회기 종료로
자동 폐기된 후 21대 국회에 다시 제출되었다. 2020년 12월 8일, 국회 행
정안전위원회 법안소위는 오전부터 회의를 갖고 그동안 수차례 논의해온
전부개정 지방자치법을 다시 테이블에 올려 여·야와 주관부처인 행안부
간의 집중심의를 벌인 후, 한병도 의원이 대표발의한 지방자치법개정안을
중심으로 여·야의 수차례의 법안심사결과를 반영한 '행안위원장 대안'을
마련하고자 시도하였다. 그러나 법안소위 심사 중 잠시 정회를 갖고, 여·
야 간사 및 핵심 의원들 간 별도의 조정회의 끝에, 쟁점이 되었던 대도시
특례부여 조항은 유지하는 대신(당시 일부 광역시·도지사들은 인구100만 이상 특
례시 명칭부여등 대도시 특례조항에 대해 부정적 입장 견지), 주민자치회 관련 규정
10여개 조항이 통째로 삭제된 행안위원장 대안을 제안했다. 결국 이 법안
이 당일 오후 행안위 전체회의에서 행안위원장 대안으로 발의되었고, 다
음날인 2020년 12월 9일 국회 법사위 및 본회의를 통과하였다.

12월 8일 행안위 전체회의는 주민자치회 조항이 빠진 행안위원장 대

안을 의결하면서, 여·야 모두 조속한 시일 내 보완입법을 다짐하였지만, 그로부터 2년여가 지난 지금까지 주민자치회 관련 입법인 지방자치법 개정안 4개(한병도·김영배·이해식·박완수 의원 발의)와 주민자치기본법 제정안(김영배 의원 발의), 주민자치회 설치·운영에 관한 법률 제정안 3개(이명수·김두관·김철민 의원 발의)가 모두 행안위 소위에 회부되어 있을 뿐, 주민자치회에 대한 여·야 간 시각 차이를 좁히지 못한 채 제자리에 머물러 있다.

또한, 전부개정 지방자치법에 근거조항이 담긴 지방정부의 구성과 형태의 다양한 선택권이 주민에게 귀속될 수 있는 '지방자치단체기관 구성 다양화' 법안의 제정도 속도를 내지 못하고 2022년 말까지 정부입법 발의를 준비 중인 단계에 있다.

그리고 주민발안·주민투표·주민소환 등 주민참여 3법(지방자치법에 근거조항이 있지만 별도의 개별법으로 제정)의 입법현황을 보면, 주민조례발안법 제정안과 주민투표법·주민소환법 개정안이 국회에 제출된 후, 주민조례발안법 제정안의 2021년 9월 28일 국회본회의 의결과 2022년 1월 13일 시행에 이어, 주민참여 요건 및 청구요건 완화, 전자투표방식 도입 등을 담은 주민투표법개정안이 2022년 4월 5일 국회를 통과했지만, 주민소환법 개정안은 아직 행정안전위원회 계류 중이다. 주민소환법 개정안은 지방 선거직(단체장, 의원) 공무원 주민소환제도 활성화를 위한 주민소환투표권자 연령 하향조정(19세 → 18세), 청구요건을 인구 규모에 따라 차등 설정, 투표운동 및 서명요청활동 제한규정 개선 등을 담고 있다.

아울러 직접민주주의의 꽃으로 불리는 주민총회의 제도화를 위해 주민총회를 주민자치회의 최고 의결기구로 명시하는 주민자치회 관련 법안이 국회 입법절차를 마무리하여야 한다. 주민 대표성 확보와 주민참여를 통해 자치행정의 민주성과 책임성을 강화할 주민자치회 및 주민참여 관련 법령의 조속한 제도정비를 통해 주민자치 실질화가 필요하다.

지방의원의
역할

들어가며

행정안전부에서 조사한 2021년 지방의회 현황에 따르면, 현재 우리나라 지방의원은 시·도, 시·군·구 총 243개 의회에 3,756명에 달한다. 지방의원은 주민이 직접 선출하는 정무직 지방공무원이다. 의원은 주민의 대표기관인 지방의회의 구성원으로 자치단체의 의사결정에 투표권으로 참여하는 지위에 있다.

국회의원이 국민의 대의기관으로서 국민의 기대와 비난을 동시에 받는 것처럼 지방의원도 주민의 대표이자 자치단체의 정책결정에 막대한 영향력을 가진 존재로서 지역주민들로부터 이중적 평가를 받고 있다. 즉 지방의원에 대한 지역주민의 높은 기대에도 불구하고 지방의원들의 자질문제와 역량에 대한 우려는 지속적으로 제기되어 왔다. 자주 거론되는 사례를 들자면 지방의회 의장단 선거를 둘러싸고 정당 간·계파 간 편 가르기와 이합집산, 심지어는 대립과 폭력사태, 금품수수 등의 사례가 빈번해 주민들의 빈축을 샀던 경우를 들 수 있다. 이런 일이 있을 때마다 지방의회 무용론, 지방의원 함량 미달 등이 거론되었는데, 막상 이러한 자질과 역량미흡의 근본원인인 지방의원의 보좌인력을 확충하고, 전문성을 갖춘 인재가 충원될 의회의 환경조성에 대한 건설적 대안에 대해서는 오랜 세월 별 진전을 보지 못하였다. 1991년 개원한 초기 지방의회가 주민의 대의조직이라기보다 전국적인 주요정당들의 당리당략을 실현하는 하부 생태계를 담당하였고, 선거에서 정당의 공천을 받지 못하면 지방의원에 선출되기가 거의 불가능한 상황이었다. 이런 상황에서 비리와 자질시비, 역량부족에 대한 문제제기는 질적으로 크게 개선되지 못한 채 악순환처럼 반복되었다. 이러한 지방의원에 대한 기대와 비판은 지방의회가 다시 구성되고 지방자치가 부활한 30여 년 동안, 학계나 시민단체, 국민들로부터 끊임없이 제기되어 왔다.

전부개정된 지방자치법과 지방의회

대통령소속 자치분권위원회가 2018년 9월 11일 발표한 자치분권 종합계획에서 지방의회 관련은 6대 추진전략 중 5번째 추진전략인 자치단체의 자율성과 책임성 확대 중 24번째 실천과제로 '지방의회 인사권 독립 및 의정활동 정보공개'가 포함되면서 반영되었고 이후 과제 달성을 위한 입법전략과 실시계획을 통해 보다 구체화 될 수 있었다.

문재인 정부의 자치분권 종합계획을 실현하기 위한 대표적 입법과제인 〈지방자치법〉은 〈지방자치분권 및 지방행정체제 개편에 관한 특별법〉 상의 지방의회 5가지 발전방향을 기초로 하였다. 즉 ④지방선거제도의 개선을 제외하고 ①자치입법권 강화, ②지방의회의 심의·의결권 확대, ③

지방의회 사무기구의 인사권 독립방안, ⑤지방의회 책임성 강화(의원 윤리와 의정활동 정보공개 및 기초의회 의결에 대한 감독기능 강화)[22]에 비중을 두어 지방의회 역량 제고 및 활성화 5가지 발전방향 중 4가지 발전방향을 모두 이행한 것이었다.

2022년 1월 13일부터 시행된 전부개정 지방자치법은 국민들과 지방의원들의 지방의회 발전에 대한 요구를 담아, 지방의회의 전문성과 독립성을 보장하는 실질적인 조치들이 포함되었다.

첫째, 지방의회의 전문성 강화를 위한 오랜 요구였던 지방의원 유급보좌관제로서 광역의회뿐만 아니라 기초의회에도 의원정수의 절반 수준의 정책지원전문인력을 운영하게 되었다.

둘째, 지방의회의 인사권 독립으로서 지방의회 의장이 의회 사무직원을 지휘·감독하고, 그 임명·교육·훈련·복무·징계 등에 관한 권한을

---

[22] 지방자치분권 및 지방행정체제개편에 관한 특별법상의 지방의회 활성화 방안
1) 자치입법권 강화(제14조 제1항) "국가는 지방자치단체의 자치입법권을 강화하기 위하여 조례제정범위를 확대하는 등 필요한 법적 조치를 하여야 한다."
2) 지방의회의 심의·의결권 확대(제14조 제2항) "국가 및 지방자치단체는 지방자치단체의 주요 정책사항에 관한 지방의회의 심의·의결권을 확대하는 등 지방의회의 권한을 강화하는 방안을 마련하여야 한다."
3) 지방의회 사무기구의 인사권 독립 방안(제14조 제3항) "국가 및 지방자치단체는 지방의회 의원의 전문성을 높이고 지방의회의장의 지방의회 소속 공무원 인사에 관한 독립적인 권한을 강화하도록 하는 방안을 마련하여야 한다."
4) 지방선거제도의 개선(제14조 제4항) "국가 및 지방자치단체는 지방자치단체의 장과 지방의회의원의 선출방법을 개선하고, 선거구를 합리적으로 조정하며, 선거공영제를 확대하는 등 지방선거제도의 개선방안을 마련하여야 한다."
5) 지방의회의 책임성 강화(제16조 제1항) "지방자치단체는 행정의 공정성과 투명성을 확보하고 책임성과 효율성을 강화하여 행정서비스의 질을 제고하는 등 필요한 조치를 하여야 한다."

가지게 된 것이다. 이는 지방의회가 자기 기관에 대한 인사권을 행사한다는 점에서 삼권분립 원칙이 비로소 반영된 결과라고 평가할 수 있다.

이와 같이 인사권 독립으로 비로소 지방의회의 독립성이 강화되고, 의회와 집행부 간 견제 균형에 의한 지방자치가 가능하게 되었는데, 이는 지방의회 유지비용 및 효율성의 문제에 대한 논의와 더불어 지방정부 기관구성 형태의 관점에서 기관통합형에 대한 논의와 밀접하게 연계되어 있다.

셋째, 새로운 지방자치법의 가장 혁신적인 조치는 지방정부의 기관구성방식의 다양한 시도를 주민의 자기결정권 차원에서 허용하고 있다는 점이다. 지방자치법 제4조는 우리나라 강시장-약의회형의 지방정치 권력구조를 변경할 수 있는 가장 혁신적인 조치로 지역주민들에게 주민투표로 변경할 수 있는 주민선택권을 부여하였다. 우리나라 지방자치단체는 의결기관과 집행기관으로 기관분립형의 구성형태를 가지면서 자치단체장의 지위가 강화된 강시장형을 유일한 방식으로 채택하고 있다. 그러나 지방자치 선진국이라 할 수 있는 미국, 유럽, 일본 등에서는 역사적 전통과 정치·사회적인 여건이나 문화, 지역적 특성 등 시대적 상황에 따라 지방정부의 구성형태가 기관통합형·위원회형 등 다양하게 발전되어 왔다. 예컨대 울릉도와 같이 인구가 적은 행정구역의 경우 효율성 및 예산 건전성 측면에서 의회-집행부 분리형 기관구성형태보다는 의회중심의 통합형 기관구성을 고려해 볼 수 있다. 통합형 기관구성에서는 인사권 독립도 현실적으로 조정되어야 할 것이다. 물론 기관구성형태의 선택권은 주민에게 귀속되어 주민투표로 결정하도록 되어 있지만, 지방의회의 책임성이 더욱 높아진 만큼 주어진 권한을 잘 활용해서 지역의 지속가능성장을 위한 실효성 있는 정책을 마련하고 집행하여 지역 주민들의 기대에 부응해야 할 것이다.

뿐만 아니라 자치입법기관으로서 조례로 정하도록 위임한 사항을 그 법령의 하위법령에서 내용과 범위를 제한하거나 직접 규정할 수 없도록 자치입법권을 강화하였다. 또한 지방의원 겸직금지와 정보공개의무, 윤리위원회 설치 등으로 투명성·청렴성을 제고하였다.

다음 절에서 지방자치법상 지방의회 전문성제고와 인사권 독립에 관하여 살펴보겠다.

지방의회 정책지원관 충원 및 운영

2022년 1월 13일부로 시행된 〈지방자치법〉 제41조에 "지방의회의원의 의정활동을 지원하기 위하여 지방의회의원 정수의 2분의 1 범위에서 해당 지방자치단체의 조례로 정하는 바에 따라 지방의회에 '정책지원 전문인력'을 둘 수 있다."(제1항)고 규정하고 이 정책지원 전문인력은 지방공무원으로 보하며, 직급·직무 및 임용절차 등 운영에 필요한 사항은 대통령령으로 정한다고 하였다(제2항).

이와 같은 법 제41조 제1항에 따라 〈지방자치법 시행령〉 제36조 제3항에 "정책지원전문인력의 명칭은 정책지원관으로 한다."고 규정하고, 대통령령인 〈지방자치단체의 행정기구와 정원기준 등에 관한 규정〉 제15조(의회 사무기구의 설치기준 등) 제5항에는 의회사무기구(위원회를 포함한다)에 두는 정책지원관은 시·도의회의 경우 6급 이하, 시·군·구의회의 경우 7급 이하의 일반직 지방공무원으로 임명하도록 규정하고, 임기제공무원으로 임명하는 경우에는 일반임기제 공무원만으로 임명할 수 있다고 규정하고 있다(제6항).

한편 이 법의 부칙 제6조(정책지원 전문인력 도입규모에 관한 특례)에는 "지방의회에 정책지원 전문인력을 두는 경우 그 규모는 2022년 12월 31일까지는 지방의원 정수의 4분의 1 범위 내에서, 2023년 12월 31일까지는 지방의원 정수의 2분의 1 범위 내에서 연차적으로 도입한다."고 규정되어 있다.

1991년 지방의회가 부활된 이후 지방의회의원을 직접 보좌하는 보좌직원이 필요하다는 지방의회 쪽의 주장이 계속되어 왔었다. 그러나 당시의 지방자치법상 명예직인 지방의원에게 유급의 보좌직원을 두는 것은 법 취지에 맞지 않다는 반대론을 극복하지 못하여 지방의원의 보좌관제 신설은 실현되지 못하였다.

지방의원 정수의 2분의 1 범위에서 정책지원 전문인력을 두도록 규정된 이번 지방자치법이 미흡하다는 지방의회의 불만에 비춰볼 때, 지방의원 1인 1 개별 보좌관제에 대해 앞으로도 지속적인 요구와 논란이 있을 것으로 예상된다. 그 예로 서울특별시의회는 2022년 2월 24일 신설된 〈서울특별시의회 기본조례〉 제48조의 2(의원 정책지원관) 제4항에 "의장은 의원의 효율적인 의정활동을 지원하기 위하여 의원정수 이상의 의원 정책지원관 배치를 위해 노력하여야 한다."고 규정되어 있다.

한편 경기도의회를 비롯한 일부 지방의회에서는 지방의회의 전문성·독립성을 더욱 확고히 보장받기 위해 현재 국회에 계류중인 〈지방의회법〉의 제정을 추가로 요구하고 있다. 그러나 별도법인 〈지방의회법〉 제정에 대해서는 지방자치법상 집행기관과 의결기관이 병립되어 있는 만큼 의결기관인 지방의회법이 존재하면 집행기관 관련법도 필요하게 되는 법체계상의 문제도 대두될 수 있다는 신중론이 존재한다.

지방의회 인사권 독립

1991년 지방의회가 재출범하면서 나타난 가장 비합리적인 제도는 지방의회 사무기구에서 근무하는 공직자에 대한 인사권을 집행부의 장에게 귀속시킨 것이다. 기관통합형의 지방정부는 의결기관과 집행기관이 동일하기 때문에 집행부의 공무원들이 지방의회를 보좌하더라도 문제가 되지 않는다. 그러나 현재 우리나라에서 시행되고 있는 기관대립형의 지방정부에서는 견제와 균형의 원리가 작동되어야하기 때문에 집행기관의 공무원들이 지방의회를 보좌하는 것은 기본원리에 위배되는 것이다. 이에 따라 지방의회가 출범한 이후 지방의원들이 가장 강력하게 시정을 요구한 것은 사무기구 공무원들에 대한 인사권의 독립이었다.[23]

자치분권위원회가 2018년 9월 발표한 '자치분권종합계획'에서 지방의회 관련 사항은 5번째 추진전략인 자치단체의 자율성과 책임성 확대 중 24번째 실천과제인 지방의회 인사권 독립 및 의정활동 정보공개에 들어가 있다. 이는 전부개정 지방자치법에 반영되었다.[24]

---

23) 김순은(2016). <지방의회 활성화 및 책임성 제고>, 한국지방자치 발전과제와 미래, 지방자치 발전위원회. 박영사, 서울.

24) 지방자치법 제103조(사무직원의 정원과 임면 등) ②지방의회의 의장은 지방의회 사무직원을 지휘·감독하고 법령과 조례·의회규칙으로 정하는 바에 따라 그 임면·교육·훈련·복무·징계 등에 관한 사항을 처리한다.

지방의회 인사권은 본래 1949년 최초 지방자치법에는 지방의회 의장에게 있었다. 하지만 1988년부터 지자체장에게 권한이 가고 이후 지방의회 의장과의 협의('88년), 추천('94년) 등으로 본래의 권한 회복은 못한 채 지지부진한 상황이 이어져 왔다. 지방의회에 대한 국민적 공감대가 낮은 상황, 그리고 강시장-약의회의 불균형 상황을 타계하기 위해서는 지방의원과 의회를 지원하는 의회사무기구 개선은 불가피한 상황이었다.

법률이 시행에 들어갔지만, 현재의 의회사무기구는 독립된 보좌기관이라 하기 어렵다. 그 이유는 집행부를 견제할 수 있는 기능과 권한을 제대로 갖추고 있지 못한 데다, 조직기구와 관련된 권한, 기구 정원에 관한 관리 권한, 이와 연계된 예산권이 집행부의 장에게 있기 때문이다.[25] 이러한 지방의회 사무기구 관리에 관한 실질적 권한이 부여되어야만 지방의회의 집행부 견제가 본래 역할을 수행할 수 있을 것이다.

자치분권 2.0시대 지방의원의 역할

지방의원은 주민에 의하여 직접 선출되며, 주민의 대표기관인 지방의회의 구성원인 정무직 지방공무원이다. 의원은 주민의 대표기관인 지방의회의 구성원으로서 자치단체의 의사결정에 투표권으로 참여하는 지위에 있다. 지방의회가 주민의 대표기관이라고 할 때에 그 '대표'는 주민전체의 대표이지 주민 개개인의 대표가 아니다. 그러한 대표기관의 구성원

---

25) 김건위(2022). <미완의 지방의회 인사권 독립과 과제>, 자치분권위원회. e-뉴스레터, 94호.

인 의원은 당연히 주민전체에 봉사하여야 하며, 출신 선거구의 이익이나 주민 개개인의 이익에 봉사하여서는 안 된다.

의원은 일반적으로 다음과 같은 여섯 가지의 역할을 담당한다. ①주민의 요망을 파악하고, 이를 시정에 반영한다(민의반영). ②주민의 심부름을 하고 그의 상담역이 된다(주민상담). ③집행기관의 집행을 감시·비판한다. ④자치단체의 정책을 심의하고 결정한다(정책심의). ⑤자치단체의 정책을 입안한다(정책입안). ⑥시정에 관한 정보를 주민에게 알리고 계몽한다(시정홍보). 이러한 역할을 수행하기 위한 활동을 의정활동(광의)이라고 할 때에, 그 의정활동에는 의회활동과 지역사회활동이 포함되어 있다고 할 수 있다.[26]

문재인 정부에서 지방분권형 개헌에는 이르지 못했지만, 전부개정 지방자치법, 전부개정 경찰법, 중앙지방협력회의법, 주민조례발안법, 고향사랑기부금법, 제1차 지방일괄이양법 등 자치분권 6법이 제도화되고 시행되면서 자치분권 2.0시대가 개막되었다는 평가를 받고 있다. 자치분권 2.0시대를 견인할 주역은 지방의원들이다. 풀뿌리 지방자치는 지방의원들이 주민과 적극적으로 소통하고 참여를 이끌어낼 때 가능하게 될 것이다. 주민을 대표하고, 주민의 요구를 정책에 반영하며, 자치단체의 정책결정을 좌우하는 자치분권 매개자·촉진자, 주민자치 활동가로서 지방의원들의 활약이 기대된다.

지방의회 의원은 생활정치인이다. 생활정치인은 정치 사회적 거대담

---

26) 최창호·강형기(2016: 324). <지방자치학>, 삼영사, 서울.

론보다는 주민의 생활상의 이해와 요구를 실현하는 과정에서 나타나는 문제를 해결하고 주민들의 정치적 주권자로서의 자각과 참여를 지원하는 역할을 한다. 본래 정치는 시민들의 삶과 생활에 맞닿아 있다. 그것이 지방정치이든 중앙정치이든 행정이든 상관없이 생활정치인으로서의 자세가 기본이다. 특히나 자치분권 2.0시대의 지방의원들은 기본적으로 생활정치인일 필요가 있다. 지역에서 살아가는 주민들의 생활과 밀접한 정책을 개발하고 다루는 것이 기본이고, 그런 과정에서 주민들의 정치적 의식의 성장과 현실참여를 통한 주권자적 권리를 보호하고 발양시키는 역할이 필요하다.

지방정부의
변화

'지방정부' 용어 정리

중앙은 정부라고 하고 지방은 자치단체라고 명명하는 것은 중앙집권적 사고방식의 산물이라는 비판이 존재한다. 중앙정부가 주권자인 국민들에 의해 권한을 위임받았듯이 지방정부도 주민들에 의해 선출된 권력기관이다. 중앙정부는 국가 차원의 일반 행정을 담당하는 것이고, 지방정부는 지방 차원의 행정을 담당한다. 행정의 규모를 가지고 정부와 자치단체로 구분하는 것은 이치에 맞지 않다.[27]

문재인 정부는 출범 시 '연방제 수준의 지방분권 개헌'을 대통령의 핵심공약으로 하였고, 이에 따라 개헌안을 마련하였다. 이 개헌안 제122조 제2항에는 중앙과 지방이 독자적·수평적 관계라는 것이 분명히 드러날 수 있도록 '지방자치단체'를 '지방정부'로, 지방자치단체의 집행기관 명칭

---

27) 조재학(2021). 《모두의 민주주의: 참여예산과 주민자치, 그리고 자치분권 이야기》, 더봄출판사, 서울.

을 '지방행정부'로 한다는 내용이 들어 있다. 1949년 제정된 최초의 지방자치법에서부터 사용된 지방자치단체라는 명칭을 지방자치와 분권의 의지를 담아 중앙정부와 대등한 수준의 지방정부로 표기한 것이다. 문재인 정부의 개헌이 불발되어 이러한 용어 변경 시도는 현실화되지 못했지만, 공식성이 강하지 않은 경우에 한해 '지방정부'라는 용어가 빈번하게 사용되고 있다. 이에 대해서는 헌법적 용어와의 불일치를 근거로 지방정부라는 용어를 일반화하는 것은 불가능하다는 반대론도 존재한다.

지방정부 기관구성 형태 다양화

문제제기

지방자치단체의 기관유형은 지방자치단체의 의사결정 기능과 집행기능을 누가 담당하는가를 중심으로 크게 기관대립형과 기관통합형, 절충형, 그리고 주민총회형으로 구분된다. 앞의 세 가지 형태는 간접민주주의 원리를 반영하고 후자는 직접민주주의 원리를 따른 형태이다.

기관대립형은 권력분립의 원칙에 따라 지방자치단체의 의사결정기능을 담당하는 지방의회와 집행기능을 담당하는 자치단체의 장을 수장으로 하는 독임제 집행부를 별도로 독립시켜 견제와 균형check and balance을 통해 지방자치를 실현하고자 하는 형태이다. 기관통합형은 지방자치단체의 의사결정기능과 집행기능을 한 기관에 통합하는 형태로 지방의회가 그 중심에 선다. 의회주의 정체를 추구하는 영국, 프랑스 그리고 미국 일부에서 활용하는 제도이다. 주민의 의사를 일원화하여 책임 있게 결정하고 집행하는 특성을 갖는다.

절충형은 기관대립형과 기관통합형의 장점을 취하고 단점을 보완하고자 하는 지방자치단체의 기관구성행태이다. 대체로 지방자치단체의 의사결정기관과 집행기관을 분리 운영하되 서로 대립과 갈등을 지양하는 통합형의 요소를 갖는다는 점에서 절충형이라고 할 수 있다. 주민총회형은 소규모 기초자치단체에서 채택되고 있는 것으로 일정 수의 주민이 직접 주민총회에 참여하여 자치단체의 정책, 예산, 인사 등의 의사결정을 하고 직접 집행도 하는 형태이다. 미국의 town이나 스위스의 농촌지역은 주민총회를 구성하여 운영한다.

우리나라는 1949년 7월 지방자치법을 제정한 이후 모든 지방자치단체에 의결기관인 지방의회와 집행기관인 장이 분립하는 기관대립형 기관구성을 하여 지방자치를 운영하여 왔다. 그나마 실제로 상당한 기간 자치단체장이 선거되지 않고 임명되거나 지방의회를 미구성한 채였다. 1988년 지방자치법 개정 이후 1991년 지방의원, 1995년 지방단체장이 주민의 직접선거에 의해 선출되고, 의회와 집행부가 구성되어 지방자치가 본격적으로 실시되었다. 그러나 획일적인 기관대립형 기관구성의 역사와 단체장 우위의 실제 운영이 지방자치발전의 본래의 취지와 목적을 제대로 달성하는 데 어려움을 주었다.

따라서 학계를 중심으로 기관구성의 다양화 필요성이 제기되어 왔는데, 2013년 2월 대통령소속 지방자치발전위원회에서 박근혜 정부가 제시한 국정과제(105-4) 생산적 지방자치를 위한 제도개선 방안의 일환으로 "자치단체의 기관구성 형태 다양화 방안 검토"를 지방자치발전 20개 과제에 포함시켰다. 이어서 지방자치발전위원회는 이를 지방자치발전 종합계획에 반영하여 대통령에게 보고하고('13. 10. 23) 획일화되어 있는 〈단체

자치분권 6법 사용설명서

장-의회 대립형 구조〉 방식을 탈피하고자 기관구성의 표준모형 마련, 주민의 기관선택권 부여 방안을 논의하여 왔다.

이러한 논의는 뒤를 이은 문재인 정부의 자치분권위원회에서 지속되었고 2018년 마련된 자치분권 종합계획에 반영되었다. 이는 자치분권종합계획을 입법으로 구현하기 위한 지방자치법 전부개정안에 반영되었고 마침내 2020년 12월 지방자치법 전부개정안이 국회를 통과하고 2022년 1월 시행되기에 이른다.

지방자치법의 기관구성 다양화 조항의 주요 내용과 취지

전부개정된 지방자치법 제4조에는 지방자치단체의 기관구성 다양화 근거를 조문화했다. 이 법에 따른 지방자치단체의 의회 및 집행기관의 구성을 따로 법률로 정하는 바에 따라 달리할 수 있도록 하며, 이 경우에는 〈주민투표법〉에 따른 주민투표를 실시하여 주민의 의견을 듣게 하고 있다.

제4조(지방자치단체 기관구성 형태의 특례) ①지방자치단체의 의회(이하 "지방의회"라 한다)와 집행기관에 관한 이 법의 규정에도 불구하고 따로 법률로 정하는 바에 따라 지방자치단체의 장의 선임방법을 포함한 지방자치단체의 기관구성 형태를 달리할 수 있다.

②제1항에 따라 지방의회와 집행기관의 구성을 달리하려는 경우에는 <주민투표법>에 따른 주민투표를 거쳐야 한다.

지방자치단체의 기관구성의 유형은 현 지방자치법이 규정하고 있는

기관대립형과 영국의 내각과 같이 지방의회가 지방행정부를 구성하는 기관통합형이 있다. 미국에서 기관통합형은 위원회제도라고 볼 수 있는데, 주민이 소수로 구성되는 지방의회, 즉 위원회commission를 선출하면, 선출된 위원회 위원들은 재정, 복지와 건강, 경찰 등 행정부서를 하나씩 맡고, 위원들 중에서 시장(단체장)을 선출한다. 미국에서 가장 오래된 정부 형태이나 최근에는 그 수가 줄어들었다고 보고된다. 미국에서 기관분리형인 시장–지방의회 형태는 전체 미국 지방자치단체의 34%라고 보고되어 있다. 기관대립형과 기관통합형의 중간에 해당하는 형태가 지방의회–행정관리자council-manager 유형이다. 주민이 지방의원을 선출하여 지방의회를 구성한 후, 지방의회가 지방자치단체의 행정 수반을 임명하는 제도이다. 일반적으로 시장은 지방의원 중에서 선출하며, 시장은 명목상 대표이며, 행정은 행정관리자가 담당한다. 다만, 지방의회가 강력한 주도권을 행사한다는 면에서 넓은 의미에서는 기관대립형보다는 기관통합형에 가깝다. 2006년을 기준으로 미국 자치단체 중 55%가 지방의회–행정관리자 유형이다. 네 번째 유형은 타운미팅town meeting 유형이다. 주민이 주민총회에서 중요한 의사를 직접 결정한다는 면에서 직접 민주정 유형이다. 실제로 주민 전체가 의결권을 행사하는 타운미팅형과 주민이 다수의 대의원을 뽑아 대의원들이 모여 의결하게 하는 대의제 타운미팅형이 있다. 타운미팅형은 미국 전체 지자체의 5% 이내이고 작은 지자체의 정부 유형이다.

　이번 지방자치법 전부개정에서 지방자치단체의 기관구성 형태의 특례의 구체적인 내용은 따로 법률로 정하도록 규정했다. 지방자치법에는 기관구성 형태의 유형이나 절차에 관한 규정은 없다. 이 규정은 지방자치 30년 만에 지방자치단체의 획일화된 기관구성 형태를 다양화한다는 선언적인 의미를 갖는다. 또한 따로 법률로 정하기로 한 의지의 표현이다. 현재 행정안전부가 입법 발의를 준비 중이다. 앞으로 제도화되기까지는 많은 논의와 법제화 과정이 걸릴 것으로 예상된다.

기관구성 다양화 실현을 위한 과제

2021년 자치분권 시행계획에서 대통령소속 자치분권위원회는 "주민의 자기결정, 책임성 강화 및 직접 민주주의 활성화"를 위한 제도 방안 중 하나로 '기관구성의 다양화'를 제시하였다. 그리고 2022년 안에 "(가칭)지방자치단체 기관구성 형태에 관한 특별법"을 제정하여 희망지역부터 우선 실시할 것을 계획으로 발표하였다.

기관구성 다양화의 제도적 목적은 주민의 자기 결정권을 강화하고 직접 민주주의를 활성화한다는 것에서 찾을 수 있다. 지방자치 개혁의 목표가 중앙과 지방의 권한을 평등하게 조정하고 상생−협력 체제를 만들고, 주민자치를 활성화하여 지방자치단체를 견제하는 것이라고 할 때, 결국 지방자치단체 기관구성의 다양화는 주민들이 지역의 문제를 스스로 결정하고 해결하는 데 있어서 현재의 획일화된 지방자치단체 기관구성 형태가 효율적이지 않은 경우, 보다 효율적인 형태로 바꾸어 지방자치단체의 문제를 스스로 해결하게 하는 데 목적이 있다고 할 수 있다.

중앙정부가 지방자치단체의 기관구성 유형을 제시하고 절차를 마련하는 역할을 한다면, 어떤 유형을 왜 도입하는가를 결정할 권한은 지방자치단체와 주민의 몫이다. 지방자치단체와 주민이 이양 받은 권한, 즉 기관구성의 다양화 권한을 어떻게 협의하고 타협하고 결정하는가가 지방자치 다양성 확보의 계기가 될 것이다.

지방정부의 국제협력과 교류

지방정부의 국제협력과 교류의 문이 열렸다. 이른바 소프트파워에 기반한 소통의 정치에 각 국가들이 적극적인 관심을 두면서 문화공공외교의 중요성과 필요성이 부각되고 있다. 국가 이미지 제고를 위한 문화공공외교 차원에서 출향 재외동포들의 소프트파워를 적극적으로 활용해야 한다. 공공외교의 새로운 주체로 지방자치단체의 역할이 대두되고 있다.

현재 공공외교법(2016년 제정)이 명시하고 있는 공공외교의 주체는 중앙정부나 지방자치단체이다. 그러나 그동안 중앙정부가 지방정부의 파트너십을 보장하지 않거나 지방자치단체의 역할을 국소적으로 제한하고 있는 여러 요인으로 인해 지방자치단체가 공공외교를 이끌어 나가는 데 어려움이 있었다. 뿐만 아니라 '공공외교법'에서는 공공외교의 주체를 중앙정부뿐만 아니라 지방자치단체까지 폭넓게 규정함으로써 지방자치단체의 참여를 보장하고 있지만 '지방자치법'에서는 외교의 주체를 중앙정부로 국한하고 있었다. 공공외교법에서는 5년 단위로 수립하는 외교부의 공공외교 기본계획에 따라 시·도지사는 매년 외교부 장관에게 공공외교 수행계획과 추진실적을 제출하도록 명시하고 있다. 같은 법 제9조에서는 지방자치단체의 장이 공공외교 활동을 위하여 협력을 요청할 때 필요한 지원을 할 수 있도록 하고 있다.

그러나 성공적인 지방자치단체의 공공외교 수행을 위해서는 지방자치단체에 대한 중앙정부의 파트너십이 요청되며, 지방자치단체의 다각적인 제도 정비가 필요하다. 무엇보다도 지방자치단체의 공공외교 수행을 체계적으로 지원할 수 있는 공공외교 추진체계의 정비, 지역의 공공외교 전문가 육성을 위한 지방직 공공외교 공무원 채용, 공공외교 실무자들을 위한 교육 훈련의 강화 등과 같은 제도 개선을 수반해야 한다.

이러한 차원에서 작년 말 30년 만에 전부개정된 지방자치법(2022. 1. 13 시행)에 국제교류·협력 근거규정[28]이 신설되어 국제교류·협력 및 국제기구 지원, 지방자치단체의 해외사무소 운영 근거가 마련된 점은 앞으로 각 지자체가 자치입법인 조례를 통하여 각기 특색 있는 국제 교류 협력 사업을 활성화시킬 수 있는 기회가 될 것으로 보인다. 국제 도시 간 교류 등 다양한 사업이 전개될 수 있다. 이 같은 지방정부의 국제교류와 민간 교류가 함께 시너지를 창출하여 문화공공외교가 활짝 꽃피울 수 있기를 기대해본다.

---

28) 지방자치법 제10장 국제교류·협력
제193조(지방자치단체의 역할) 지방자치단체는 국가의 외교·통상 정책과 배치되지 아니하는 범위에서 국제교류·협력, 통상·투자유치를 위하여 외국의 지방자치단체, 민간기관, 국제기구와 협력을 추진할 수 있다.
제194조(지방자치단체의 국제기구 지원) 지방자치단체는 국제기구 설립·유치 또는 활동 지원을 위하여 국제기구에 공무원을 파견하거나 운영비용 등 필요한 비용을 보조할 수 있다.
제195조(해외사무소 설치·운영) ①지방자치단체는 국제교류·협력 등의 업무를 원활히 수행하기 위하여 필요한 곳에 단독 또는 지방자치단체 간 협력을 통해 공동으로 해외사무소를 설치할 수 있다.
②지방자치단체는 해외사무소가 효율적으로 운영될 수 있도록 노력해야 한다.

지방정부 간 광역협력

문제의 제기

교통, 통신시설의 발달과 유통과정의 세분화에 따라 자치단체 간 인적·물적 교류가 확대됨은 물론, 생활권 또한 광역화되어가고 있다. 더구나 인구감소와 고령화에 따른 지역산업 쇠퇴, 자치단체 재정 취약성 심화 등 지방소멸 위기 상황에서 인접 자치단체 간 상시적인 연계·협력 필요성이 점증하고 있다. 이에 따라 현행 사무위탁, 행정협의회, 조합제도 이외에 지역여건에 맞는 교통, 의료, 교육 등 광역적 주민생활 관련 기능의 효율화를 추구하고 지속가능한 행정서비스의 확보를 위해서도 자치단체 간 협력이 필요하다.

때맞춰 지방자치법 전부개정으로 특별지방자치단체 설립근거가 마련되었으며, 지역경쟁력 제고 및 국가균형 발전을 위해 비수도권 광역자치단체를 중심으로 메가시티 구축, 행정통합구상이 활발하게 추진되고 있다. 지역주도의 초광역 연계·협력을 체계적으로 지원하기 위한 메가시티 지원 범부처 TF 및 범정부 초광역지원협의회 운영 등 범정부 차원의 지원대책 마련이 뒤따르고 있다.

특별지방자치단체

추진배경

특별지방자치단체는 2개 이상의 지방자치단체가 공동으로 특정한 목적의 광역사무를 처리하기 위해 설치하는 지방자치단체로 특별지방자치단체 설치는 광역과 광역, 기초와 기초뿐만 아니라 광역과 기초 간에도 구성이 가능하다.

특별지방자치단체가 수행할 수 있는 사무는 광역교통망 구축, 지역산업 육성, 방재, 문화·관광 네트워크 구축, 보건, 환경 등이 있다. 외국 사례는 일본의 간사이 광역연합[*](문화관광·산업·환경 등), 영국의 '광역맨체스터연합기구[**](경제·도시재생·교통 등)가 대표적이다.

특별지방자치단체 추진배경에는 교통·산업 등의 발달로 인한 생활권 확대로 광역적인 사무를 효율적으로 처리해야 할 필요성이 커졌고, 수도권 집중으로 인한 지방소멸의 위기 극복을 위해 지방자치단체 간 협력을 통한 지역균형발전을 실현하고자 하는 데 있다.

추진경과

---

[*] 교토부·오사카부(2부) 및 시가현·효고현·와카야마현·돗토리현·도쿠시마현(5현)은 설립 당시 참가, 오사카시·사카이시('12. 4.) 및 나라현('15. 12.) 등이 추가 가입

[**] 직선시장 선출, 중앙정부·지방정부로부터 주요 권한을 이양 받아 공공서비스 제공

현행 자치단체 간 협력제도에는 사무위탁, 행정협의회, 자치단체조합 등이 있다. 자치단체 간 협력을 더욱 강화하기 위해 특별지방자치단체를 설치할 수 있도록 1988년 〈지방자치법〉 제2조에 그 근거 규정을 마련하였다. 또한 2004년 1월 16일에는 〈지방분권특별법〉을 제정하여 지방정부 간 협력체계 정립을 추진하였고, 2005년에는 당시 재정경제부가 경제자유구역청의 한계를 보완하기 위한 대안으로 특별지방자치단체 제도를 추진하였다.

2013년 5월에는 〈지방분권법〉이 개정되어, 동법에 특별지방자치단체 제도의 도입·활용 노력을 촉구하는 내용(제17조 제3항)이 포함되었으나 시행령에 관련 내용이 없어 실행되지 못하였다.

이에 자치분권위원회에서는 문재인 정부 〈자치분권 종합계획〉에 특별지방자치단체 제도 도입은 물론, 새로운 형태의 협약제도 도입 및 자치단체 간 협의를 통해 기관·시설을 공동 활용하는 방안을 반영하였다.(2018. 9.)

이후 2020년 12월 9일 특별지방자치단체를 비롯한 자치단체 간 협력 활성화를 위한 제반 제도적 근거를 반영한 〈지방자치법〉 전부개정법률안이 국회를 통과하였고, 2021년 1월 13일부터 시행되어 제도적으로 구체화되었다.

적용사례

특별지방자치단체는 자치단체조합과 달리 조례제정권, 의회의 의결 독립성, 인사 및 재정의 자율성 등 자치단체와 동등한 법적 지위를 갖는 제도이다. 조합 운영사례로는 지리산권 관광개발조합이나 광양만권 경제

자유구역청을 들 수 있다. 자치단체조합이나 특별자치단체는 2개 이상의 자치단체가 하나 또는 둘 이상의 사무를 공동으로 처리한다는 점에서 공통점을 갖고 있다. 그러나 차이점도 많다. 자치단체조합은 '공법인'인 반면에 특별지방자치단체는 이름 그대로 '자치단체'다. 그래서 단체장과 의회가 있고 조례도 제정할 수 있다. 조합의 주재원인 분담금·사용료·수수료 외에 교부세나 국고보조금을 받을 수 있고 지방채를 발행할 수 있다. 자치단체조합보다 더 많은 권한과 재원을 갖고 있는 것이다.

지리산권 7개 시·군은 그동안 운영해 오던 지리산권관광개발조합을 특별지방자치단체로 전환시킬 것을 결의하고 추진 중에 있다.

한편 수도권 집중에 대한 대응으로 국가균형발전을 도모하고, 지역 자치단체 간 협력을 활성화하기 위하여 논의되어 온 부·울·경, 대구·경북, 광주·전남, 대전·세종·충남·충북 등 광역시·도 간 초광역 협력사업에도 특별자치단체를 매개로 한 협력이 시도되고 있다.

향후 과제

새로운 형태의 특별지방자치단체 설립 등 자치단체 간 협력 활성화를 위해서는 정부차원의 적극적인 지원이 필요하다. 특별지방자치단체가 성과를 내기 위해서는 공동사무 발굴, 재정분담, 지방의회·집행기관의 구성·규약제정 등 전 과정에 걸쳐 지방자치단체 간 충분한 소통과 협력이 무엇보다도 중요하다. 중앙정부도 지역이 스스로 다양한 광역협력사업을 발굴하고 추진할 수 있도록 국가사무 위임 등을 지원하고, 특히 사업을 안정적으로 추진할 수 있도록 재정지원방안을 마련하는 것이 필요하다.

특별지방자치단체의 원활한 설치와 안정적 운영 지원을 위해서는 재정, 조직 및 인력, 인센티브 제공 등의 지원이 필요한 바, 특별교부세 등 특별지방자치단체 설립 준비 소요재원을 마련하고 특별지방자치단체 설립 추진 자치단체에 대한 보통교부세 지원 등의 재정지원과 함께, 특별지방자치단체에 대한 별도의 기구와 정원 등에 대한 규정이 마련되어야 할 것이다.

메가시티 등 초광역협력 활성화

추진배경

수도권 과밀화를 막고 지역균형발전으로 비수도권 지역의 위기를 극복하기 위하여 2020년부터 광역자치단체를 중심으로 지역경쟁력 강화를 목표로 하는 행정통합, 권역별 메가시티 구축 등 광역연합, 초광역화 논의가 활발해지고 있다.

이미 주요 선진국은 대도시권 육성전략(Megacity Region 등) 추진을 통해 글로벌 도시로서의 경쟁력을 키우고 있다. 우리나라도 수도권 과밀화*에 따른 수도권 일극체제를 다극체제로 전환하기 위한 국가균형발전 전략이 필요하며, 특히 중심도시와 주변지역을 초광역 경제권으로 통합하는 메가시티 구축이 절실한 상황이다.

현재 비수도권 지역을 중심으로 활발히 논의 중인 메가시티라는 컨셉의 새로운 협력체계는 국가균형발전 및 지역경쟁력 강화라는 목적 아래, 초광역 권역에 실질적 자치권한을 부여하는 등 자치분권을 지향하고

---

* (수도권 인구비율) ('00) 46.3% → ('10) 49.2% → ('19) 50.0% (국가통계포털)

있다는 데 매우 큰 의미가 있다.

추진경과

부산·울산·경남은 동북아 8대 광역경제권을 목표로 수도권에 대응하는 새로운 경제성장 플랫폼인 〈동남권 메가시티〉를 구축하기 위해 가장 빠르게 움직이고 있다. 대구·경북은 행정통합을 위해 공론화위원회를 출범하고 시·도민 공론화를 진행하여 행정통합은 중장기 과제로 추진하고 단기적으로는 교통·관광·환경 등 3개 분야를 중심으로 특별지방자치단체 실립을 통해 연계협력을 도모하기로 했다. 광주·전남도 행정통합 논의를 계속하고 타당성과 통합전략에 대한 공동연구 용역을 실시하기로 했다. 대전·세종·충남·충북 등 충청권도 규모의 경제를 통한 글로벌 경쟁력 제고와 환황해권 번영 등을 위한 단일의 메가시티 형성을 추진하고 있다.

정부는 이러한 지역의 초광역적 협력 논의를 지원하기 위해 특별지방자치단체 설치·운영을 위한 세부규정을 마련하였으며, 2021년 4월부터 메가시티 지원 범부처 TF를 구성·운영하고 있다. 해당 TF는 자치분권위원회 및 국가균형발전위원회 공동 주관으로 행안부·기재부·산업부·국토부 등 관계부처가 참여 중이며, 지역수요·여건을 고려하여 행정통합, 특별지방자치단체 설치 등 추진체계를 구축할 수 있도록 제도를 정비하고, 부처별 주요 정책·사업을 연계하여 범부처 차원의 메가시티 지원에 나서고 있다.

성과 및 의의

수도권의 과도한 집중으로 인한 비수도권의 불균형 심화를 극복하고 균형발전을 이루기 위해 메가시티 및 초광역협력 전략을 지역에서 주도적으로 제기하고 추진하는 것은 지역소멸의 위기의식에서 비롯된 것이다.

정부도 수도권 과밀화, 일극체제 심화로 인한 국가경쟁력과 국민의 삶의 질 저하에 대한 우려와 위기의식에서 비수도권 광역시·도를 중심으로 한 메가시티나 초광역협력 전략에 대한 필요성에 적극 공감하여 이를 확산하고 활성화하기 위해 범정부 차원의 지원방안으로 '초광역 지원전략'을 마련하였다.

우선 초광역협력 지원기반으로 〈국가균형발전특별법〉과 〈국토기본법〉에 추진근거 등을 마련하였고, SOC사업의 예비타당성조사 대상 기준을 총사업비 기준 500억에서 1000억으로 상향 조정하고, 500억 미만의 초광역협력사업의 경우 지방재정투자심사를 면제하거나 간소화하기로 하였고, 특별지방자치단체 설치에 필요한 소요재원과 시범사업 비용 등을 특별교부세 형태로 지원하는 등 안정적인 재정지원체계를 마련하였다.

이는 초광역협력을 시대적 과제인 국가균형발전을 위한 새로운 틀로 발전시키고자 하는 정부의 의지를 확인하고 천명한 것이다. 이러한 범정부 차원의 지원방안은 광역자치단체뿐만 아니라 기초자치단체도 메가시티 및 초광역협력 전략에 대한 논의를 더욱 활성화하는 계기로 작용할 것이고 새롭고 다양한 전략이나 사업발굴로 이어질 것으로 기대된다. 이를 바탕으로 메가시티나 초광역협력 전략이 성공하는 가시적인 성과가 나온다면 균형발전에 대한 새로운 전략으로 확산되고 우려했던 지역소멸의 위기도 극복하는 전환점이 될 것으로 전망된다.

향후 과제

초광역협력은 지역이 주도하고 정부가 지원하는 전략이다. 따라서 자치단체가 발전전략을 계획하는 등 주도적인 역할을 해야 하기 때문에 메가시티 전략이나 초광역협력을 함께 추진하는 권역 내 구성 자치단체 간 원만한 합의와 강한 추진의지가 요구된다.

참여하는 자치단체는 지역 위기를 극복하고자 하는 공감대 속에 함께 머리를 맞대고 끊임없이 소통하며 조금씩 양보하는 자세가 필요하다. 아울러 권역 내 주민들 간에도 공감대와 참여 의지가 확산되도록 지방정부의 노력이 요구된다.

아울러 초광역협력이 정착되고 광역 생활·경제권이 형성된다면 궁극적으로 광역 시·도의 행정통합도 추진될 것으로 기대한다. 광역자치단체 간 자율적 행정통합 지원을 위한 추진절차, 각종 행·재정적 특례 마련을 위한 법적 기반 구축도 준비하여야 할 것이다.

지방선거제도 개혁
- 지역정당론을 중심으로

문제의 제기

지방선거제도 개선은 지방행정체제 개편과 함께 2018년 발표된 자치분권 종합계획의 6대 전략 가운데 마지막 여섯 번째 전략이었다. 주민의 대표성을 보장하는 선거제도, 지방자치와 교육자치의 원활한 교류·협력을 위한 시·도 교육감 선거방식 재검토 등이 지방선거와 관련한 논쟁거리였지만 이와 같은 과제는 중·장기적 검토대상으로 남겨진 채 아쉽게도 문재인 정부 5년 동안 단 한 차례도 의미 있는 검토와 논의를 진행하지 못하였다.

정치가 국민을 분열시키고 공적 기능을 다하지 못하고 있는 가운데 불신과 혐오의 대상이 된 지 오래되었지만, 여전히 정치의 역할은 중요하다. 특히 지역의 문제를 해결하기 위해서는 지역 정치가 활성화되어야 한다. 지역에서 성장한 풀뿌리 정치인, 자치분권의 사명감으로 주민의 복리증진과 공공의 이익을 최우선에 놓고 활동하는 자치분권 활동가형 지역정치인들이 많이 배출되어야 한다. 지방선거제도 개선과 지역정치 활성화

자치분권 6법 사용설명서

는 이런 관점에서 논의되어야 한다.

대표제와 선거구제

　선거에 있어서 선거구를 어떻게 할 것인가, 하나의 선거구에서 당선인의 수를 몇 사람으로 할 것인가, 1인의 선거인이 몇 명의 후보자에 대해서 투표하도록 할 것인가, 당선인의 결정을 어떻게 할 것인가 등에 따라서 선거의 결과는 현저하게 다르게 된다. 이러한 것이 선거의 대표제 문제이다. 선거의 대표제는 다수대표제, 소수대표제, 비례대표제로 구분할 수 있다.

　다수대표제란 1선거구에 있어서 총 유효투표의 다수를 차지한 후보자를 당선자로 결정하는 제도로서, 이것은 다수파(정당)의 이익을 최대로 보호하는 방법이다. 선거구당 1인만을 선출하는 소선거제에서는 일반적으로 다수대표제가 채택된다.

　소수대표제란 한 선거구에서 2인 이상의 대표를 선출하는 제도이다. 민주정치는 토론의 정치로서, 거기에서는 다수파의 존재도 중요하지만 소수파의 존재도 무시되어서는 안 된다. 따라서 다수파에게는 물론이지만 소수파에게도 역시 그 세력에 따라서 대표자를 선출할 기회를 주려는 것이 소수대표제의 원리이다. 이러한 소수대표제는 한 선거구에서 2인 이상을 선출하는 중·대선거구제를 전제로 할 때 가능한 것이다.

　비례대표제란 다수의 후보자를 보유하는 정당의 존재를 전제로 하여, 선거인의 의사를 당선인의 구성비에 정확히 반영시키고 사표死票를 가능한 한 적게 하기 위하여 일정한 당선점(당선기본수)을 산출하여 그 당선점을 초과한 경우의 표를 다른 정당 또는 다른 후보에 이양하는 기술적 원리를 채택하는 제도이다.

그런데 여기에서 당선기본수란 후보자가 당선인으로 되기에 필요·충분한 최저한도의 득표수를 말하며, 이 당선기본수를 정하는 방법에는 여러 가지가 있으나 일반적으로는 초과득표의 이양방법에 따라서 단순비례대표제와 명부식 비례대표제로 대별된다.

최근 국회 정치개혁특별위원회는 정치혁신 방안의 하나로 대두된 선거제도 개혁의 일환으로 기초지방의원선거에서 중대선거구제를 채택하고 일부 선거구에서 시범적으로 도입하였다.

정당공천과 지방 민주주의

지방선거에서 정당공천은 무엇이 문제인가? 정당공천은 중앙정치의 대리전으로 귀결되기 때문에 정당공천을 배제해야 한다는 주장이 유력하다.[29] 이 주장은 지방의회 의원들이 중앙정당의 지시와 중앙정치의 현안을 기준으로 활동하기 때문에 지역 현안이 덜 중요하게 다루어진다는 평가에 근거한다. 또한 현재의 지방의회는 매번, 그리고 전국적으로 1당과 2당이 의석의 90%를 차지하여 정책 경쟁이 주요 정당 사이의 정쟁에 매몰되고 경쟁이 이루어지지 않는다는 평가도 있다. 지방의회의 일당지배 체제는 많이 발생하는 사례이며, 현재 지역정치 지형도 호남에서 민주당,

---

29) 김범수(2022). <지방민주주의 관점에서 본 전면 개정된 지방자치법의 성과와 과제: 주민자치회, 지방정당, 기관구성의 다양화를 중심으로>, 2022 한국 지방자치학회 동계학술대회 자료집.

영남에서 국민의 힘이 다수를 차지한다. 지방선거에서 지방의 현안을 정책의 대상으로 하여 공정하고 자유로운 경쟁이 없이 중앙정당이 공천한 인물이 당선되는 현실에 대한 비판이 제기되고 있다.

물론 지방선거에서 정당공천으로 인해 지방 현안보다 중앙정치의 현안이 중요하게 다루어지고, 제1당과 제2당의 후보가 지방의회에서 일당지배체제를 형성하는 문제는 극복되어야 한다. 이는 지방선거 정당공천 반대 입장의 논거이고, 지방정치세력의 육성을 위해서도 이러한 입장은 설득력이 있다.

반면에 정당공천을 지방의원선거에서 배제하면 선거와 정치과정에서 정당의 영향력이 보이지 않게 되어 정당효과가 없어지는 것에 대한 우려도 존재한다. 지방의원선거에서 정당공천의 배제는 정치과정을 공개하는 중요한 표시인 정당을 숨기도록 하여 정치과정의 불투명성은 오히려 증가할 수 있다는 것이다. 즉 선거과정과 정치과정에서 정책결정이 자유롭고 경쟁적으로 이루어지고 있는가를 확인하기 어려워지고, 1991~2006년까지 기초지방의회 지방선거는 정당공천이 배제된 시기였는데, 오히려 토호정치가 심각한 문제로 제기된 바 있다는 점 등이 정당공천 배제 신중론의 근거가 되어 왔다.

결국 정당공천의 허용·배제 모두 자치분권의 원칙에 맞지 않고, 지역의 건전한 정치세력의 형성이라는 방향에 부합하지 않게 된다. 따라서 문제의 해법을 지방 민주주의 관점에서 접근할 필요가 있다. 지방자치의 성숙을 위한 근본적인 처방은 지방정치의 활성화에 있다. 지방정치가 중앙정치의 예속물이 아니고, 지역 토호세력의 잔치판이 아닌 지역주민의 손에 온전히 맡겨지면 해결될 수 있다. 지역의 현안을 놓고 지역의 주민대

표들이 경쟁하고 토론하고 합의에 이르는 지역 자율의 정치공간이 주어
질 때 지방민주주의, 주민주권의 민주주의가 꽃필 수 있다. 이러한 취지
에서 지역정당의 허용 필요성이 제기되고 있다.[30]

지역정당론

지방민주주의의 유력한 대안으로 지역정당의 허용을 주장하는 목소
리가 힘을 얻어가고 있다. 지역정당의 허용은 정치학자들에 의해 주장되
기도 하였지만[31], 2000년대 초반 지방자치분권 시민운동세력에 의해 실
천적으로 제기된 바 있다.

이들은 2002년 지방선거에서 전국 광역시·도를 포함 20여 개 지역에
서 지역정당을 창당하려 했지만, 정당법상 지역정당이 허용되지 않는 현
실적 조건[32]에 부딪쳐 '자치연대'라는 무소속 정치단체를 출범시키게 되
었다. 당시 지역정당local-party운동은 제1당과 2당이 영남과 호남을 나눠먹
는 정치분할구도에 항거하여 지역정당을 시도하였지만 정당법의 한계를
현실적으로 충족하지 못하고 합법정당이 되지 못하자, 자치연대를 결성

---

30) 김범수(2022). <지방민주주의 관점에서 본 전면 개정된 지방자치법의 성과와 과제: 주민자치
회, 지방정당, 기관구성의 다양화를 중심으로>, 2022 한국지방자치학회 동계학술대회 자료집.

31) 유재일·정상호(2009). <지방정치에서 정당정치의 위상과 과제>, 한국정치연구, 제19권 제1호.
강원택(2010). <폐쇄적지역 정당구조의 정치개혁: 개방정치를 중심으로>, 한국과 국제정치,
제25권 제1호.

32) 정당법 제3조 정당의 중앙당을 수도에 두어야 할 것, 제17조 "(법정 시·도당 수 관련) 정당은 5
이상의 시·도당을 가져야 한다"는 규정에 의해 지역 주민들로만 구성된 지역정당 창당이 법적
으로 막혀 있음.

하여 전국적으로 300여 명의 단체장, 광역의원, 기초의원 후보를 천거하여 무소속으로 선거전술을 시도했던 움직임이었다. 결국 나주시장을 비롯하여 시·도의원과 시·군·구의원 등 30여 명의 소수의 당선자를 배출하였지만, 풀뿌리자치운동과 시민운동세력이 기성 거대정당에 맞서 정치혁신과 지역민주주의를 표방한 의미 있는 실험으로 자리매김되었다.

지역정당이 가능하려면 시·군·구 단위 혹은 시·도 단위 내에서 정치 결사체를 만들어 지역정당으로 등록하여 정당 활동과 지방선거 후보 공천을 할 수 있는 정당법 개정이 선결요건이다. 기성정당과 지역정당이 자유롭게 지방선거 공간에서 경쟁하게 된다면, 지역정당이 중앙 정당을 이기기 위해 지방 현안에 더욱 집중할 것이고, 이것은 지방현안을 둘러싼 정당 간 정책 경쟁을 활성화할 것이다.

전 세계적으로 지역정당은 보편적인 정당으로 자리 잡고 있다. 지역 정당이 존재하는 국가에서는 정당의 법적 요건으로 정치단체의 선거참여를 규제하고 있지 않다. 일본은 확인단체라는 느슨한 형태의 조건을 제시하고 있다. 독일에서는 정당의 당헌, 정강, 주 지구당의 이사의 명단, 직책 등을 선거관리위원장에게 제출하면, 정당 또는 정치단체의 지위를 인정하고 있다.[33]

지역정당은 전국단위 선거에는 참여하지 않으면서 지방선거에만 참여하는 것을 목적으로 활동한다. 정치적 활동범위를 해당지역으로 한정하고, 해당지역의 주민 등 지역과 이해관계를 같이 하는 주체들이 당원으

---

33) 고선규·이정진(2017). <지역정당 활성화를 위한 제도개선 방안>, 의정논총, 제13권 제1호.

로 참여한다. 다양한 지역적 및 분야별 삶의 욕구가 다원적으로 분출되는 현대사회에서 더욱 활발하게 결성하고 활동하는 정당의 한 형식이다.

지역정당의 허용은 지방선거에서 정책 투명성을 높이고, 정책 생산의 책임성도 높일 수 있다. 마을 비전과 의제, 지방정부 기관구성의 대안 마련을 개인이 하는 것이 아니라 지역정당이 하도록 하여 장기적이고 구조적인 정책 제안을 하게 하고, 제안과 책임을 정당제도로 전화하여 정치적 안정성과 책임성을 높일 수 있다.

자치분권형
헌법개정

들어가며

　현행 헌법은 제8장의 제117조와 제118조 단 2개 조, 4개 항에서 지
방자치에 대하여 규정하고 있는 것이 전부이다. 이것을 근거로 지방자치
제를 실시하고 있기 때문에 자치단체의 자치권이 제대로 보장되고 있지
않아 헌법개정이 필요함은 말할 것도 없다. 1987년 이후 헌법이 개정된
사례는 없지만, 국회에서 헌법 개정과 관련된 위원회들의 활동이 있어왔
다. 2008년에는 국회의장 자문기구로 헌법연구자문위원회를 구성하였었
고, 2014년에는 헌법개정자문위원회를 두었으며, 2016년에 국회에 헌법개
정특별위원회가 구성되어 정부형태, 지방분권, 국민기본권 3가지를 중심
으로 개헌이 논의된 바 있다. 뿐만 아니라 시민단체, 헌법개정을 주로 연
구하는 관련 학회 내 연구모임 등에서 헌법개정을 논의하고 있다. 본 글
에서는 그동안 헌법개정과 관련된 논의들을 비교, 분석하여 정리해보고
2018년 3월 정부안으로 제출되었던 헌법개정안 중 지방자치, 분권과 관
련된 내용들을 중심으로 살펴보고자 한다.

헌법에 규정된 지방자치 관련 조문의 변천사[34]

제1공화국

제1공화국 헌법은 제8장에서 지방자치에 관하여 규정을 두었는데, 제8장은 제96조와 제97조 두 개 조문으로 구성되어 있었다.

제8장　지방자치

제96조 지방자치단체는 법령의 범위 내에서 그 자치에 관한 행정사무와 국가가 위임한 행정사무를 처리하며 재산을 관리한다.

지방자치단체는 법령의 범위 내에서 자치에 관한 규정을 제정할 수 있다.

제97조 지방자치단체의 조직과 운영에 관한 사항은 법률로써 정한다.

지방자치단체에는 각각 의회를 둔다.

지방의회의 조직, 권한과 의원의 선거는 법률로써 정한다.

제1공화국 헌법에서 지방자치에 관한 규정이 두 개 조항에 그친 것이 지금까지 이어져 오고 있다고 볼 수 있다. 제1공화국은 해방 이후 미 군정을 거쳐 혼란기에 헌법을 제정하였던 것으로 많은 부분에서 미흡한 면도 많았고, 또한 헌법과 구체적 법률을 통하여 법치국가를 구현하여야

---

34)　자치분권위원회(2017). <자치분권형 헌법개정 및 후속 입법사항 연구>, 용역보고서

했던 시기라 할 수 있다. 지방자치를 실시하기 위하여 1949년 7월 4일 법률 제32호로 〈지방자치법〉이 제정되어 시행되었다. 이 시기에는 지방자치를 처음으로 실시하여 지방자치가 발아된 시기로 보기도 한다.[35] 그러나 이 시기에 지방자치가 지방자치단체의 자치를 보장하기 위한 것이 아니라 정권유지 차원에서 유리하게 작용하게 하기 위하여 편의적으로 이용되었다고 할 수 있다.

제2공화국

제2공화국 헌법은 제11장에서 지방자치에 관한 규정을 두었다.

제11장   지방자치

제96조 지방자치단체는 법령의 범위 내에서 그 자치에 관한 행정사무와 국가가 위임한 행정사무를 처리하며 재산을 관리한다.

지방자치단체는 법령의 범위 내에서 자치에 관한 규정을 제정할 수 있다.

제97조 ① 지방자치단체의 조직과 운영에 관한 사항은 법률로써 정한다.

② 지방자치단체의 장의 선임방법은 법률로써 정하되 적어도 시·읍·면의 장은 그 주민이 직접 이를 선거한다.

---

[35] 홍정선(2017). <헌법 개정의 방향 - 지방분권을 중심으로 -, '연방제 수준의 자치분권을 위한 헌법적 과제>, 입법정책학회 학술대회 자료집.

③ 지방자치단체에는 각각 의회를 둔다.

④ 지방의회의 조직, 권한과 의원의 선거는 법률로써 정한다.

4.19 시민혁명으로 탄생한 제2공화국은 지방자치제를 본격적으로 실시하고자 하였다. 따라서 헌법 제97조에서 '시·읍·면의 장은 그 주민이 직접 이를 선거한다'라는 규정을 두게 되었다. 이는 제1공화국 헌법에서 지방자치단체의 장에 관한 구체적인 규정이 없어 정권유지를 위하여 이를 악용하였다고 보아 헌법에서 시·읍·면의 장은 주민들이 직접선거로 선출하도록 명시하였던 것이다. 따라서 1960년 11월 〈지방자치법〉을 개정하여 시·도·읍·면에 대한 지방자치를 전면적으로 실시하고자 하였으나, 1961년 5.16 쿠테타에 의하여 지방자치가 제대로 실시되지 못하였다.

제3공화국

제3공화국 헌법은 지방자치에 관하여 제5절에서 규정하였는데, 현행 헌법과 동일한 내용으로 되어 있다. 제3공화국 헌법, 즉 5차 개정헌법의 내용이 지금까지 변화 없이 이어져 오고 있는 것이다.

제5절 지방자치

제109조 ①지방자치단체는 주민의 복리에 관한 사무를 처리하고 재산을 관리하며 법령의 범위 안에서 자치에 관한 규정을 제정할 수 있다.

②지방자치단체의 종류는 법률로 정한다.

제110조 ①지방자치단체에는 의회를 둔다.

②지방의회의 조직·권한·의원선거와 지방자치단체의 장의 선임방법 기타 지방자치단체의 조직과 운영에 관한 사항은 법률로 정한다.

부칙

제7조 ③이 헌법에 의한 최초의 지방의회의 구성시기에 관하여는 법률로 정한다.

제3공화국은 본문 외에 부칙에서 최초 지방의회 구성시기를 법률로 정하도록 하여 지방자치제 실시를 입법자에게 위임한 것으로 볼 수 있다. 그러나 이 시기에 〈지방자치에 관한 임시조치법〉을 제정하여 지방자치는 '자치'가 아닌 '관치'적 성격으로 바뀌었다고 할 수 있다.[36]

제4공화국

제4공화국 헌법은 제3공화국의 헌법 본문의 조문을 그대로 두고 부칙에서만 지방의회의 구성시기를 조국통일 시까지 미루는 것으로 하였다.

제10장 지방자치

제114조 ①지방자치단체는 주민의 복리에 관한 사무를 처리하고 재산을 관

---

36) 권해수(1995: 38). 〈지방자치의 역사와 현대적 교훈〉, 지방자치, 제77권.

리하며 법령의 범위 안에서 자치에 관한 규정을 제정할 수 있다.

②지방자치단체의 종류는 법률로 정한다.

제115조 ①지방자치단체에는 의회를 둔다.

②지방의회의 조직·권한·의원선거와 지방자치단체의 장의 선임 방법 기타 지방자치단체의 조직과 운영에 관한 사항은 법률로 정한다.

부칙

제10조 이 헌법에 의한 지방의회는 조국통일이 이루어질 때까지 구성하지 아니한다.

이 시기는 지방자치와 관련하여 제3공화국과 별 차이 없이 암흑기라 할 수 있다. 제3공화국 헌법은 지방자치제의 실시시기를 입법자에게 위임하였다면 제4공화국은 조국통일 시까지 미루었다는 점에서 차이가 있다.

제5공화국

제5공화국 헌법도 제3공화국 헌법 및 제4공화국 헌법과 동일한 내용으로 되어 있고, 부칙에서 지방의회의 구성 시기를 입법자에게 위임하고 있는데, 다만 지방자치단체의 재정자립도를 감안하여 순차적으로 구성하도록 하였다.

제8장 지방자치

제118조 ①지방자치단체는 주민의 복리에 관한 사무를 처리하고 재산을 관

리하며, 법령의 범위 안에서 자치에 관한 규정을 제정할 수 있다.

②지방자치단체의 종류는 법률로 정한다.

제119조 ①지방자치단체에 의회를 둔다.

②지방의회의 조직·권한·의원선거와 지방자치단체의 장의 선임방
법 기타 지방자치단체의 조직과 운영에 관한 사항은 법률로 정한다.

부칙

제10조 이 헌법에 의한 지방의회는 지방자치단체의 재정자립도를 감안하
여 순차적으로 구성하되, 그 구성 시기는 법률로 정한다.

제5공화국에서도 〈지방자치에 관한 임시조치법〉을 통하여 지방자치
제를 실시하지 않아서 암흑기의 연장선에 있다고 할 수 있다.

현행 헌법

현행 헌법은 6.10항쟁의 결과로 나타난 만큼 지방자치제에 관한 강한
의지가 있었다고 볼 수 있다. 다만 헌법 본문은 제3공화국 헌법과 제4공
화국 헌법 및 제5공화국 헌법과 동일한 내용으로 되어 있으나, 제3공화국
헌법이나 제4공화국 헌법 및 제5공화국 헌법에서와 마찬가지의 부칙 규
정을 둘 수 없었다.

제8장 지방자치

제117조 ①지방자치단체는 주민의 복리에 관한 사무를 처리하고 재산을 관

리하며, 법령의 범위 안에서 자치에 관한 규정을 제정할 수 있다.

②지방자치단체의 종류는 법률로 정한다.

제118조 ①지방자치단체에 의회를 둔다.

②지방의회의 조직·권한·의원선거와 지방자치단체의 장의 선임방

법 기타 지방자치단체의 조직과 운영에 관한 사항은 법률로 정한다.

종합

과거 우리 헌법이 지방자치에 관하여 어떻게 규정하고 있었는지를 살

펴보면 다음의 표와 같다.

<표 22> 지방자치 관련 헌법 조문의 변천

	첫 번째 조문	두 번째 조문
제1 공화국	제96조 지방자치단체는 법령의 범위 내에서 그 자치에 관한 행정사무와 국가가 위임한 행정사무를 처리하며 재산을 관리한다. 지방자치단체는 법령의 범위 내에서 자치에 관한 규정을 제정할 수 있다.	제97조 지방자치단체의 조직과 운영에 관한 사항은 법률로써 정한다. 지방자치단체에는 각각 의회를 둔다. 지방의회의 조직, 권한과 의원의 선거는 법률로써 정한다.
제2 공화국	제96조 지방자치단체는 법령의 범위 내에서 그 자치에 관한 행정사무와 국가가 위임한 행정사무를 처리하며 재산을 관리한다. 지방자치단체는 법령의 범위 내에서 자치에 관한 규정을 제정할 수 있다.	제97조 ①지방자치단체의 조직과 운영에 관한 사항은 법률로써 정한다. ②지방자치단체의 장의 선임방법은 법률로써 정하되 적어도 시, 읍, 면의 장은 그 주민이 직접 이를 선거한다. ③지방자치단체에는 각각 의회를 둔다. ④지방의회의 조직, 권한과 의원의 선거는 법률로써 정한다.
제3 공화국	제109조 ①지방자치단체는 주민의 복리에 관한 사무를 처리하고 재산을 관리하며 법령의 범위 안에서 자치에 관한 규정을 제정할 수 있다. ②지방자치단체의 종류는 법률로 정한다.	제110조 ①지방자치단체에는 의회를 둔다. ②지방의회의 조직·권한·의원선거와 지방자치단체의 장의 선임방법 기타 지방자치단체의 조직과 운영에 관한 사항은 법률로 정한다. <부칙> 제7조 ③이 헌법에 의한 최초의 지방의회의 구성시기에 관하여는 법률로 정한다

제4 공화국	제114조 ①지방자치단체는 주민의 복리에 관한 사무를 처리하고 재산을 관리하며 법령의 범위 안에서 자치에 관한 규정을 제정할 수 있다. ②지방자치단체의 종류는 법률로 정한다.	제115조 ①지방자치단체에는 의회를 둔다. ②지방의회의 조직·권한·의원선거와 지방자치단체의 장의 선임방법 기타 지방자치단체의 조직과 운영에 관한 사항은 법률로 정한다. <부칙> 제10조 이 헌법에 의한 지방의회는 조국통일이 이루어질 때까지 구성하지 아니한다.
제5 공화국	제118조 ①지방자치단체는 주민의 복리에 관한 사무를 처리하고 재산을 관리하며, 법령의 범위 안에서 자치에 관한 규정을 제정할 수 있다. ②지방자치단체의 종류는 법률로 정한다.	제119조 ①지방지치단체에 의회를 둔다. ②지방의회의 조직·권한·의원선거와 지방자치단체의 장의 선임방법 기타 지방자치단체의 조직과 운영에 관한 사항은 법률로 정한다. <부칙> 제10조 이 헌법에 의한 지방의회는 지방자치단체의 재정자립도를 감안하여 순차적으로 구성하되, 그 구성 시기는 법률로 정한다.
현행	제117조 ①지방자치단체는 주민의 복리에 관한 사무를 처리하고 재산을 관리하며, 법령의 범위 안에서 자치에 관한 규정을 제정할 수 있다. ②지방자치단체의 종류는 법률로 정한다.	제118조 ①지방자치단체에 의회를 둔다. ②지방의회의 조직·권한·의원선거와 지방자치단체의 장의 선임방법 기타 지방자치단체의 조직과 운영에 관한 사항은 법률로 정한다.

2018년, 대통령발의 헌법개정안

2018년 3월 26일에 발의된 헌법개정안은 권력구조 개편과 자치분권을 위한 내용이 주를 이루었다. 개헌안 내용 중에서 자치분권과 관련된 조항과 그 의미를 살펴보고자 한다. 먼저 헌법 전문에 자치와 분권의 강화와 지역 간 균형발전 도모를 명시하였다. 또한 헌법 제1조 제3항에 '대한민국은 지방분권 국가를 지향한다'는 조항을 추가하여 대한민국 국가운영의 기본방향이 지방분권에 있음을 분명히 하였다. 이것은 향후 입법과 정부정책에 강력한 영향을 미칠 수밖에 없다는 점에서 큰 진전이라고 볼 수 있다. 지방자치제도의 용어도 명확하게 개선하였다. 먼저 지방자치단체는 지방정부로, 지방자치단체의 집행기관은 지방행정부로 지방세는 자치세로 개정하기로 하였다. 지방의회와 조례 용어는 현재와 같이 사용하기로 하였다. 이러한 명칭 변경은 중앙과 지방이 종속적·수직적 관계가 아닌 독자적·수평적 관계라는 것이 분명히 드러날 수 있도록 한 것이다.

자치조직권 측면에서는 지방의회 구성방법, 지방행정부 유형, 지방행정부의 장의 선임방법 등 지방정부의 조직 구성과 운영에 관한 기본적인 사항은 법률로, 구체적 내용은 조례로 정할 수 있도록 하였다. 자치입법권을 강화하여 현행 '법령의 범위 안에서'를 '법률에 위반되지 않는 범위에서'로 개정하고자 하였는데, 이것은 법령에서 정하고 있지 않은 사항도 조례로 정할 수 있도록 하여 자치입법권을 보다 폭넓게 보장되도록 한 것이다. 다만 주민 권리제한·의무부과는 법률의 위임이 있는 경우에만 조례로 정하도록 하여 주민의 기본권이 침해되지 않도록 하였다.

자치행정권 차원에서는 국가와 지방정부 간, 지방정부 상호 간 사무의 배분은 주민에게 가까운 지방정부가 우선하는 원칙에 따라 법률로 정하도록 하는 보충성의 원칙을 명시하였다. 자치재정권 측면에서는 자치사무 수행에 필요한 경비는 지방정부가 부담하고, 국가 또는 다른 지방정부의 위임사무 집행에 필요한 비용은 국가 또는 다른 지방정부가 부담하는 내용의 조항을 신설하였다.

지방세 조례주의를 도입하여 법률에 위반되지 않는 범위에서 자치세의 종목, 세율, 징수방법 등을 조례로 제정할 수 있도록 하였다. 자치재정권의 보장이 지방재정을 악화시키거나 지역 간 재정격차 확대를 초래하지 않도록 재정조정제도 명시하여, 국가와 자치단체, 자치단체 상호 간의 재정조정에 대한 헌법적 근거를 마련하고자 하였다.

　무엇보다도 주민참여를 강화하여 주민들이 직접 자치단체의 부패와 독주를 견제할 수 있도록 하였는데, 실질적 지방민주주의 실현을 위해 자치단체의 자치권이 주민으로부터 나온다는 것을 명시하였다. 또 주민이 지방정부를 조직하고 운영하는 데 참여할 권리를 명확히 하는 한편, 현행 법률상 권리로 보장되었던 주민발안, 주민투표, 주민소환제도의 대상 및 요건 등 기본적인 사항은 법률로, 구체적인 내용은 조례로 정하도록 하였다. 특히 국회의원 소환제, 법률안 국민발안제의 도입 근거를 마련한 것도 인상적이다.

　국가자치분권회의를 신설하여 중앙과 지방 간의 소통과 협력체계를 구축하고, 지방의 실질적 국정참여를 확대하고, 입법과정에서 지방의 의견이 반영될 수 있도록 지방자치와 관련된 법률안에 대해서 국회의장이 지방정부에 그 법률안을 통보하고, 자치단체가 이에 대한 의견을 제시할 수 있도록 하였다.

<표 23> 2018년 대통령발의 헌법개정(안)

전문

……**자치와 분권을 강화**하고, 자율과 조화를 바탕으로 자유민주적 기본질서를 더욱 확고히 하여 정치·경제·사회·문화의 모든 영역에서 개개인의 기회를 균등히 하고, 능력을 최고도로 발휘하게 하며, 자유와 권리에 따르는 책임과 의무를 완수하게 하여, 안으로는 국민생활의 균등한 향상과 **지역 간 균형발전을 도모**하고…….

제1조 ①대한민국은 민주공화국이다.
②대한민국의 주권은 국민에게 있고, 모든 권력은 국민으로부터 나온다.

③대한민국은 지방분권국가를 지향한다.

제9장 지방자치

제121조 ①지방정부의 자치권은 주민으로부터 나온다. 주민은 지방정부를 조직하고 운영하는 데 참여할 권리를 가진다.

②지방정부의 종류와 구역 등 지방정부에 관한 주요 사항은 법률로 정한다.

③주민발안, 주민투표 및 주민소환에 관하여 그 대상, 요건 등 기본적인 사항은 법률로 정하고, 구체적인 내용은 조례로 정한다.

④국가와 지방정부 간, 지방정부 상호 간 사무의 배분은 주민에게 가까운 지방정부가 우선한다는 원칙에 따라 법률로 정한다.

제122조 ①지방정부에 주민이 보통·평등·직접·비밀 선거로 구성하는 지방의회를 둔다.

②지방의회의 구성 방법, 지방행정부의 유형, 지방행정부의 장의 선임 방법 등 지방정부의 조직과 운영에 관한 기본적인 사항은 법률로 정하고, 구체적인 내용은 조례로 정한다.

제123조 ①지방의회는 법률에 위반되지 않는 범위에서 주민의 자치와 복리에 필요한 사항에 관하여 조례를 제정할 수 있다. 다만, 권리를 제한하거나 의무를 부과하는 경우 법률의 위임이 있어야 한다.

②지방행정부의 장은 법률 또는 조례를 집행하기 위하여 필요한 사항과 법률 또는 조례에서 구체적으로 범위를 정하여 위임받은 사항에 관하여 자치규칙을 정할 수 있다.

제124조 ①지방정부는 자치사무의 수행에 필요한 경비를 스스로 부담한다. 국가 또는 다른 지방정부가 위임한 사무를 집행하는 경우 그 비용은 위임하는 국가 또는 다른 지방정부가 부담한다.

②지방의회는 법률에 위반되지 않는 범위에서 자치세의 종목과 세율, 징수 방법 등에 관한 조례를 제정할 수 있다.

③조세로 조성된 재원은 국가와 지방정부의 사무 부담 범위에 부합하게 배분해야 한다.

④국가와 지방정부 간, 지방정부 상호 간에 법률로 정하는 바에 따라 적정한 재정조정을 시행한다.

자치분권형 헌법개정의 방향

헌법은 최상위의 법으로 헌법에 담긴 이념에 따라 법률이 제정되어야 하며, 법률의 내용이 헌법에 위배되어서는 안 된다. 따라서 헌법에 지방분권의 내용이 명확하게 담기면 지방자치법은 물론 관련되는 모든 법령의 내용에 영향을 미치게 된다. 지방분권의 실현을 위해서는 먼저 헌법 전문과 제1조에 지방분권 국가임을 명시할 필요가 있다. 또한 중앙과 지방이 대등한, 수평적 관계임을 명확하게 하기 위해 지방자치단체를 지방정부로 개칭해야 하고, 지방정부의 위상과 그 역할에 걸맞게 입법권, 재정권, 조직·행정권이 보장되어야 함은 말할 것도 없다. 지방정부의 자치권이 주민으로부터 나온다는 것을 명시하고 주민참여를 헌법으로 보장할 필요가 있다. 지역대표형 상원제 도입도 검토하여 입법 과정에서 지방의견이 반영될 수 있도록 해야 한다. 이와 같은 내용은 지방분권 실현을 위한 주요 헌법 개정사항으로 헌법을 개정하기 위해서는 국민투표를 거쳐야 하므로 대다수 국민들의 동의를 얻어야 하기 때문에 헌법에 담아야 하는 지방분권의 내용과 그 보장 수준에 대해서도 심도 깊은 논의와 고민이 필요하다 하겠다.

지역소멸위험과
자치·분권적 해법 모색

문제의 제기

2022년 3월말 현재 전국 226개 시·군·구 중 '소멸 고위험 지역'이 36 곳에 이르는 것으로 나타났다. 지난해에는 23곳이었는데, 1년 새 50% 가량 급증했다. 이상호 한국고용정보원 부연구위원이 '소멸위험지수'로 분석한 결과다. 이러한 지역 소멸의 위기는 수도권보다는 비수도권에서 더욱 심각하게 나타나고 있고, 비수도권에서도 대도시지역보다 도 지역에서 더욱 심각한 위기를 보여주고 있다. 특히 비수도권 농촌 지역의 인구소멸 위기가 심각하다.

지역소멸에 대한 경계감이 높아지고 다각도의 대책들이 나오고 있지만, 지역소멸의 원인이 주로 지역 불균형에 연유하다 보니 지역균형발전 차원의 대책들이 주로 강구된다. 그러나 인구감소의 위기는 결국 우리나라 지방자치의 구조에도 큰 변화를 몰고 올 것이라는 점에서 주민자치나 지방분권 차원에서도 대책마련이 시급하다. 이하에서 지역소멸위험의 실태를 살펴보고, 자치·분권적 해법에 대해 모색해 본다.

지역소멸위험 실태와 원인

소멸위험지역은 지역 내 20~39세 여성 인구를 65세 이상 전체 인구로 나눈 값인 소멸위험지수로 분류한다. 이 지수가 0.2 미만이면 '소멸 고위험' 지역, 0.2~0.5이면 '소멸위험'지역으로 분류된다. 즉 0.5 미만이면 노인 인구가 가임여성 인구보다 2배 이상 많아 인구가 감소할 가능성이 커진다고 보는 것이다. 한국고용정보원 자료에 따르면 2022년 현재 전국 시·군·구 226개 중 절반인 113곳이 '소멸 위험'지역이라고 한다.[37] 이 조사에 따른 소멸위험지역은 2015년 80곳, 2020년 102곳이었다. 지역 소멸의 위기가 점차 가시화하고 있음을 보여준다.

고용정보원은 최근 지방 소멸위험의 주요 원인으로 '제조업 쇠퇴'를 꼽았다. 올해 소멸위험지역으로 편입된 통영시와 군산시는 자동차와 조선업 불황의 직격탄을 맞은 곳이다. 전통 산업도시의 제조업 취업자 감소가 지방 소멸 위기로 이어지고 있는 것이다.

지방 소멸의 원인을 조금 더 들여다보면 고령화가 빠르게 진행되는 상황에서 수도권이 젊은 인구를 '블랙홀'처럼 빨아들이는 것이 문제의 근원이다. 지방의 젊은 인구가 대규모로 유출되는 데에는 두 차례의 계기가 있는데 대학 입학과 취업이 그것이다. 출산율이 수도권보다는 상대적으로 높은 비수도권이 소멸위험에 노출되어 가는 원인이다. 그동안 '소멸 위험' 지역이 주로 농·산·어촌 군 지역이지만, 수도권 집중이 날로 심화하면 지방 중소도시들도 차례로 소멸 위기에 놓일 것이다. 실제로 올해 소

---

37)　고용정보원(2022). <2022년 소멸위험지역 분석>, 지역산업과 고용.

멸위험지역으로 분류된 주요 시·군에는 경남 통영, 경기 포천, 강원 속초, 전남 여수, 전북 군산 등 중간도시들이 대거 포함되었다.

소멸을 막으려면 지방이 젊은이들이 살 만한 곳이 되어야 한다. 무엇보다 일자리가 중요하다. 공공기관 2차 이전을 서두르고 지역 인재 채용 비율을 늘려야 한다. 젊은 층의 선호도가 높은 고부가 산업, 디지털 산업이 지역에 자리 잡을 수 있도록 행정·재정적 지원을 강화할 필요도 있다. 주거·보육·문화 인프라를 조성해 정주 여건을 획기적으로 개선해야 함은 물론이다. 다만 이러한 대응방안은 그동안 주로 추진되고 있는 지역균형발전 차원의 논의이고, 이하에서는 자치분권과 지방행정차원의 대응방안을 살펴보고자 한다.

지역소멸 대응방안

소멸위험도시 특례시·군·구 지정

전부개정 지방자치법에 도입된 특례시는 인구 100만 이상 특례시뿐만 아니라 인구 100만 미만의 지방소멸 위기에 빠진 기초지자체도 정해진 요건에 따라 행안부장관의 승인을 거쳐 특례시로 지정될 수 있다고 규정되어 있다. 이로 인해 '특례시'는 지역 맞춤형 분권의 새로운 모델이라고도 평가된다. 맞춤형 분권은 차등적 분권의 확대로 볼 수 있는데, 차등분권은 1999년에 제정된 "중앙행정권한의 지방이양촉진 등에 관한 법률"에 "이양 사무를 확정함에 있어 지방자치단체의 규모와 능력, 여건 및 사무의 개별적 특성에 따라 차등을 둘 수 있다"고 처음으로 규정지었다. 그 이후 2008년에 제정된 "지방분권촉진에 관한 법률"과 2013년에 제정된 "지방분권 및 지방행정체제개편에 관한 특별법"에 같은 취지의 규정이 이어져 오고 있다. 이에 따라 특례시의 지리적, 행·재정적 여건에 따라 실질적인 지방분권이 실현될 수 있도록 지역실정에 부합한 권한이양 등이 이루어질 수 있지만 차등분권을 위한 보다 세밀한 제도화가 추진되지는 못하고 있다.[38]

다만 2022년 시행된 전부개정 지방자치법에 대도시 특례조항이 포함되고, 인구 100만 이상 대도시에 특례명칭부여뿐만 아니라 100만 미만 도시도 정해진 요건과 절차에 따라 지정특례시가 될 수 있는 길이 열려 있다.

기관구성 다양화

지방자치단체의 기관구성은 지방자치단체의 정책결정 및 집행과정의 기본구조를 결정하는 것으로 지방자치단체의 운영성과에 매우 커다란 영향을 끼친다. 특히 주민에 대한 책임문제와 직결되어 주민의 지방자치단체에 대한 만족도를 좌우하는 핵심변수라고 할 수 있다.

기존 지방자치법상으로는 모든 유형의 지방자치단체의 기관구성은 의결기관과 집행기관의 대립형을 취하고 있지만, 새로운 지방자치법하에서는 기관구성방식을 주민들이 선택할 수 있도록 되어 있는 바, 기관통합형, 위원회형 등 다양한 유형의 기관구성이 가능하다.

따라서 인구가 빠르게 감소하는 소규모 지방자치단체에서는 의회-

---

38) 지방자치법 제198조(대도시 등에 대한 특례인정) 제②항 제2호. 실질적인 행정수요, 국가균형발전 및 지방소멸위기 등을 고려하여 대통령령으로 정하는 기준과 절차에 따라 행정안전부장관이 지정하는 시·군·구.

책임행정관형의 통합형 기관구성도 도입해 볼 수 있다. 기관통합형에서는 입법권을 비롯하여 지방자치단체(장)에게 부여된 모든 권한과 책임이 지방의회에 귀속되고 의회 의장이 자치단체장을 겸임하게 된다. 지방의회는 책임행정관을 최고 행정책임자로 선임하여 지방자치단체의 운영과 관련한 일체의 책임과 권한을 부여한다. 이는 기업처럼 주주(주민)가 이사회(의회)를 선출하고 이사회에서 최고경영자(책임행정관)를 선임하는 방식과 흡사하다. 이러한 기관통합형 기관구성은 정치적 성격이 약하고 행정적 성격이 강한 경우, 행정수요가 복잡하지 않고 단순한 경우, 재정력이 낮은 경우에 적용하는 것이 적합할 것이다.[39)]

교육자치·일반자치 통합

지방자치의 완성도를 높이고 주민중심의 종합행정을 가능하게 하기 위해서는 '자치경찰제'를 실시한 것에 이어 이론적으로는 '교육자치'도 지방자치단체의 일반자치권 범주로 포함될 필요가 있다. 인구규모가 작은 시·군·구의 경우 시·군·구 지방자치단체와 시·군·구 교육지원청이 별도로 존재함으로써 예산 집행의 비효율성이 초래되고, 맞춤형 자치행정의 효용 극대화를 이루기 어렵다.

학령인구감소로 인해 시·군·구 기초행정구역 소재 학교들의 폐교 및 통폐합이 늘어나고 있고, 이에 따라 지방교육재정교부금의 미사용 잉여분이 늘어나고 있다. 교육자치와 일반자치의 연계·협력 시도를 통한 협치

---

39) 홍준현(2022). <자치분권의 미래비전과 추진전략>, 문재인정부의 자치분권: 성과의 의의. 자치분권위원회.

기반이 성숙되어가고 있는 추세를 반영하여 실질적인 통합이 이루어질 필요가 있다. 이는 인구 과소 지방자치단체의 재정기반 강화에도 기여할 것이다.

지역소멸대응기금 및 지역상생발전기금 확충

지역소멸대응기금은 국가적 과제인 지역소멸문제 해결을 위해 중앙 정부에서 매년 1조 원을 지원하는 것으로 2단계 재정분권방안에 포함되어 2022년부터 시행하고 있다. 지역소멸대응기금의 존속기한은 10년으로 설정하되 성과 등을 평가 후 연장 여부를 검토하도록 되어 있다. 동 기금 재원은 지역소멸지수·낙후도 등을 고려해 광역-기초 간 '2.5 : 7.5'의 비율로 배분하도록 결정되었다.

지역상생발전기금은 수도권과 비수도권 간의 재정격차를 완화하기 위한 수평적 재정조정장치로 고안되었다. 지역상생발전기금은 지역균형발전을 위해 2010년 지방소비세 도입과 함께 신설되었다. 경기·인천·서울 등 수도권 지방소비세 35%를 지방에 배분하는 제도이다. 1단계 재정분권으로 지방소비세 세율이 2018년 11%에서 2020년까지 21%로 10%p 상향되어 지방세수가 8.5조 원 규모로 확충되었지만, 인구가 많은 수도권에 비해 비수도권의 소비세수는 상대적으로 열악한 비수도권 지방의 처지를 고려하여 상생발전기금제도의 연장과 확대, 배분비율 재조정, 관리주체(현재 행안부장관) 논란이 계속되어 오고 있다.

인구감소도시가 주로 농촌지역의 기초자치단체라는 점에서 농어촌지역 소멸위기에 대응하기 위해서는 지역상생발전기금의 개선 입법이 필요하다.

주민자치 실질화로 마을공동체 복원

주민자치회는 마을의 자치공동체로서 마을주민들의 자부심과 긍지를 높이고, 도·농 간 교류 및 인구밀집도시의 혼잡함을 떠나 전원도시로의 진입을 촉진하는 마을공동체 회복 프로그램으로서의 기능도 주목받고 있다. 교육자치와 일반자치의 연계 협력에 의한 교육혁신지구 사업에도 도시와 농촌마을의 상생프로그램이 지속적으로 발굴되고 있다. 주민자치가 실질화되면 작은 소도시 지역에도 인구가 증가하고 복지와 경제가 활성화되는 선순환구조가 마련될 수 있을 것으로 기대된다.

관련 입법 현황을 보면, 현재 국회에 계류 중인 마을공동체지원법안으로 △진선미 의원이 대표발의한 '마을공동체기본법안' △서영교 의원의 '마을공동체 및 지역사회혁신 활성화 기본법안' △이해식 의원의 '마을공동체 활성화 기본법안' 등이 있다. 입법론적으로 보면 이들 법안에서 마을공동체와 주민자치회와의 관계설정이 보다 세밀하게 고려되어야 할 필요가 있다.

복수주소제 도입

지금까지 주민은 자신의 주민등록에 따라 하나의 지방자치단체의 구성원으로만 존재하였다. 이는 법적으로 주소는 주민등록에 기재된 하나의 고정된 주소만을 의미하는 것으로 해석되고 있는 주소 단수주의를 전제로 하고 있기 때문이다. 그러나 주민의 활동범위는 점점 더 확대되고 있고 이에 따라 주민은 하나의 지방자치단체에만 국한되는 것이 아니라 다양한 지리적 공간에서 일상적으로 활동하게 되었다. 이미 주간활동 공간과 야간정주의 공간이 서로 다른 행정구역에 속해 있는 경우가 흔한 일이 되었고, 더 나아가 주중과 주말의 활동 공간이 서로 나른 행정구역에 속하는 경우도 많아지고 있다. 결국 주민은 자신이 받는 행정서비스가 하나의 지방자치단체로부터 오는 것이 아니라 복수의 지방자치단체로부터 오는 경우가 흔해진 것이다. 이러한 변화는 공급자인 지방자치단체 중심의 자치가 아니라 수요자인 주민 중심의 자치로 전환되어야 함을 시사하는 것이고, 이 경우 관할 구역 간에 주민의 공공서비스에 대한 선택권이 발생하고, 공공서비스에 대한 관할구역 독점은 해체되고, 지방정부 간 공공서비스 공급의 경쟁체제로 돌입하게 됨을 의미하는 것이다. 보다 궁극적으로는 지금까지 유지되어 왔던 단일 주소제가 복수주소제(또는 이중주소제)로 전환되어 주민이 복수의 행정구역을 선택함으로써, 배타적으로 등록되는 것이 아니라 지방자치단체 간에 공유될 수 있고, 지방공공서비스를 기반으로 주민 유치의 경쟁체제로 나아갈 수 있을 것이다.[40]

인구 감소로 소멸위기에 있는 시·군·구에 복수주소제를 적용하면 직장 중심의 생활공동체에 더하여 여가중심의 문화공동체가 공존하며 삶의 질을 높일 수 있고, 이에 따라 출향인사 등의 고향주소 갖기 운동이 일어나고, 지역인구증가와 도농교류 촉진을 통한 지역경제 활성화에도 일조할 수 있을 것이다. 한편 일본의 사례를 원용하여 관계인구[41] 개념을 도입하자는 방안도 거론되고 있다.

---

40) 홍준현(2022). <자치분권의 미래비전과 추진전략>, 문재인정부의 자치분권: 성과와 의의. 자치분권위원회.

41) 우리와 똑같은 문제를 겪고 있는 일본의 경우, '관계인구' 개념을 고안해 지역의 인구소멸문제를 어느 정도 보완하고 있다. 관계인구란 그 지역에 정착해서 살지 않더라도 그 지역의 농산물을 소비하거나 때때로 방문해서 놀거나 쉬다 가는 인구를 말한다.

입법과제

지역소멸 위기에 대응하기 위해 21대 국회에서 제출된 법률안을 보면, 22년 4월말 현재 '인구소멸위기지역지원 특별법(서삼석 의원, '21. 6. 1.)을 시작으로 '지방소멸위기 대응 특별법'(서일준 의원, '21. 12. 7.)까지 총 10건이 발의되었다.

주요내용을 살펴보면 첫째, 지역 인구소멸 대응 기본계획을 수립하고, 인구감소율, 연령·성별 인구비율, 재정여건 등을 반영하여 각 법안에서 설치하고자 하는 국무총리/대통령 소속 위원회의 심의를 거쳐 행안부장관, 국가전략계획 수립권자가 지정하는 소멸위기지역 지정 셋째, 소멸위기 지역 추진기구로 대통령 소속 위원회 설치, 넷째, 위기지역 지원 및 특례를 도입하고 특별회계 및 재원지원 대책을 마련하는 것으로 되어 있다.

뿐만 아니라 지역소멸위기특별지역에 대한 각종 세제지원과 정주지원, 이전기업에 대한 포괄적인 세제 혜택, 지역거점 의료기관의 지정과 지원, 교육시설 이전지원, 보조금과 지방교부세 교부 등에 대한 특례 및 규제 완화 등을 규정하여 개인과 기업 등이 지방소멸위기지역으로 이전하게 할 만한 현실적인 유인책을 마련하고 있다.

다만 입법 보완이 필요한 부분도 있는데, 법안에서는 수도권과 비수도권지역으로 대별하고 있는데 군사시설보호지역이 많은 접경지역 시·군의 경우 수도권정비계획법과 군사기지 및 군사시설보호법에 따라 특별한 희생을 감내하고 있는 등, 비수도권 자치단체보다 더 나은 것이 없는 처지를 도외시하고 있다는 불만이 대두되고 있다.

발의된 10개의 법률안들은 현재 여·야 이견 없이 행정안전위원장 대안으로 상임위를 통과하여 국회 본회의 통과를 눈앞에 두고 있다. 조속한 입법으로 관련 추진기구 구성 및 종합계획 수립 및 시행으로 지역소멸위기 대응에 속도가 붙기를 기대한다.[42]

---

42)   지역소멸위기 대응관련 총10개의 법률안은 인구감소지역 지원 특별법안(행정안전위원장 대안)으로 병합되어, 2022년 5월 29일 국회 본회의를 통과하였다.

자치분권은 멈출 수 없는 시대적 과제

이상걸 | 대통령소속 자치분권위원회 소통협력담당관

"연방제에 버금가는 분권국가를 건설하겠습니다."

이 한 문장에 벅찬 가슴 안고 서울 길에 올랐다. 대통령소속 자치분권위원회 전문위원이자 부서장의 직책을 받고 임기가 시작되었다. "'어공' ○○○입니다. 열심히 하겠습니다." 인생 2막이라 생각하고 자치분권에 헌신하자고 다짐하였다.

1991년, 30년 만에 지방자치가 부활하여 지방의회 선거가 실시되기 몇 해 전쯤부터 '주민자치운동'이라는 새로운 시민운동 '장르'가 대두되고 있던 가운데, 1987년 6월항쟁 이후 지역청년운동에 몸담았던 사람들과 함께 정말 '뭣도 모르는' 주민자치운동에 필이 꽂혀 뛰어다니던 시절이 첫 번째 나의 자치운동 시즌1이었다.

그로부터 10여 년 후인 2000년, 밀레니엄 개막과 함께 '모든 새로운 가치는 변방으로부터'를 모토로 지방자치 개혁운동에 나섰던 시절이 시즌2였다. 그해 11월 말 전국에서 1천여 명의 지역운동가들이 계룡산에 모였다. 우리는 거대 양당의 독과점 정치체제를 혁파하고 지역운동에 기초

한 정치분권화를 주창하였다. 마침내 2002년 6월 지방선거에 '자치연대'라는 무소속 정치단체의 깃발 아래 모인 전국의 300여 명의 분권·자치 운동가들이 지방선거에 출마하였고, 비록 그중 10% 남짓만이 제도권 진입에 성공하였지만, 지방정치 현장에 새로운 바람을 일으키기에 충분하였다. 이 바람은 2002년 '노풍'의 한 축을 이루었고, 노무현 대통령의 자치분권과 균형발전국가의 꿈과 함께하였다. 그러나 이러한 꿈은 성공하지 못한 미완의 개혁에 그치고 말았다.

그로부터 10여 년 뒤 2017년, 촛불혁명의 염원을 받아 안고 출범한 문재인 정부의 '연방제 수준의 분권국가 건설'은 이러한 흐름을 이어받은 상징적 '슬로건'이었지만, 구체적 청사진과 강력한 실행력이 뒷받침되지 못한 '레토릭'으로 마감되고 말았다. 또다시 꿈이 무너진 전국의 지역 운동가들의 실망과 좌절감은 컸다. 문재인 정부의 자치분권 정책과정을 처음부터 끝까지 참여하고 지켜봐 온 실무자로서 그들의 실망감에 유구무언일 따름이다.

정치는 '가치의 권위적 배분'이라 하였는데 오늘날 정치과정은 '이익의 권위적 배분'에 다름 아닌 꼴이 되었다는 비판에 직면하게 되었다. 분권과 자치 역시 합리적 정책과정이 아니라 이익분배 참여자들의 도마질에 놓인 생선이 되었다. 이상적인 꿈과 당위론만으로 중앙과 지방의 다양한 이해관계자의 요구, 입법부의 이익분배구조의 거대한 벽을 타고 넘는 것은 쉽지 않은 일이기에 자치분권의 제도화는 지난한 일일 수밖에 없음을 절감하였다. 최고정책결정권자의 강력하고 지속적인 의지와 관심이 유일한 추진동력일진대 그마저 충분히 견인하지 못했다.

그렇지만 21대 국회의 변화된 입법 환경에서 기적적으로 제도화의 성과물이 생겨났다. 다행히 자치분권관련 영역에서는 여·야 간, 진영 간 날선 대립이 아니라 대화와 타협의 정신이 살아 있었다. 20대 말미에 국회문턱을 넘은 제1차지방일괄이양법, 그리고 21대 국회 들어서 32년 만의 전부개정 지방자치법과 최초의 자치경찰제 도입법안이 상임위 단계에서부터 수많은 질의와 답변·토론과 합의를 거쳐 자치분권 새 시대를 예비하더니, 주민조례발안법·중앙지방협력회의법, 그리고 법안의 무덤이라 불리던 '법사위'에서 기약조차 없이 지난한 공방만 난무하던 고향사랑기부금법까지, 산고 끝에 옥동자를 낳았다. 우리는 이를 '자치분권 6법'이라 불렀다. '6법'은 제2기 자치분권위원회의 입법적 성과창출목표로 설정된 바 있고, 지방4단체, 분권운동 제단체, 지역언론 및 지방자치를 염원하는 국민이 함께 만든 성과임이 틀림없다.

'6법'은 지방자치 부활 30여 년 만에 지방자치 현장에 큰 변화를 불러오고 있다. 주민참여 여건이 개선되고 지방정부의 권한과 역량이 크게 신장되었다. 주민자치회·주민총회·주민투표에 대한 관심과 참여가 늘고 있다. 참여연령이 18세로 낮아짐에 따라 주권자 의식이 한층 높아진 지역 중·고교 청소년들의 참여도 늘어나고 있다. 60세 정년으로 한창 나이에 직장을 마감하고 '마을 살이'를 시작한 은퇴자들의 새로운 도전도 이어지고 있다. 농촌에서뿐 아니라 도시 아파트 생활공동체의 주민자치현장에서 여성들의 참여, 그리고 경력직 은퇴자들의 새로운 도전까지 눈에 띄게 늘어나고 있다.

이러한 변화의 흐름을 보면서 새롭게 눈을 뜨고 있는 주권자들에게 안내서 하나쯤 손에 들려주어야 한다는 사명감이 들었다. 자치분권 현장에서 활용할 '자치분권 6법의 사용설명서'가 필요하다고 생각하였다. 그

러나 원고를 마무리하고 보니 여러 가지로 부족하기 짝이 없다. 이 또한
주권자들의 상상력과 창의력이 스스로 길을 찾아가주기를 기대할 수밖
에 없다.

지방자치사상가 아돌프 가써$^{Adolf\ Gasser}$는 "민주주의는 작은 공간에서
날마다 실제적으로 행사되고 실현되는 곳에서만 큰 공간에서 건강한 발
전가능성을 가진다."라고 지적하였다. 토크빌$^{Alexis\ de\ Tocqueville}$도 "모든 의사
결정의 권위는 조직의 가장 낮은 단위·사회적 수준에서 나오는 것"이라
고 설파하였다. 국가단위의 민주주의는 마을 동네조직, 주민결사체 등 풀
뿌리 자치조직의 활동으로 지탱되고 고양될 수 있다.

80년대 민주화운동과 6월항쟁의 결실로 현재 한국의 제도적 절차적
민주주의가 틀을 갖추었고, 2016년 촛불시민항쟁으로 역주행하던 민주
주의를 되돌릴 수 있었지만, 서구사회가 재차 민주주의의 위기를 맞고 있
듯이 우리도 언제든지 역사의 회귀 물결이 재현될 수 있는 민주주의의
허약함이 상존한다. 이러한 민주화 이후의 허약한 민주주의 현상은 풀뿌
리 민주주의가 활성화되고 아래로부터의 민주주의가 제도적으로 정착되
는 견고한 기초 위에서만 강한 민주주의로 발전할 수 있다.

허약한 민주주의를 현실 민주주의의 최대치로 간주하는 사람들은
정치를 오직 중앙정치로 규정하고, 지방정치 또는 지방자치를 단지 중앙
정치에 따른 부수적 현상으로 취급한다. 그러나 모든 정치적 자유는 토
크빌이 뉴잉글랜드에서 확인했듯이 먼저 지방의 작은 자치공동체에서 체
험되고 자란다. 토크빌은 《미국의 민주주의》(1836)에서 "자유로운 국가의
강함은 타운십에 있다. 타운제도는 자유를 인민의 손이 닿는 데로 가져
와 인민에게 자유를 평화적 목적으로 활용하는 즐거움과 습관을 선사한

다."고 강조했다.

　'6법'이 몰고 올 새로운 자치분권시대는 중앙에서 지방으로 권한을 시혜적으로 나누어주는 시대가 아니다. 주민이 스스로 자치하기 위해 지역에서 자리를 잡고, 생활공동체를 만들고, 지역에서 살아가는 데 필요한 권한을 위에서 아래로 되찾아오는 시대이다. 자치와 분권은 그 실현 과정도 중앙 중심이 아니라 지역중심, 주민중심이어야 한다.

주민의 행복과 자생력 있는 지역

이수영 | 대통령소속 자치분권위원회 전문위원

지방자치와 분권과제를 다루는 대통령소속 위원회에서 일을 한 지도 어느덧 10년을 훌쩍 넘겨 이제 4번째 정부를 맞이하게 되었다. 대통령소속 위원회들은 새로운 정부가 들어설 때마다 새로 생겨나기도, 또 폐지되기도 하기 때문에 일반 공무원으로도 10년 넘게 근무하기가 쉽지 않고, 더군다나 나와 같은 전문임기제 공무원으로서는 매우 드문 경우이다.

'대한민국 국민이 행복했으면, 우리나라가 잘 살았으면……' 하는 생각은 투철한 애국심을 가진 사람이 아니더라도 누구나 하고 있거나, 누구나 한 번쯤은 가져본 생각일 것이다. 부끄럽게도 우리나라 학부에서 법학을 전공하고, 대학원에서 도시·지방행정을 공부했는데도 불구하고, 그 시절에는 진심으로 떠올려 본 적이 없었던 이러한 생각이 요즘 들어 더더욱 간절해지는 건 왜인지 모르겠다.

국민이 행복하고, 경쟁력이 있는 국가는 행복한 주민들과, 자생력 있는 지역들이 뒷받침하고 있다. 그리고 성숙한 지방자치와 조화로운 분권이 내재되어 있다. 주민이 행복하려면 내가 속한 지역사회에 내가 가진 생각과 의견이 전달되어야 하고, 이 지역사회는 나와 우리를 위해 존재하며, 권한과 책임을 가지고 역할을 다해나가야 한다. 이런 이유 때문에 지방자치가 그리고 분권이 강화되어야 하는 것이다.

제자리걸음처럼 느껴지는 지방자치의 현실 때문인지 종종 체념 섞인 질문을 받기도 한다. "우리나라에서 지방자치 꼭 해야 합니까?" 이럴 때는 "우리 중 대다수가 원하지 않으면 하지 않아도 되는 것이지, 꼭 해야만 한다는 원칙은 어디에도 없다"라고 말문을 열면서 거꾸로 반문을 해본다. 갈수록 복잡해지는 사회와 주민 요구와 목소리가 다양해지고 있는데 국가에서 마치 내 주변에 있는 것처럼 모든 일을 관여할 수 있겠냐고, 그리고 이러한 과정에서 내가 참여할 수 있는 기회가 얼마나 보장될 수 있겠냐고 말이다.

봉건제도의 영향으로 지금의 지방자치제도가 익숙한 유럽국가에 비해 우리나라의 지방자치 역사는 매우 짧은 편이다. 특히 1961년 5.16 군사정변으로 지방의회의 구성시기를 법률로 정하도록 한 헌법 부칙 때문에 30여 년 동안 지방자치가 중단되었는데 이러한 역사 때문에 4년마다 지방선거를 치르는 일 외에 주민들이 체감하는 지방자치의 영역이 그리 넓지 않음은 참으로 안타까운 일이다. 지방자치와 분권 과제를 추진해오면서 가장 시급하고 가장 중요한 과제가 바로 주민참여라고 말할 수 있다. 지방정부가 가진 자치권은 지역주민으로부터 나오는 것이며, 주민이 지방정부, 지방의회 활동의 감시자이자 지지자로 또 구성원으로서 관심을 가질 때 한 단계 성숙한 지방자치를 기대할 수 있다.

지방자치와 분권 과제를 다루고 있는 대통령소속 위원회의 역할과 활동에 대해서도 언급을 하지 않을 수 없다. 지방자치가 강화되어야 한다는 데에는 거의 대부분이 동의하는 입장이다. 그럼에도 불구하고 각론으로 들어가면 자치 수준과 분권 수준에 대해서는 지역과 정부입장, 여·야의 입장 차가 존재한다. 이러한 상황에서 중간자적 입장을 견지하며 폭넓은 의견수렴과 집단 간 의견 조율, 새로운 자치분권 과제발굴의 역할을 하는 추진기구가 필요하다. 그동안 단순 자문기구로서 지방자치에 관한 의견을 제시하는 역할에서 시작하여 이제는 자치분권 분야의 마스터 플랜이라 할 수 있는 종합계획을 수립하여, 국무회의에 상정하고 또 계획의 이행상황을 평가하는 역할도 하게 되었다. 당시 〈지방분권 및 지방행정체제개편에 관한 특별법(2013. 5. 28. 시행)〉이 제정되면서 기존에 비해 추진기구인 위원회의 역할범위가 넓어지고 권한도 강화되었는데, 이러한 법적 근거를 바탕으로 2014년 12월 〈지방자치발전 종합계획〉과 2018년 9월 〈자치분권 종합계획〉이 수립되었다. 지방자치와 분권에 관한 종합계획이 만들어질 당시에는 계획 수립 자체만 놓고도 긍정적으로 평가하는 의견과 기존에 추진하려던 내용들 외에 획기적인 내용이 없다는 부정적 의견이 병존하였다.

그러나 종합계획이 만들어진 이전과 이후의 활동을 모두 지켜본 입장에서 보면 확연한 차이가 있었다고 말할 수 있다. 국무회의를 거쳐 종합계획이 확정되고, 그 이행상황에 대한 평가결과도 국무회의에 상정하게 되면서, 자치분권 법령을 정비하고, 관련 정책을 실제로 추진해야 하는 각 부처들에게 이행의 책임감을 부여할 수 있게 되었다. 위원회 입장에서도 4~5년 뒤 이행완료를 목표로 종합계획을 수립하기 때문에 행정환경의 변화, 지역과 주민의 요구, 과제의 우선순위 등을 고려하여 보다 신중하고 폭넓은 의견수렴을 거쳐 종합계획을 수립하게 되었고, 계획이 보다

착실히 추진될 수 있도록 부처를 독려하는 한편, 입법적 구현을 위해 국회와 긴밀히 협력하게 되었다. 그 결과 자치분권 6법과 같은 입법적 성과가 나올 수 있었던 것이다.

지방자치제도의 부활 이후 자치분권과제는 꾸준히 추진되어 왔으나 제도의 특성상 법률의 재정비가 수반되어야 하는데, 국회의 문턱을 넘기가 쉽지 않았다. 이러한 상황에서 10~20여 년 동안 준비해온 자치분권을 위한 6개 법안의 제·개정이 완료된 것은 법안에 담긴 내용으로 볼 때 지방자치제도가 진일보한 중요한 역사적 성과라 할 수 있다. 자치분권종합계획과 시행계획의 수립과정에 참여하고, 지난한 입법과정을 지켜봐 온 실무자로서 이러한 과정과 내용을 공유하자는 생각에서 집필에 나서게 되었는데, 여러모로 아쉬운 점이 많지만 독자들에게 조금이라도 도움이 되었으면 하는 바람이다.

자치분권 6법 사용설명서

부 록

- 지방자치법
- 주민조례발안에 관한 법률
- 중앙지방협력회의의 구성 및 운영에 관한 법률
- 고향사랑 기부금에 관한 법률

지방자치법

[시행 2022. 1. 13.]
[법률 제18661호, 2021. 12. 28., 타법개정]

제1장 총강(總綱)
제1절 총칙

제1조(목적) 이 법은 지방자치단체의 종류와 조직 및 운영, 주민의 지방자치행정 참여에 관한 사항과 국가와 지방자치단체 사이의 기본적인 관계를 정함으로써 지방자치행정을 민주적이고 능률적으로 수행하고, 지방을 균형 있게 발전시키며, 대한민국을 민주적으로 발전시키려는 것을 목적으로 한다.

제2조(지방자치단체의 종류) ① 지방자치단체는 다음의 두 가지 종류로 구분한다.

　1. 특별시, 광역시, 특별자치시, 도, 특별자치도

　2. 시, 군, 구

② 지방자치단체인 구(이하 "자치구"라 한다)는 특별시와 광역시의 관할 구역의 구만을 말하며, 자치구의 자치권의 범위는 법령으로 정하는 바에 따라 시·군과 다르게 할 수 있다.

③ 제1항의 지방자치단체 외에 특정한 목적을 수행하기 위하여 필요하면 따로 특별지방자치단체를 설치할 수 있다. 이 경우 특별지방자치단체의 설치 등에 관하여는 제12장에서 정하는 바에 따른다.

제3조(지방자치단체의 법인격과 관할) ① 지방자치단체는 법인으로 한다.

② 특별시, 광역시, 특별자치시, 도, 특별자치도(이하 "시·도"라 한다)는 정부의 직할(直轄)로 두고, 시는 도의 관할 구역 안에, 군은 광역시나 도의 관할 구역 안에 두며, 자치구는 특별시와 광역시의 관할 구역 안에 둔다.

③ 특별시·광역시 또는 특별자치시가 아닌 인구 50만 이상의 시에는 자치구가 아닌 구를 둘 수 있고, 군에는 읍·면을 두며, 시와 구(자치구를 포함한다)에는 동을, 읍·면에는 리를 둔다.

④ 제10조제2항에 따라 설치된 시에는 도시의 형태를 갖춘 지역에는 동을, 그 밖의 지역에는 읍·면을 두되, 자치구가 아닌 구를 둘 경우에는 그 구에 읍·면·동을 둘 수 있다.

⑤ 특별자치시와 특별자치도의 하부행정기관에 관한 사항은 따로 법률로 정한다.

제4조(지방자치단체의 기관구성 형태의 특례) ① 지방자치단체의 의회(이하 "지방의회"라 한다)와 집행기관에 관한 이 법의 규정에도 불구하고 따로 법률로 정하는 바에 따라 지방자치단체의 장의 선임방법을 포함한 지방자치단체의 기관구성 형태를 달리 할 수 있다.

② 제1항에 따라 지방의회와 집행기관의 구성을 달리하려는 경우에는 「주민투표법」에 따른 주민투표를 거쳐야 한다.

제2절 지방자치단체의 관할 구역

제5조(지방자치단체의 명칭과 구역) ① 지방자치단체의 명칭과 구역은 종전과 같이 하고, 명칭과 구역을 바꾸거나 지방자치단체를 폐지하거나 설치하거나 나누거나 합칠 때에는 법률로 정한다.

② 제1항에도 불구하고 지방자치단체의 구역변경 중 관할 구역 경계변경(이하 "경계변경"

이라 한다)과 지방자치단체의 한자 명칭의 변경은 대통령령으로 정한다. 이 경우 경계변경의 절차는 제6조에서 정한 절차에 따른다.

③ 다음 각 호의 어느 하나에 해당할 때에는 관계 지방의회의 의견을 들어야 한다. 다만, 「주민투표법」 제8조에 따라 주민투표를 한 경우에는 그러하지 아니하다.

1. 지방자치단체를 폐지하거나 설치하거나 나누거나 합칠 때

2. 지방자치단체의 구역을 변경할 때(경계변경을 할 때는 제외한다)

3. 지방자치단체의 명칭을 변경할 때(한자명칭을 변경할 때를 포함한다)

④ 제1항 및 제2항에도 불구하고 다음 각 호의 지역이 속할 지방자치단체는 제5항부터 제8항까지의 규정에 따라 행정안전부장관이 결정한다.

1. 「공유수면 관리 및 매립에 관한 법률」에 따른 매립지

2. 「공간정보의 구축 및 관리 등에 관한 법률」 제2조제19호의 지적공부(이하 "지적공부"라 한다)에 등록이 누락된 토지

⑤ 제4항제1호의 경우에는 「공유수면 관리 및 매립에 관한 법률」 제28조에 따른 매립면허관청(이하 이 조에서 "면허관청"이라 한다) 또는 관련 지방자치단체의 장이 같은 법 제45조에 따른 준공검사를 하기 전에, 제4항제2호의 경우에는 「공간정보의 구축 및 관리 등에 관한 법률」 제2조제18호에 따른 지적소관청(이하 이 조에서 "지적소관청"이라 한다)이 지적공부에 등록하기 전에 각각 해당 지역의 위치, 귀속희망 지방자치단체(복수인 경우를 포함한다) 등을 명시하여 행정안전부장관에게 그 지역이 속할 지방자치단체의 결정을 신청하여야 한다. 이 경우 제4항제1호에 따른 매립지의 매립면허를 받은 자는 면허관청에 해당 매립지가 속할 지방자치단체의 결정 신청을 요구할 수 있다.

⑥ 행정안전부장관은 제5항에 따른 신청을 받은 후 지체 없이 제5항에 따른 신청내용을 20일 이상 관보나 인터넷 홈페이지에 게재하는 등의 방법으로 널리 알려야 한다. 이 경우 알리는 방법, 의견 제출 등에 관하여는 「행정절차법」 제42조·제44조 및 제45조를 준용한다.

⑦ 행정안전부장관은 제6항에 따른 기간이 끝나면 다음 각 호에서 정하는 바에 따라 결정하고, 그 결과를 면허관청이나 지적소관청, 관계 지방자치단체의 장 등에게 통보하고 공고하여야 한다.

1. 제6항에 따른 기간 내에 신청내용에 대하여 이의가 제기된 경우: 제166조에 따른 지방자치단체중앙분쟁조정위원회(이하 이 조 및 제6조에서 "위원회"라 한다)의 심의·의결에 따라 제4항 각 호의 지역이 속할 지방자치단체를 결정

2. 제6항에 따른 기간 내에 신청내용에 대하여 이의가 제기되지 아니한 경우: 위원회의 심의·의결을 거치지 아니하고 신청내용에 따라 제4항 각 호의 지역이 속할 지방자치단체를 결정

⑧ 위원회의 위원장은 제7항제1호에 따른 심의과정에서 필요하다고 인정되면 관계 중앙행정기관 및 지방자치단체의 공무원 또는 관련 전문가를 출석시켜 의견을 듣거나 관

계 기관이나 단체에 자료 및 의견 제출 등을 요구할 수 있다. 이 경우 관계 지방자치단체의 장에게는 의견을 진술할 기회를 주어야 한다.

⑨ 관계 지방자치단체의 장은 제4항부터 제7항까지의 규정에 따른 행정안전부장관의 결정에 이의가 있으면 그 결과를 통보받은 날부터 15일 이내에 대법원에 소송을 제기할 수 있다.

⑩ 행정안전부장관은 제9항에 따른 소송 결과 대법원의 인용결정이 있으면 그 취지에 따라 다시 결정하여야 한다.

⑪ 행정안전부장관은 제4항 각 호의 지역이 속할 지방자치단체 결정과 관련하여 제7항 제1호에 따라 위원회의 심의를 할 때 같은 시·도 안에 있는 관계 시·군 및 자치구 상호 간 매립지 조성 비용 및 관리 비용 부담 등에 관한 조정(調整)이 필요한 경우 제165조제1항부터 제3항까지의 규정에도 불구하고 당사자의 신청 또는 직권으로 위원회의 심의·의결에 따라 조정할 수 있다. 이 경우 그 조정 결과의 통보 및 조정 결정 사항의 이행은 제165조제4항부터 제7항까지의 규정에 따른다.

제6조(지방자치단체의 관할 구역 경계변경 등) ① 지방자치단체의 장은 관할 구역과 생활권과의 불일치 등으로 인하여 주민생활에 불편이 큰 경우 등 대통령령으로 정하는 사유가 있는 경우에는 행정안전부장관에게 경계변경이 필요한 지역 등을 명시하여 경계변경에 대한 조정을 신청할 수 있다. 이 경우 지방자치단체의 장은 지방의회 재적의원 과반수의 출석과 출석의원 3분의 2 이상의 동의를 받아야 한다.

② 관계 중앙행정기관의 장 또는 둘 이상의 지방자치단체에 걸친 개발사업 등의 시행자는 대통령령으로 정하는 바에 따라 관계 지방자치단체의 장에게 제1항에 따른 경계변경에 대한 조정을 신청하여 줄 것을 요구할 수 있다.

③ 행정안전부장관은 제1항에 따른 경계변경에 대한 조정 신청을 받으면 지체 없이 그 신청 내용을 관계 지방자치단체의 장에게 통지하고, 20일 이상 관보나 인터넷 홈페이지에 게재하는 등의 방법으로 널리 알려야 한다. 이 경우 알리는 방법, 의견의 제출 등에 관하여는 「행정절차법」 제42조·제44조 및 제45조를 준용한다.

④ 행정안전부장관은 제3항에 따른 기간이 끝난 후 지체 없이 대통령령으로 정하는 바에 따라 관계 지방자치단체 등 당사자 간 경계변경에 관한 사항을 효율적으로 협의할 수 있도록 경계변경자율협의체(이하 이 조에서 "협의체"라 한다)를 구성·운영할 것을 관계 지방자치단체의 장에게 요청하여야 한다.

⑤ 관계 지방자치단체는 제4항에 따른 협의체 구성·운영 요청을 받은 후 지체 없이 협의체를 구성하고, 경계변경 여부 및 대상 등에 대하여 같은 항에 따른 행정안전부장관의 요청을 받은 날부터 120일 이내에 협의를 하여야 한다. 다만, 대통령령으로 정하는 부득이한 사유가 있는 경우에는 30일의 범위에서 그 기간을 연장할 수 있다.

⑥ 제5항에 따라 협의체를 구성한 지방자치단체의 장은 같은 항에 따른 협의 기간 이내에 협의체의 협의 결과를 행정안전부장관

에게 알려야 한다.

⑦ 행정안전부장관은 다음 각 호의 어느 하나에 해당하는 경우에는 위원회의 심의·의결을 거쳐 경계변경에 대하여 조정할 수 있다.

　1. 관계 지방자치단체가 제4항에 따른 행정안전부장관의 요청을 받은 날부터 120일 이내에 협의체를 구성하지 못한 경우

　2. 관계 지방자치단체가 제5항에 따른 협의 기간 이내에 경계변경 여부 및 대상 등에 대하여 합의를 하지 못한 경우

⑧ 위원회는 제7항에 따라 경계변경에 대한 사항을 심의할 때에는 관계 지방의회의 의견을 들어야 하며, 관련 전문가 및 지방자치단체의 장의 의견 청취 등에 관하여는 제5조제8항을 준용한다.

⑨ 행정안전부장관은 다음 각 호의 어느 하나에 해당하는 경우 지체 없이 그 내용을 검토한 후 이를 반영하여 경계변경에 관한 대통령령안을 입안하여야 한다.

　1. 제5항에 따른 협의체의 협의 결과 관계 지방자치단체 간 경계변경에 합의를 하고, 관계 지방자치단체의 장이 제6항에 따라 그 내용을 각각 알린 경우

　2. 위원회가 제7항에 따른 심의 결과 경계변경이 필요하다고 의결한 경우

⑩ 행정안전부장관은 경계변경의 조정과 관련하여 제7항에 따라 위원회의 심의를 할 때 같은 시·도 안에 있는 관계 시·군 및 자치구 상호 간 경계변경에 관련된 비용 부담, 행정적·재정적 사항 등에 관하여 조정이 필요한 경우 제165조제1항부터 제3항까지의 규정에도 불구하고 당사자의 신청 또는 직권으로 위원회의 심의·의결에 따라 조정할 수 있다. 이 경우 그 조정 결과의 통보 및 조정 결정 사항의 이행은 제165조제4항부터 제7항까지의 규정에 따른다.

제7조(자치구가 아닌 구와 읍·면·동 등의 명칭과 구역) ① 자치구가 아닌 구와 읍·면·동의 명칭과 구역은 종전과 같이 하고, 자치구가 아닌 구와 읍·면·동을 폐지하거나 설치하거나 나누거나 합칠 때에는 행정안전부장관의 승인을 받아 그 지방자치단체의 조례로 정한다. 다만, 명칭과 구역의 변경은 그 지방자치단체의 조례로 정하고, 그 결과를 특별시장·광역시장·도지사에게 보고하여야 한다.

② 리의 구역은 자연 촌락을 기준으로 하되, 그 명칭과 구역은 종전과 같이 하고, 명칭과 구역을 변경하거나 리를 폐지하거나 설치하거나 나누거나 합칠 때에는 그 지방자치단체의 조례로 정한다.

③ 인구 감소 등 행정여건 변화로 인하여 필요한 경우 그 지방자치단체의 조례로 정하는 바에 따라 2개 이상의 면을 하나의 면으로 운영하는 등 행정 운영상 면[이하 "행정면"(行政面)이라 한다]을 따로 둘 수 있다.

④ 동·리에서는 행정 능률과 주민의 편의를 위하여 그 지방자치단체의 조례로 정하는 바에 따라 하나의 동·리를 2개 이상의 동·리로 운영하거나 2개 이상의 동·리를 하나의 동·리로 운영하는 등 행정 운영상 동(이하 "행정동"이라 한다)·리(이하 "행정리"라 한다)를 따로 둘 수 있다. 〈개정 2021. 4. 20.〉

⑤ 행정동에 그 지방자치단체의 조례로 정하는 바에 따라 통 등 하부 조직을 둘 수 있다. 〈개정 2021. 4. 20.〉

⑥ 행정리에 그 지방자치단체의 조례로 정하는 바에 따라 하부 조직을 둘 수 있다. 〈신설 2021. 4. 20.〉

제8조(구역의 변경 또는 폐지·설치·분리·합병 시의 사무와 재산의 승계) ① 지방자치단체의 구역을 변경하거나 지방자치단체를 폐지하거나 설치하거나 나누거나 합칠 때에는 새로 그 지역을 관할하게 된 지방자치단체가 그 사무와 재산을 승계한다.

② 제1항의 경우에 지역으로 지방자치단체의 사무와 재산을 구분하기 곤란하면 시·도에서는 행정안전부장관이, 시·군 및 자치구에서는 특별시장·광역시장·특별자치시장·도지사·특별자치도지사(이하 "시·도지사"라 한다)가 그 사무와 재산의 한계 및 승계할 지방자치단체를 지정한다.

제9조(사무소의 소재지) ① 지방자치단체의 사무소 소재지와 자치구가 아닌 구 및 읍·면·동의 사무소 소재지는 종전과 같이 하고, 이를 변경하거나 새로 설정하려면 지방자치단체의 조례로 정한다. 이 경우 면·동은 행정면·행정동(行政洞)을 말한다.

② 제1항의 사항을 조례로 정할 때에는 그 지방의회의 재적의원 과반수의 찬성이 있어야 한다.

제10조(시·읍의 설치기준 등) ① 시는 그 대부분이 도시의 형태를 갖추고 인구 5만 이상이 되어야 한다.

② 다음 각 호의 어느 하나에 해당하는 지역은 도농(都農) 복합형태의 시로 할 수 있다.

1. 제1항에 따라 설치된 시와 군을 통합한 지역

2. 인구 5만 이상의 도시 형태를 갖춘 지역이 있는 군

3. 인구 2만 이상의 도시 형태를 갖춘 2개 이상의 지역 인구가 5만 이상인 군. 이 경우 군의 인구는 15만 이상으로서 대통령령으로 정하는 요건을 갖추어야 한다.

4. 국가의 정책으로 인하여 도시가 형성되고, 제128조에 따라 도의 출장소가 설치된 지역으로서 그 지역의 인구가 3만 이상이며, 인구 15만 이상의 도농 복합형태의 시의 일부인 지역

③ 읍은 그 대부분이 도시의 형태를 갖추고 인구 2만 이상이 되어야 한다. 다만, 다음 각 호의 어느 하나에 해당하면 인구 2만 미만인 경우에도 읍으로 할 수 있다.

1. 군사무소 소재지의 면

2. 읍이 없는 도농 복합형태의 시에서 그 시에 있는 면 중 1개 면

④ 시·읍의 설치에 관한 세부기준은 대통령령으로 정한다.

제3절 지방자치단체의 기능과 사무

제11조(사무배분의 기본원칙) ① 국가는 지방자치단체가 사무를 종합적·자율적으로 수행할 수 있도록 국가와 지방자치단체 간 또는 지방자치단체 상호 간의 사무를 주민의 편익증진, 집행의 효과 등을 고려하여 서로 중복되지 아니하도록 배분하여야 한다.

② 국가는 제1항에 따라 사무를 배분하는 경우 지역주민생활과 밀접한 관련이 있는 사무는 원칙적으로 시·군 및 자치구의 사무로, 시·군 및 자치구가 처리하기 어려운 사무는 시·도의 사무로, 시·도가 처리하기 어

려운 사무는 국가의 사무로 각각 배분하여
야 한다.

③ 국가가 지방자치단체에 사무를 배분하거
나 지방자치단체가 사무를 다른 지방자치
단체에 재배분할 때에는 사무를 배분받거나
재배분받는 지방자치단체가 그 사무를 자기
의 책임하에 종합적으로 처리할 수 있도록
관련 사무를 포괄적으로 배분하여야 한다.

제12조(사무처리의 기본원칙) ① 지방자치단체
는 사무를 처리할 때 주민의 편의와 복리증
진을 위하여 노력하여야 한다.

② 지방자치단체는 조직과 운영을 합리적으
로 하고 규모를 적절하게 유지하여야 한다.

③ 지방자치단체는 법령을 위반하여 사무를
처리할 수 없으며, 시·군 및 자치구는 해당
구역을 관할하는 시·도의 조례를 위반하여
사무를 처리할 수 없다.

제13조(지방자치단체의 사무 범위) ① 지방자치
단체는 관할 구역의 자치사무와 법령에 따
라 지방자치단체에 속하는 사무를 처리한
다.

② 제1항에 따른 지방자치단체의 사무를 예
시하면 다음 각 호와 같다. 다만, 법률에 이
와 다른 규정이 있으면 그러하지 아니하다.

　1. 지방자치단체의 구역, 조직, 행정관리
　　등

　　가. 관할 구역 안 행정구역의 명칭·위치
　　및 구역의 조정

　　나. 조례·규칙의 제정·개정·폐지 및 그
　　운영·관리

　　다. 산하(傘下) 행정기관의 조직관리

　　라. 산하 행정기관 및 단체의 지도·감독

　　마. 소속 공무원의 인사·후생복지 및

　　교육

　　바. 지방세 및 지방세 외 수입의 부과 및
　　징수

　　사. 예산의 편성·집행 및 회계감사와 재
　　산관리

　　아. 행정장비관리, 행정전산화 및 행정관
　　리개선

　　자. 공유재산(公有財産) 관리

　　차. 주민등록 관리

　　카. 지방자치단체에 필요한 각종 조사
　　및 통계의 작성

　2. 주민의 복지증진

　　가. 주민복지에 관한 사업

　　나. 사회복지시설의 설치·운영 및 관리

　　다. 생활이 어려운 사람의 보호 및 지원

　　라. 노인·아동·장애인·청소년 및 여성
　　의 보호와 복지증진

　　마. 공공보건의료기관의 설립·운영

　　바. 감염병과 그 밖의 질병의 예방과 방역

　　사. 묘지·화장장(火葬場) 및 봉안당의 운
　　영·관리

　　아. 공중접객업소의 위생을 개선하기 위
　　한 지도

　　자. 청소, 생활폐기물의 수거 및 처리

　　차. 지방공기업의 설치 및 운영

　3. 농림·수산·상공업 등 산업 진흥

　　가. 못·늪지·보(洑) 등 농업용수시설의
　　설치 및 관리

　　나. 농산물·임산물·축산물·수산물의
　　생산 및 유통 지원

　　다. 농업자재의 관리

　　라. 복합영농의 운영·지도

　　마. 농업 외 소득사업의 육성·지도

바. 농가 부업의 장려

사. 공유림 관리

아. 소규모 축산 개발사업 및 낙농 진흥
사업

자. 가축전염병 예방

차. 지역산업의 육성·지원

카. 소비자 보호 및 저축 장려

타. 중소기업의 육성

파. 지역특화산업의 개발과 육성·지원

하. 우수지역특산품 개발과 관광민예품
개발

4. 지역개발과 자연환경보전 및 생활환경
시설의 설치·관리

가. 지역개발사업

나. 지방 토목·건설사업의 시행

다. 도시·군계획사업의 시행

라. 지방도(地方道), 시도(市道)·군도(郡道)
·구도(區道)의 신설·개선·보수 및 유지

마. 주거생활환경 개선의 장려 및 지원

바. 농어촌주택 개량 및 취락구조 개선

사. 자연보호활동

아. 지방하천 및 소하천의 관리

자. 상수도·하수도의 설치 및 관리

차. 소규모급수시설의 설치 및 관리

카. 도립공원, 광역시립공원, 군립공원, 시
립공원 및 구립공원 등의 지정 및 관리

타. 도시공원 및 공원시설, 녹지, 유원지
등과 그 휴양시설의 설치 및 관리

파. 관광지, 관광단지 및 관광시설의 설
치 및 관리

하. 지방 궤도사업의 경영

거. 주차장·교통표지 등 교통편의시설
의 설치 및 관리

너. 재해대책의 수립 및 집행

더. 지역경제의 육성 및 지원

5. 교육·체육·문화·예술의 진흥

가. 어린이집·유치원·초등학교·중학교
·고등학교 및 이에 준하는 각종 학교의
설치·운영·지도

나. 도서관·운동장·광장·체육관·박물
관·공연장·미술관·음악당 등 공공교육
·체육·문화시설의 설치 및 관리

다. 지방문화재의 지정·등록·보존 및
관리

라. 지방문화·예술의 진흥

마. 지방문화·예술단체의 육성

6. 지역민방위 및 지방소방

가. 지역 및 직장 민방위조직(의용소방대를
포함한다)의 편성과 운영 및 지도·감독

나. 지역의 화재예방·경계·진압·조사
및 구조·구급

7. 국제교류 및 협력

가. 국제기구·행사·대회의 유치·지원

나. 외국 지방자치단체와의 교류·협력

제14조(지방자치단체의 종류별 사무배분기준) ①
제13조에 따른 지방자치단체의 사무를 지
방자치단체의 종류별로 배분하는 기준은
다음 각 호와 같다. 다만, 제13조제2항제1호
의 사무는 각 지방자치단체에 공통된 사무
로 한다.

1. 시·도

가. 행정처리 결과가 2개 이상의 시·군
및 자치구에 미치는 광역적 사무

나. 시·도 단위로 동일한 기준에 따라
처리되어야 할 성질의 사무

다. 지역적 특성을 살리면서 시·도 단위

로 통일성을 유지할 필요가 있는 사무

라. 국가와 시·군 및 자치구 사이의 연락·조정 등의 사무

마. 시·군 및 자치구가 독자적으로 처리하기 어려운 사무

바. 2개 이상의 시·군 및 자치구가 공동으로 설치하는 것이 적당하다고 인정되는 규모의 시설을 설치하고 관리하는 사무

2. 시·군 및 자치구

제1호에서 시·도가 처리하는 것으로 되어 있는 사무를 제외한 사무. 다만, 인구 50만 이상의 시에 대해서는 도가 처리하는 사무의 일부를 직접 처리하게 할 수 있다.

② 제1항의 배분기준에 따른 지방자치단체의 종류별 사무는 대통령령으로 정한다.

③ 시·도와 시·군 및 자치구는 사무를 처리할 때 서로 겹치지 아니하도록 하여야 하며, 사무가 서로 겹치면 시·군 및 자치구에서 먼저 처리한다.

제15조(국가사무의 처리 제한) 지방자치단체는 다음 각 호의 국가사무를 처리할 수 없다. 다만, 법률에 이와 다른 규정이 있는 경우에는 국가사무를 처리할 수 있다.

1. 외교, 국방, 사법(司法), 국세 등 국가의 존립에 필요한 사무

2. 물가정책, 금융정책, 수출입정책 등 전국적으로 통일적 처리를 할 필요가 있는 사무

3. 농산물·임산물·축산물·수산물 및 양곡의 수급조절과 수출입 등 전국적 규모의 사무

4. 국가종합경제개발계획, 국가하천, 국유림, 국토종합개발계획, 지정항만, 고속국도·일반국도, 국립공원 등 전국적 규모나 이와 비슷한 규모의 사무

5. 근로기준, 측량단위 등 전국적으로 기준을 통일하고 조정하여야 할 필요가 있는 사무

6. 우편, 철도 등 전국적 규모나 이와 비슷한 규모의 사무

7. 고도의 기술이 필요한 검사·시험·연구, 항공관리, 기상행정, 원자력개발 등 지방자치단체의 기술과 재정능력으로 감당하기 어려운 사무

제2장 주민

제16조(주민의 자격) 지방자치단체의 구역에 주소를 가진 자는 그 지방자치단체의 주민이 된다.

제17조(주민의 권리) ① 주민은 법령으로 정하는 바에 따라 주민생활에 영향을 미치는 지방자치단체의 정책의 결정 및 집행 과정에 참여할 권리를 가진다.

② 주민은 법령으로 정하는 바에 따라 소속 지방자치단체의 재산과 공공시설을 이용할 권리와 그 지방자치단체로부터 균등하게 행정의 혜택을 받을 권리를 가진다.

③ 주민은 법령으로 정하는 바에 따라 그 지방자치단체에서 실시하는 지방의회의원과 지방자치단체의 장의 선거(이하 "지방선거"라 한다)에 참여할 권리를 가진다.

제18조(주민투표) ① 지방자치단체의 장은 주민에게 과도한 부담을 주거나 중대한 영향을 미치는 지방자치단체의 주요 결정사항

등에 대하여 주민투표에 부칠 수 있다.

② 주민투표의 대상·발의자·발의요건, 그 밖에 투표절차 등에 관한 사항은 따로 법률로 정한다.

제19조(조례의 제정과 개정·폐지 청구) ① 주민은 지방자치단체의 조례를 제정하거나 개정하거나 폐지할 것을 청구할 수 있다.

② 조례의 제정·개정 또는 폐지 청구의 청구권자·청구대상·청구요건 및 절차 등에 관한 사항은 따로 법률로 정한다.

제20조(규칙의 제정과 개정·폐지 의견 제출) ① 주민은 제29조에 따른 규칙(권리·의무와 직접 관련되는 사항으로 한정한다)의 제정, 개정 또는 폐지와 관련된 의견을 해당 지방자치단체의 장에게 제출할 수 있다.

② 법령이나 조례를 위반하거나 법령이나 조례에서 위임한 범위를 벗어나는 사항은 제1항에 따른 의견 제출 대상에서 제외한다.

③ 지방자치단체의 장은 제1항에 따라 제출된 의견에 대하여 의견이 제출된 날부터 30일 이내에 검토 결과를 그 의견을 제출한 주민에게 통보하여야 한다.

④ 제1항에 따른 의견 제출, 제3항에 따른 의견의 검토와 결과 통보의 방법 및 절차는 해당 지방자치단체의 조례로 정한다.

제21조(주민의 감사 청구) ① 지방자치단체의 18세 이상의 주민으로서 다음 각 호의 어느 하나에 해당하는 사람(「공직선거법」 제18조에 따른 선거권이 없는 사람은 제외한다. 이하 이 조에서 "18세 이상의 주민"이라 한다)은 시·도는 300명, 제198조에 따른 인구 50만 이상 대도시는 200명, 그 밖의 시·군 및 자치구는 150명 이내에서 그 지방자치단체의 조례로 정하는 수 이상의 18세 이상의 주민이 연대 서명하여 그 지방자치단체와 그 장의 권한에 속하는 사무의 처리가 법령에 위반되거나 공익을 현저히 해친다고 인정되면 시·도의 경우에는 주무부장관에게, 시·군 및 자치구의 경우에는 시·도지사에게 감사를 청구할 수 있다.

1. 해당 지방자치단체의 관할 구역에 주민등록이 되어 있는 사람

2. 「출입국관리법」 제10조에 따른 영주(永住)할 수 있는 체류자격 취득일 후 3년이 경과한 외국인으로서 같은 법 제34조에 따라 해당 지방자치단체의 외국인등록대장에 올라 있는 사람

② 다음 각 호의 사항은 감사 청구의 대상에서 제외한다.

1. 수사나 재판에 관여하게 되는 사항

2. 개인의 사생활을 침해할 우려가 있는 사항

3. 다른 기관에서 감사하였거나 감사 중인 사항. 다만, 다른 기관에서 감사한 사항이라도 새로운 사항이 발견되거나 중요 사항이 감사에서 누락된 경우와 제22조 제1항에 따라 주민소송의 대상이 되는 경우에는 그러하지 아니하다.

4. 동일한 사항에 대하여 제22조제2항 각 호의 어느 하나에 해당하는 소송이 진행 중이거나 그 판결이 확정된 사항

③ 제1항에 따른 청구는 사무처리가 있었던 날이나 끝난 날부터 3년이 지나면 제기할 수 없다.

④ 지방자치단체의 18세 이상의 주민이 제1

항에 따라 감사를 청구하려면 청구인의 대표자를 선정하여 청구인명부에 적어야 하며, 청구인의 대표자는 감사청구서를 작성하여 주무부장관 또는 시·도지사에게 제출하여야 한다.

⑤ 주무부장관이나 시·도지사는 제1항에 따른 청구를 받으면 청구를 받은 날부터 5일 이내에 그 내용을 공표하여야 하며, 청구를 공표한 날부터 10일간 청구인명부나 그 사본을 공개된 장소에 갖추어 두어 열람할 수 있도록 하여야 한다.

⑥ 청구인명부의 서명에 관하여 이의가 있는 사람은 제5항에 따른 열람기간에 해당 주무부장관이나 시·도지사에게 이의를 신청할 수 있다.

⑦ 주무부장관이나 시·도지사는 제6항에 따른 이의신청을 받으면 제5항에 따른 열람기간이 끝난 날부터 14일 이내에 심사·결정하되, 그 신청이 이유 있다고 결정한 경우에는 청구인명부를 수정하고, 그 사실을 이의신청을 한 사람과 제4항에 따른 청구인의 대표자에게 알려야 하며, 그 이의신청이 이유 없다고 결정한 경우에는 그 사실을 즉시 이의신청을 한 사람에게 알려야 한다.

⑧ 주무부장관이나 시·도지사는 제6항에 따른 이의신청이 없는 경우 또는 제6항에 따라 제기된 모든 이의신청에 대하여 제7항에 따른 결정이 끝난 경우로서 제1항부터 제3항까지의 규정에 따른 요건을 갖춘 경우에는 청구를 수리하고, 그러하지 아니한 경우에는 청구를 각하하되, 수리 또는 각하 사실을 청구인의 대표자에게 알려야 한다.

⑨ 주무부장관이나 시·도지사는 감사 청구를 수리한 날부터 60일 이내에 감사 청구된 사항에 대하여 감사를 끝내야 하며, 감사 결과를 청구인의 대표자와 해당 지방자치단체의 장에게 서면으로 알리고, 공표하여야 한다. 다만, 그 기간에 감사를 끝내기가 어려운 정당한 사유가 있으면 그 기간을 연장할 수 있으며, 기간을 연장할 때에는 미리 청구인의 대표자와 해당 지방자치단체의 장에게 알리고, 공표하여야 한다.

⑩ 주무부장관이나 시·도지사는 주민이 감사를 청구한 사항이 다른 기관에서 이미 감사한 사항이거나 감사 중인 사항이면 그 기관에서 한 감사 결과 또는 감사 중인 사실과 감사가 끝난 후 그 결과를 알리겠다는 사실을 청구인의 대표자와 해당 기관에 지체 없이 알려야 한다.

⑪ 주무부장관이나 시·도지사는 주민 감사 청구를 처리(각하를 포함한다)할 때 청구인의 대표자에게 반드시 증거 제출 및 의견 진술의 기회를 주어야 한다.

⑫ 주무부장관이나 시·도지사는 제9항에 따른 감사 결과에 따라 기간을 정하여 해당 지방자치단체의 장에게 필요한 조치를 요구할 수 있다. 이 경우 그 지방자치단체의 장은 이를 성실히 이행하여야 하고, 그 조치 결과를 지방의회와 주무부장관 또는 시·도지사에게 보고하여야 한다.

⑬ 주무부장관이나 시·도지사는 제12항에 따른 조치 요구 내용과 지방자치단체의 장의 조치 결과를 청구인의 대표자에게 서면으로 알리고, 공표하여야 한다.

⑭ 제1항부터 제13항까지에서 규정한 사항 외에 18세 이상의 주민의 감사 청구에 필요

한 사항은 대통령령으로 정한다.

제22조(주민소송) ① 제21조제1항에 따라 공금의 지출에 관한 사항, 재산의 취득·관리·처분에 관한 사항, 해당 지방자치단체를 당사자로 하는 매매·임차·도급 계약이나 그 밖의 계약의 체결·이행에 관한 사항 또는 지방세·사용료·수수료·과태료 등 공금의 부과·징수를 게을리한 사항을 감사 청구한 주민은 다음 각 호의 어느 하나에 해당하는 경우에 그 감사 청구한 사항과 관련이 있는 위법한 행위나 업무를 게을리한 사실에 대하여 해당 지방자치단체의 장(해당 사항의 사무처리에 관한 권한을 소속 기관의 장에게 위임한 경우에는 그 소속 기관의 장을 말한다. 이하 이 조에서 같다)을 상대방으로 하여 소송을 제기할 수 있다.

1. 주무부장관이나 시·도지사가 감사 청구를 수리한 날부터 60일(제21조제9항 단서에 따라 감사기간이 연장된 경우에는 연장된 기간이 끝난 날을 말한다)이 지나도 감사를 끝내지 아니한 경우

2. 제21조제9항 및 제10항에 따른 감사 결과 또는 같은 조 제12항에 따른 조치 요구에 불복하는 경우

3. 제21조제12항에 따른 주무부장관이나 시·도지사의 조치 요구를 지방자치단체의 장이 이행하지 아니한 경우

4. 제21조제12항에 따른 지방자치단체의 장의 이행 조치에 불복하는 경우

② 제1항에 따라 주민이 제기할 수 있는 소송은 다음 각 호와 같다.

1. 해당 행위를 계속하면 회복하기 어려운 손해를 발생시킬 우려가 있는 경우에는 그 행위의 전부나 일부를 중지할 것을 요구하는 소송

2. 행정처분인 해당 행위의 취소 또는 변경을 요구하거나 그 행위의 효력 유무 또는 존재 여부의 확인을 요구하는 소송

3. 게을리한 사실의 위법 확인을 요구하는 소송

4. 해당 지방자치단체의 장 및 직원, 지방의회의원, 해당 행위와 관련이 있는 상대방에게 손해배상청구 또는 부당이득반환청구를 할 것을 요구하는 소송. 다만, 그 지방자치단체의 직원이 「회계관계직원 등의 책임에 관한 법률」 제4조에 따른 변상책임을 져야 하는 경우에는 변상명령을 할 것을 요구하는 소송을 말한다.

③ 제2항제1호의 중지청구소송은 해당 행위를 중지할 경우 생명이나 신체에 중대한 위해가 생길 우려가 있거나 그 밖에 공공복리를 현저하게 해칠 우려가 있으면 제기할 수 없다.

④ 제2항에 따른 소송은 다음 각 호의 구분에 따른 날부터 90일 이내에 제기하여야 한다.

1. 제1항제1호: 해당 60일이 끝난 날(제21조제9항 단서에 따라 감사기간이 연장된 경우에는 연장기간이 끝난 날을 말한다)

2. 제1항제2호: 해당 감사 결과나 조치 요구 내용에 대한 통지를 받은 날

3. 제1항제3호: 해당 조치를 요구할 때에 지정한 처리기간이 끝난 날

4. 제1항제4호: 해당 이행 조치 결과에 대한 통지를 받은 날

⑤ 제2항 각 호의 소송이 진행 중이면 다른

주민은 같은 사항에 대하여 별도의 소송을 제기할 수 없다.

⑥ 소송의 계속(繫屬) 중에 소송을 제기한 주민이 사망하거나 제16조에 따른 주민의 자격을 잃으면 소송절차는 중단된다. 소송대리인이 있는 경우에도 또한 같다.

⑦ 감사 청구에 연대 서명한 다른 주민은 제6항에 따른 사유가 발생한 사실을 안 날부터 6개월 이내에 소송절차를 수계(受繼)할 수 있다. 이 기간에 수계절차가 이루어지지 아니할 경우 그 소송절차는 종료된다.

⑧ 법원은 제6항에 따라 소송이 중단되면 감사 청구에 연대 서명한 다른 주민에게 소송절차를 중단한 사유와 소송절차 수계방법을 지체 없이 알려야 한다. 이 경우 법원은 감사 청구에 적힌 주소로 통지서를 우편으로 보낼 수 있고, 우편물이 통상 도달할 수 있을 때에 감사 청구에 연대 서명한 다른 주민은 제6항의 사유가 발생한 사실을 안 것으로 본다.

⑨ 제2항에 따른 소송은 해당 지방자치단체의 사무소 소재지를 관할하는 행정법원(행정법원이 설치되지 아니한 지역에서는 행정법원의 권한에 속하는 사건을 관할하는 지방법원 본원을 말한다)의 관할로 한다.

⑩ 해당 지방자치단체의 장은 제2항제1호부터 제3호까지의 규정에 따른 소송이 제기된 경우 그 소송 결과에 따라 권리나 이익의 침해를 받을 제3자가 있으면 그 제3자에 대하여, 제2항제4호에 따른 소송이 제기된 경우 그 직원, 지방의회의원 또는 상대방에 대하여 소송고지를 해 줄 것을 법원에 신청하여야 한다.

⑪ 제2항제4호에 따른 소송이 제기된 경우에 지방자치단체의 장이 한 소송고지신청은 그 소송에 관한 손해배상청구권 또는 부당이득반환청구권의 시효중단에 관하여 「민법」 제168조제1호에 따른 청구로 본다.

⑫ 제11항에 따른 시효중단의 효력은 그 소송이 끝난 날부터 6개월 이내에 재판상 청구, 파산절차참가, 압류 또는 가압류, 가처분을 하지 아니하면 효력이 생기지 아니한다.

⑬ 국가, 상급 지방자치단체 및 감사 청구에 연대 서명한 다른 주민과 제10항에 따라 소송고지를 받은 자는 법원에서 계속 중인 소송에 참가할 수 있다.

⑭ 제2항에 따른 소송에서 당사자는 법원의 허가를 받지 아니하고는 소의 취하, 소송의 화해 또는 청구의 포기를 할 수 없다.

⑮ 법원은 제14항에 따른 허가를 하기 전에 감사 청구에 연대 서명한 다른 주민에게 그 사실을 알려야 하며, 알린 때부터 1개월 이내에 허가 여부를 결정하여야 한다. 이 경우 통지방법 등에 관하여는 제8항 후단을 준용한다.

⑯ 제2항에 따른 소송은 「민사소송 등 인지법」 제2조제4항에 따른 비재산권을 목적으로 하는 소송으로 본다.

⑰ 소송을 제기한 주민은 승소(일부 승소를 포함한다)한 경우 그 지방자치단체에 대하여 변호사 보수 등의 소송비용, 감사 청구절차의 진행 등을 위하여 사용된 여비, 그 밖에 실제로 든 비용을 보상할 것을 청구할 수 있다. 이 경우 지방자치단체는 청구된 금액의 범위에서 그 소송을 진행하는 데 객관적으로 사용된 것으로 인정되는 금액을 지급

하여야 한다.

⑱ 제1항에 따른 소송에 관하여 이 법에 규정된 것 외에는 「행정소송법」에 따른다.

제23조(손해배상금 등의 지급청구 등) ① 지방자치단체의 장(해당 사항의 사무처리에 관한 권한을 소속 기관의 장에게 위임한 경우에는 그 소속 기관의 장을 말한다. 이하 이 조에서 같다)은 제22조제2항제4호 본문에 따른 소송에 대하여 손해배상청구나 부당이득반환청구를 명하는 판결이 확정되면 판결이 확정된 날부터 60일 이내를 기한으로 하여 당사자에게 그 판결에 따라 결정된 손해배상금이나 부당이득반환금의 지급을 청구하여야 한다. 다만, 손해배상금이나 부당이득반환금을 지급하여야 할 당사자가 지방자치단체의 장이면 지방의회의 의장이 지급을 청구하여야 한다.

② 지방자치단체는 제1항에 따라 지급청구를 받은 자가 같은 항의 기한까지 손해배상금이나 부당이득반환금을 지급하지 아니하면 손해배상·부당이득반환의 청구를 목적으로 하는 소송을 제기하여야 한다. 이 경우 그 소송의 상대방이 지방자치단체의 장이면 그 지방의회의 의장이 그 지방자치단체를 대표한다.

제24조(변상명령 등) ① 지방자치단체의 장은 제22조제2항제4호 단서에 따른 소송에 대하여 변상할 것을 명하는 판결이 확정되면 판결이 확정된 날부터 60일 이내를 기한으로 하여 당사자에게 그 판결에 따라 결정된 금액을 변상할 것을 명하여야 한다.

② 제1항에 따라 변상할 것을 명령받은 자가 같은 항의 기한까지 변상금을 지급하지 아니하면 지방세 체납처분의 예에 따라 징수할 수 있다. 〈개정 2021. 10. 19.〉

③ 제1항에 따라 변상할 것을 명령받은 자는 그 명령에 불복하는 경우 행정소송을 제기할 수 있다. 다만, 「행정심판법」에 따른 행정심판청구는 제기할 수 없다.

제25조(주민소환) ① 주민은 그 지방자치단체의 장 및 지방의회의원(비례대표 지방의회의원은 제외한다)을 소환할 권리를 가진다.

② 주민소환의 투표 청구권자·청구요건·절차 및 효력 등에 관한 사항은 따로 법률로 정한다.

제26조(주민에 대한 정보공개) ① 지방자치단체는 사무처리의 투명성을 높이기 위하여 「공공기관의 정보공개에 관한 법률」에서 정하는 바에 따라 지방의회의 의정활동, 집행기관의 조직, 재무 등 지방자치에 관한 정보(이하 "지방자치정보"라 한다)를 주민에게 공개하여야 한다.

② 행정안전부장관은 주민의 지방자치정보에 대한 접근성을 높이기 위하여 이 법 또는 다른 법령에 따라 공개된 지방자치정보를 체계적으로 수집하고 주민에게 제공하기 위한 정보공개시스템을 구축·운영할 수 있다.

제27조(주민의 의무) 주민은 법령으로 정하는 바에 따라 소속 지방자치단체의 비용을 분담하여야 하는 의무를 진다.

제3장 조례와 규칙

제28조(조례) ① 지방자치단체는 법령의 범위에서 그 사무에 관하여 조례를 제정할 수 있다. 다만, 주민의 권리 제한 또는 의무 부

과에 관한 사항이나 벌칙을 정할 때에는 법률의 위임이 있어야 한다.

② 법령에서 조례로 정하도록 위임한 사항은 그 법령의 하위 법령에서 그 위임의 내용과 범위를 제한하거나 직접 규정할 수 없다.

제29조(규칙) 지방자치단체의 장은 법령 또는 조례의 범위에서 그 권한에 속하는 사무에 관하여 규칙을 제정할 수 있다.

제30조(조례와 규칙의 입법한계) 시·군 및 자치구의 조례나 규칙은 시·도의 조례나 규칙을 위반해서는 아니 된다.

제31조(지방자치단체를 신설하거나 격을 변경할 때의 조례·규칙 시행) 지방자치단체를 나누거나 합하여 새로운 지방자치단체가 설치되거나 지방자치단체의 격이 변경되면 그 지방자치단체의 장은 필요한 사항에 관하여 새로운 조례나 규칙이 제정·시행될 때까지 종래 그 지역에 시행되던 조례나 규칙을 계속 시행할 수 있다.

제32조(조례와 규칙의 제정 절차 등) ① 조례안이 지방의회에서 의결되면 지방의회의 의장은 의결된 날부터 5일 이내에 그 지방자치단체의 장에게 이송하여야 한다.

② 지방자치단체의 장은 제1항의 조례안을 이송받으면 20일 이내에 공포하여야 한다.

③ 지방자치단체의 장은 이송받은 조례안에 대하여 이의가 있으면 제2항의 기간에 이유를 붙여 지방의회로 환부(還付)하고, 재의(再議)를 요구할 수 있다. 이 경우 지방자치단체의 장은 조례안의 일부에 대하여 또는 조례안을 수정하여 재의를 요구할 수 없다.

④ 지방의회는 제3항에 따라 재의 요구를 받으면 조례안을 재의에 부치고 재적의원

과반수의 출석과 출석의원 3분의 2 이상의 찬성으로 전(前)과 같은 의결을 하면 그 조례안은 조례로서 확정된다.

⑤ 지방자치단체의 장이 제2항의 기간에 공포하지 아니하거나 재의 요구를 하지 아니하더라도 그 조례안은 조례로서 확정된다.

⑥ 지방자치단체의 장은 제4항 또는 제5항에 따라 확정된 조례를 지체 없이 공포하여야 한다. 이 경우 제5항에 따라 조례가 확정된 후 또는 제4항에 따라 확정된 조례가 지방자치단체의 장에게 이송된 후 5일 이내에 지방자치단체의 장이 공포하지 아니하면 지방의회의 의장이 공포한다.

⑦ 제2항 및 제6항 전단에 따라 지방자치단체의 장이 조례를 공포하였을 때에는 즉시 해당 지방의회의 의장에게 통지하여야 하며, 제6항 후단에 따라 지방의회의 의장이 조례를 공포하였을 때에는 그 사실을 즉시 해당 지방자치단체의 장에게 통지하여야 한다.

⑧ 조례와 규칙은 특별한 규정이 없으면 공포한 날부터 20일이 지나면 효력을 발생한다.

제33조(조례와 규칙의 공포 방법 등) ① 조례와 규칙의 공포는 해당 지방자치단체의 공보에 게재하는 방법으로 한다. 다만, 제32조제6항 후단에 따라 지방의회의 의장이 조례를 공포하는 경우에는 공보나 일간신문에 게재하거나 게시판에 게시한다.

② 제1항에 따른 공보는 종이로 발행되는 공보(이하 이 조에서 "종이공보"라 한다) 또는 전자적인 형태로 발행되는 공보(이하 이 조에서 "전자공보"라 한다)로 운영한다.

③ 공보의 내용 해석 및 적용 시기 등에 대하여 종이공보와 전자공보는 동일한 효력을 가진다.

④ 조례와 규칙의 공포에 관하여 그 밖에 필요한 사항은 대통령령으로 정한다.

제34조(조례 위반에 대한 과태료) ① 지방자치단체는 조례를 위반한 행위에 대하여 조례로써 1천만원 이하의 과태료를 정할 수 있다.

② 제1항에 따른 과태료는 해당 지방자치단체의 장이나 그 관할 구역의 지방자치단체의 장이 부과·징수한다.

제35조(보고) 조례나 규칙을 제정하거나 개정하거나 폐지할 경우 조례는 지방의회에서 이송된 날부터 5일 이내에, 규칙은 공포 예정일 15일 전에 시·도지사는 행정안전부장관에게, 시장·군수 및 자치구의 구청장은 시·도지사에게 그 전문(全文)을 첨부하여 각각 보고하여야 하며, 보고를 받은 행정안전부장관은 그 내용을 관계 중앙행정기관의 장에게 통보하여야 한다.

제4장 선거

제36조(지방선거에 관한 법률의 제정) 지방선거에 관하여 이 법에서 정한 것 외에 필요한 사항은 따로 법률로 정한다.

제5장 지방의회
제1절 조직

제37조(의회의 설치) 지방자치단체에 주민의 대의기관인 의회를 둔다.

제38조(지방의회의원의 선거) 지방의회의원은 주민이 보통·평등·직접·비밀선거로 선출한다.

제2절 지방의회의원

제39조(의원의 임기) 지방의회의원의 임기는 4년으로 한다.

제40조(의원의 의정활동비 등) ① 지방의회의원에게는 다음 각 호의 비용을 지급한다.

　1. 의정(議政) 자료를 수집하고 연구하거나 이를 위한 보조 활동에 사용되는 비용을 보전(補塡)하기 위하여 매월 지급하는 의정활동비

　2. 지방의회의원의 직무활동에 대하여 지급하는 월정수당

　3. 본회의 의결, 위원회 의결 또는 지방의회의 의장의 명에 따라 공무로 여행할 때 지급하는 여비

② 제1항 각 호에 규정된 비용은 대통령령으로 정하는 기준을 고려하여 해당 지방자치단체의 의정비심의위원회에서 결정하는 금액 이내에서 지방자치단체의 조례로 정한다. 다만, 제1항제3호에 따른 비용은 의정비심의위원회 결정 대상에서 제외한다.

③ 의정비심의위원회의 구성·운영 등에 필요한 사항은 대통령령으로 정한다.

제41조(의원의 정책지원 전문인력) ① 지방의회의원의 의정활동을 지원하기 위하여 지방의회의원 정수의 2분의 1 범위에서 해당 지방자치단체의 조례로 정하는 바에 따라 지방의회에 정책지원 전문인력을 둘 수 있다.

② 정책지원 전문인력은 지방공무원으로 보하며, 직급·직무 및 임용절차 등 운영에 필

요한 사항은 대통령령으로 정한다.

제42조(상해·사망 등의 보상) ① 지방의회의원이 직무로 인하여 신체에 상해를 입거나 사망한 경우와 그 상해나 직무로 인한 질병으로 사망한 경우에는 보상금을 지급할 수 있다.

② 제1항의 보상금의 지급기준은 대통령령으로 정하는 범위에서 해당 지방자치단체의 조례로 정한다.

제43조(겸직 등 금지) ① 지방의회의원은 다음 각 호의 어느 하나에 해당하는 직(職)을 겸할 수 없다.

1. 국회의원, 다른 지방의회의원

2. 헌법재판소 재판관, 각급 선거관리위원회 위원

3. 「국가공무원법」 제2조에 따른 국가공무원과 「지방공무원법」 제2조에 따른 지방공무원(「정당법」 제22조에 따라 정당의 당원이 될 수 있는 교원은 제외한다)

4. 「공공기관의 운영에 관한 법률」 제4조에 따른 공공기관(한국방송공사, 한국교육방송공사 및 한국은행을 포함한다)의 임직원

5. 「지방공기업법」 제2조에 따른 지방공사와 지방공단의 임직원

6. 농업협동조합, 수산업협동조합, 산림조합, 엽연초생산협동조합, 신용협동조합, 새마을금고(이들 조합·금고의 중앙회와 연합회를 포함한다)의 임직원과 이들 조합·금고의 중앙회장이나 연합회장

7. 「정당법」 제22조에 따라 정당의 당원이 될 수 없는 교원

8. 다른 법령에 따라 공무원의 신분을 가지는 직

9. 그 밖에 다른 법률에서 겸임할 수 없도록 정하는 직

② 「정당법」 제22조에 따라 정당의 당원이 될 수 있는 교원이 지방의회의원으로 당선되면 임기 중 그 교원의 직은 휴직된다.

③ 지방의회의원이 당선 전부터 제1항 각 호의 직을 제외한 다른 직을 가진 경우에는 임기 개시 후 1개월 이내에, 임기 중 그 다른 직에 취임한 경우에는 취임 후 15일 이내에 지방의회의 의장에게 서면으로 신고하여야 하며, 그 방법과 절차는 해당 지방자치단체의 조례로 정한다.

④ 지방의회의 의장은 제3항에 따라 지방의회의원의 겸직신고를 받으면 그 내용을 연1회 이상 해당 지방의회의 인터넷 홈페이지에 게시하거나 지방자치단체의 조례로 정하는 방법에 따라 공개하여야 한다.

⑤ 지방의회의원이 다음 각 호의 기관·단체 및 그 기관·단체가 설립·운영하는 시설의 대표, 임원, 상근직원 또는 그 소속 위원회(자문위원회는 제외한다)의 위원이 된 경우에는 그 겸한 직을 사임하여야 한다.

1. 해당 지방자치단체가 출자·출연(재출자 ·재출연을 포함한다)한 기관·단체

2. 해당 지방자치단체의 사무를 위탁받아 수행하고 있는 기관·단체

3. 해당 지방자치단체로부터 운영비, 사업비 등을 지원받고 있는 기관·단체

4. 법령에 따라 해당 지방자치단체의 장의 인가를 받아 설립된 조합(조합설립을 위한 추진위원회 등 준비단체를 포함한다)의 임직원

⑥ 지방의회의 의장은 지방의회의원이 다음 각 호의 어느 하나에 해당하는 경우에는 그

겸한 직을 사임할 것을 권고하여야 한다. 이 경우 지방의회의 의장은 제66조에 따른 윤리심사자문위원회의 의견을 들어야 하며 그 의견을 존중하여야 한다.

　1. 제5항에 해당하는 데도 불구하고 겸한 직을 사임하지 아니할 때

　2. 다른 직을 겸하는 것이 제44조제2항에 위반된다고 인정될 때

⑦ 지방의회의 의장은 지방의회의원의 행위 또는 양수인이나 관리인의 지위가 제5항 또는 제6항에 따라 제한되는지와 관련하여 제66조에 따른 윤리심사자문위원회의 의견을 들을 수 있다.

제44조(의원의 의무) ① 지방의회의원은 공공의 이익을 우선하여 양심에 따라 그 직무를 성실히 수행하여야 한다.

② 지방의회의원은 청렴의 의무를 지며, 지방의회의원으로서의 품위를 유지하여야 한다.

③ 지방의회의원은 지위를 남용하여 재산상의 권리·이익 또는 직위를 취득하거나 다른 사람을 위하여 그 취득을 알선해서는 아니 된다.

④ 지방의회의원은 해당 지방자치단체, 제43조제5항 각 호의 어느 하나에 해당하는 기관·단체 및 그 기관·단체가 설립·운영하는 시설과 영리를 목적으로 하는 거래를 하여서는 아니 된다.

⑤ 지방의회의원은 소관 상임위원회의 직무와 관련된 영리행위를 할 수 없으며, 그 범위는 해당 지방자치단체의 조례로 정한다.

제45조(의원체포 및 확정판결의 통지) ① 수사기관의 장은 체포되거나 구금된 지방의회의원이 있으면 지체 없이 해당 지방의회의 의장에게 영장의 사본을 첨부하여 그 사실을 알려야 한다.

② 각급 법원장은 지방의회의원이 형사사건으로 공소(公訴)가 제기되어 판결이 확정되면 지체 없이 해당 지방의회의 의장에게 그 사실을 알려야 한다.

제46조(지방의회의 의무 등) ① 지방의회는 지방의회의원이 준수하여야 할 지방의회의원의 윤리강령과 윤리실천규범을 조례로 정하여야 한다.

② 지방의회는 소속 의원들이 의정활동에 필요한 전문성을 확보하도록 노력하여야 한다.

제3절 권한

제47조(지방의회의 의결사항) ① 지방의회는 다음 각 호의 사항을 의결한다.

　1. 조례의 제정·개정 및 폐지

　2. 예산의 심의·확정

　3. 결산의 승인

　4. 법령에 규정된 것을 제외한 사용료·수수료·분담금·지방세 또는 가입금의 부과와 징수

　5. 기금의 설치·운용

　6. 대통령령으로 정하는 중요 재산의 취득·처분

　7. 대통령령으로 정하는 공공시설의 설치·처분

　8. 법령과 조례에 규정된 것을 제외한 예산 외의 의무부담이나 권리의 포기

　9. 청원의 수리와 처리

　10. 외국 지방자치단체와의 교류·협력

11. 그 밖에 법령에 따라 그 권한에 속하는 사항

② 지방자치단체는 제1항 각 호의 사항 외에 조례로 정하는 바에 따라 지방의회에서 의결되어야 할 사항을 따로 정할 수 있다.

제48조(서류제출 요구) ① 본회의나 위원회는 그 의결로 안건의 심의와 직접 관련된 서류의 제출을 해당 지방자치단체의 장에게 요구할 수 있다.

② 위원회가 제1항의 요구를 할 때에는 지방의회의 의장에게 그 사실을 보고하여야 한다.

③ 제1항에도 불구하고 폐회 중에는 지방의회의 의장이 서류의 제출을 해당 지방자치단체의 장에게 요구할 수 있다.

④ 제1항 또는 제3항에 따라 서류제출을 요구할 때에는 서면, 전자문서 또는 컴퓨터의 자기테이프·자기디스크, 그 밖에 이와 유사한 매체에 기록된 상태 등 제출 형식을 지정할 수 있다.

제49조(행정사무 감사권 및 조사권) ① 지방의회는 매년 1회 그 지방자치단체의 사무에 대하여 시·도에서는 14일의 범위에서, 시·군 및 자치구에서는 9일의 범위에서 감사를 실시하고, 지방자치단체의 사무 중 특정 사안에 관하여 본회의 의결로 본회의나 위원회에서 조사하게 할 수 있다.

② 제1항의 조사를 발의할 때에는 이유를 밝힌 서면으로 하여야 하며, 재적의원 3분의 1 이상의 찬성이 있어야 한다.

③ 지방자치단체 및 그 장이 위임받아 처리하는 국가사무와 시·도의 사무에 대하여 국회와 시·도의회가 직접 감사하기로 한 사무 외에는 그 감사를 각각 해당 시·도의회와 시·군 및 자치구의회가 할 수 있다. 이 경우 국회와 시·도의회는 그 감사 결과에 대하여 그 지방의회에 필요한 자료를 요구할 수 있다.

④ 제1항의 감사 또는 조사와 제3항의 감사를 위하여 필요하면 현지확인을 하거나 서류제출을 요구할 수 있으며, 지방자치단체의 장 또는 관계 공무원이나 그 사무에 관계되는 사람을 출석하게 하여 증인으로서 선서한 후 증언하게 하거나 참고인으로서 의견을 진술하도록 요구할 수 있다.

⑤ 제4항에 따른 증언에서 거짓증언을 한 사람은 고발할 수 있으며, 제4항에 따라 서류제출을 요구받은 자가 정당한 사유 없이 서류를 정해진 기한까지 제출하지 아니한 경우, 같은 항에 따라 출석요구를 받은 증인이 정당한 사유 없이 출석하지 아니하거나 선서 또는 증언을 거부한 경우에는 500만원 이하의 과태료를 부과할 수 있다.

⑥ 제5항에 따른 과태료 부과절차는 제34조를 따른다.

⑦ 제1항의 감사 또는 조사와 제3항의 감사를 위하여 필요한 사항은 「국정감사 및 조사에 관한 법률」에 준하여 대통령령으로 정하고, 제4항과 제5항의 선서·증언·감정 등에 관한 절차는 「국회에서의 증언·감정 등에 관한 법률」에 준하여 대통령령으로 정한다.

제50조(행정사무 감사 또는 조사 보고의 처리) ① 지방의회는 본회의의 의결로 감사 또는 조사 결과를 처리한다.

② 지방의회는 감사 또는 조사 결과 해당 지방자치단체나 기관의 시정이 필요한 사유

가 있을 때에는 시정을 요구하고, 지방자치단체나 기관에서 처리함이 타당하다고 인정되는 사항은 그 지방자치단체나 기관으로 이송한다.

③ 지방자치단체나 기관은 제2항에 따라 시정 요구를 받거나 이송받은 사항을 지체 없이 처리하고 그 결과를 지방의회에 보고하여야 한다.

제51조(행정사무처리상황의 보고와 질의응답) ① 지방자치단체의 장이나 관계 공무원은 지방의회나 그 위원회에 출석하여 행정사무의 처리상황을 보고하거나 의견을 진술하고 질문에 답변할 수 있다.

② 지방자치단체의 장이나 관계 공무원은 지방의회나 그 위원회가 요구하면 출석·답변하여야 한다. 다만, 특별한 이유가 있으면 지방자치단체의 장은 관계 공무원에게 출석·답변하게 할 수 있다.

③ 제1항이나 제2항에 따라 지방의회나 그 위원회에 출석하여 답변할 수 있는 관계 공무원은 조례로 정한다.

제52조(의회규칙) 지방의회는 내부운영에 관하여 이 법에서 정한 것 외에 필요한 사항을 규칙으로 정할 수 있다.

제4절 소집과 회기

제53조(정례회) ① 지방의회는 매년 2회 정례회를 개최한다.

② 정례회의 집회일, 그 밖에 정례회 운영에 필요한 사항은 해당 지방자치단체의 조례로 정한다.

제54조(임시회) ① 지방의회의원 총선거 후 최초로 집회되는 임시회는 지방의회 사무처장·사무국장·사무과장이 지방의회의원 임기 개시일부터 25일 이내에 소집한다.

② 지방자치단체를 폐지하거나 설치하거나 나누거나 합쳐 새로운 지방자치단체가 설치된 경우에 최초의 임시회는 지방의회 사무처장·사무국장·사무과장이 해당 지방자치단체가 설치되는 날에 소집한다.

③ 지방의회의 의장은 지방자치단체의 장이나 조례로 정하는 수 이상의 지방의회의원이 요구하면 15일 이내에 임시회를 소집하여야 한다. 다만, 지방의회의 의장과 부의장이 부득이한 사유로 임시회를 소집할 수 없을 때에는 지방의회의원 중 최다선의원이, 최다선의원이 2명 이상인 경우에는 그 중 연장자의 순으로 소집할 수 있다.

④ 임시회 소집은 집회일 3일 전에 공고하여야 한다. 다만, 긴급할 때에는 그러하지 아니하다.

제55조(제출안건의 공고) 지방자치단체의 장이 지방의회에 제출할 안건은 지방자치단체의 장이 미리 공고하여야 한다. 다만, 회의 중 긴급한 안건을 제출할 때에는 그러하지 아니하다. 〈개정 2021. 10. 19.〉

[제목개정 2021. 10. 19.]

제56조(개회·휴회·폐회와 회의일수) ① 지방의회의 개회·휴회·폐회와 회기는 지방의회가 의결로 정한다.

② 연간 회의 총일수와 정례회 및 임시회의 회기는 해당 지방자치단체의 조례로 정한다.

제5절 의장과 부의장

제57조(의장·부의장의 선거와 임기) ① 지방의회는 지방의회의원 중에서 시·도의 경우 의

장 1명과 부의장 2명을, 시·군 및 자치구의 경우 의장과 부의장 각 1명을 무기명투표로 선출하여야 한다.

② 지방의회의원 총선거 후 처음으로 선출하는 의장·부의장 선거는 최초집회일에 실시한다.

③ 의장과 부의장의 임기는 2년으로 한다.

제58조(의장의 직무) 지방의회의 의장은 의회를 대표하고 의사(議事)를 정리하며, 회의장 내의 질서를 유지하고 의회의 사무를 감독한다.

제59조(의장 직무대리) 지방의회의 의장이 부득이한 사유로 직무를 수행할 수 없을 때에는 부의장이 그 직무를 대리한다.

제60조(임시의장) 지방의회의 의장과 부의장이 모두 부득이한 사유로 직무를 수행할 수 없을 때에는 임시의장을 선출하여 의장의 직무를 대행하게 한다.

제61조(보궐선거) ① 지방의회의 의장이나 부의장이 궐위(闕位)된 경우에는 보궐선거를 실시한다.

② 보궐선거로 당선된 의장이나 부의장의 임기는 전임자 임기의 남은 기간으로 한다.

제62조(의장·부의장 불신임의 의결) ① 지방의회의 의장이나 부의장이 법령을 위반하거나 정당한 사유 없이 직무를 수행하지 아니하면 지방의회는 불신임을 의결할 수 있다.

② 제1항의 불신임 의결은 재적의원 4분의 1 이상의 발의와 재적의원 과반수의 찬성으로 한다.

③ 제2항의 불신임 의결이 있으면 지방의회의 의장이나 부의장은 그 직에서 해임된다.

제63조(의장 등을 선거할 때의 의장 직무 대행) 제57조제1항, 제60조 또는 제61조제1항에 따른 선거(이하 이 조에서 "의장등의 선거"라 한다)를 실시할 때 의장의 직무를 수행할 사람이 없으면 출석의원 중 최다선의원이, 최다선의원이 2명 이상이면 그 중 연장자가 그 직무를 대행한다. 이 경우 직무를 대행하는 지방의회의원이 정당한 사유 없이 의장등의 선거를 실시할 직무를 이행하지 아니할 때에는 다음 순위의 지방의회의원이 그 직무를 대행한다.

제6절 위원회

제64조(위원회의 설치) ① 지방의회는 조례로 정하는 바에 따라 위원회를 둘 수 있다.

② 위원회의 종류는 다음 각 호와 같다.

1. 소관 의안(議案)과 청원 등을 심사·처리하는 상임위원회

2. 특정한 안건을 심사·처리하는 특별위원회

③ 위원회의 위원은 본회의에서 선임한다.

제65조(윤리특별위원회) ① 지방의회의원의 윤리강령과 윤리실천규범 준수 여부 및 징계에 관한 사항을 심사하기 위하여 윤리특별위원회를 둔다.

② 제1항에 따른 윤리특별위원회(이하 "윤리특별위원회"라 한다)는 지방의회의원의 윤리강령과 윤리실천규범 준수 여부 및 지방의회의원의 징계에 관한 사항을 심사하기 전에 제66조에 따른 윤리심사자문위원회의 의견을 들어야 하며 그 의견을 존중하여야 한다.

제66조(윤리심사자문위원회) ① 지방의회의원의 겸직 및 영리행위 등에 관한 지방의회의 의장의 자문과 지방의회의원의 윤리강령과

윤리실천규범 준수 여부 및 징계에 관한 윤리특별위원회의 자문에 응하기 위하여 윤리특별위원회에 윤리심사자문위원회를 둔다.

② 윤리심사자문위원회의 위원은 민간전문가 중에서 지방의회의 의장이 위촉한다.

③ 제1항 및 제2항에서 규정한 사항 외에 윤리심사자문위원회의 구성 및 운영에 필요한 사항은 회의규칙으로 정한다.

제67조(위원회의 권한) 위원회는 그 소관에 속하는 의안과 청원 등 또는 지방의회가 위임한 특정한 안건을 심사한다.

제68조(전문위원) ① 위원회에는 위원장과 위원의 자치입법활동을 지원하기 위하여 지방의회의원이 아닌 전문지식을 가진 위원(이하 "전문위원"이라 한다)을 둔다.

② 전문위원은 위원회에서 의안과 청원 등의 심사, 행정사무감사 및 조사, 그 밖의 소관 사항과 관련하여 검토보고 및 관련 자료의 수집·조사·연구를 한다.

③ 위원회에 두는 전문위원의 직급과 수 등에 관하여 필요한 사항은 대통령령으로 정한다.

제69조(위원회에서의 방청 등) ① 위원회에서 해당 지방의회의원이 아닌 사람은 위원회의 위원장(이하 이 장에서 "위원장"이라 한다)의 허가를 받아 방청할 수 있다.

② 위원장은 질서를 유지하기 위하여 필요할 때에는 방청인의 퇴장을 명할 수 있다.

제70조(위원회의 개회) ① 위원회는 본회의의 의결이 있거나 지방의회의 의장 또는 위원장이 필요하다고 인정할 때, 재적위원 3분의 1 이상이 요구할 때에 개회한다.

② 폐회 중에는 지방자치단체의 장도 지방의회의 의장 또는 위원장에게 이유서를 붙여 위원회 개회를 요구할 수 있다.

제71조(위원회에 관한 조례) 위원회에 관하여 이 법에서 정한 것 외에 필요한 사항은 조례로 정한다.

제7절 회의

제72조(의사정족수) ① 지방의회는 재적의원 3분의 1 이상의 출석으로 개의(開議)한다.

② 회의 참석 인원이 제1항의 정족수에 미치지 못할 때에는 지방의회의 의장은 회의를 중지하거나 산회(散會)를 선포한다.

제73조(의결정족수) ① 회의는 이 법에 특별히 규정된 경우 외에는 재적의원 과반수의 출석과 출석의원 과반수의 찬성으로 의결한다.

② 지방의회의 의장은 의결에서 표결권을 가지며, 찬성과 반대가 같으면 부결된 것으로 본다.

제74조(표결방법) 본회의에서 표결할 때에는 조례 또는 회의규칙으로 정하는 표결방식에 의한 기록표결로 가부(可否)를 결정한다. 다만, 다음 각 호의 어느 하나에 해당하는 경우에는 무기명투표로 표결한다.

1. 제57조에 따른 의장·부의장 선거

2. 제60조에 따른 임시의장 선출

3. 제62조에 따른 의장·부의장 불신임 의결

4. 제92조에 따른 자격상실 의결

5. 제100조에 따른 징계 의결

6. 제32조, 제120조 또는 제121조, 제192조에 따른 재의 요구에 관한 의결

7. 그 밖에 지방의회에서 하는 각종 선거

및 인사에 관한 사항

제75조(회의의 공개 등) ① 지방의회의 회의는 공개한다. 다만, 지방의회의원 3명 이상이 발의하고 출석의원 3분의 2 이상이 찬성한 경우 또는 지방의회의 의장이 사회의 안녕질서 유지를 위하여 필요하다고 인정하는 경우에는 공개하지 아니할 수 있다.

② 지방의회의 의장은 공개된 회의의 방청 허가를 받은 장애인에게 정당한 편의를 제공하여야 한다.

제76조(의안의 발의) ① 지방의회에서 의결할 의안은 지방자치단체의 장이나 조례로 정하는 수 이상의 지방의회의원의 찬성으로 발의한다.

② 위원회는 그 직무에 속하는 사항에 관하여 의안을 제출할 수 있다.

③ 제1항 및 제2항의 의안은 그 안을 갖추어 지방의회의 의장에게 제출하여야 한다.

④ 제1항에 따라 지방의회의원이 조례안을 발의하는 경우에는 발의 의원과 찬성 의원을 구분하되, 해당 조례안의 제명의 부제로 발의 의원의 성명을 기재하여야 한다. 다만, 발의 의원이 2명 이상인 경우에는 대표발의 의원 1명을 명시하여야 한다.

⑤ 지방의회의원이 발의한 제정조례안 또는 전부개정조례안 중 지방의회에서 의결된 조례안을 공표하거나 홍보하는 경우에는 해당 조례안의 부제를 함께 표기할 수 있다.

제77조(조례안 예고) ① 지방의회는 심사대상인 조례안에 대하여 5일 이상의 기간을 정하여 그 취지, 주요 내용, 전문을 공보나 인터넷 홈페이지 등에 게재하는 방법으로 예고할 수 있다.

② 조례안 예고의 방법, 절차, 그 밖에 필요한 사항은 회의규칙으로 정한다.

제78조(의안에 대한 비용추계 자료 등의 제출) ① 지방자치단체의 장이 예산상 또는 기금상의 조치가 필요한 의안을 제출할 경우에는 그 의안의 시행에 필요할 것으로 예상되는 비용에 대한 추계서와 그에 따른 재원조달방안에 관한 자료를 의안에 첨부하여야 한다. 〈개정 2021. 10. 19.〉

② 제1항에 따른 비용의 추계 및 재원조달방안에 관한 자료의 작성 및 제출절차 등에 관하여 필요한 사항은 해당 지방자치단체의 조례로 정한다.

제79조(회기계속의 원칙) 지방의회에 제출된 의안은 회기 중에 의결되지 못한 것 때문에 폐기되지 아니한다. 다만, 지방의회의원의 임기가 끝나는 경우에는 그러하지 아니하다.

제80조(일사부재의의 원칙) 지방의회에서 부결된 의안은 같은 회기 중에 다시 발의하거나 제출할 수 없다.

제81조(위원회에서 폐기된 의안) ① 위원회에서 본회의에 부칠 필요가 없다고 결정된 의안은 본회의에 부칠 수 없다. 다만, 위원회의 결정이 본회의에 보고된 날부터 폐회나 휴회 중의 기간을 제외한 7일 이내에 지방의회의 의장이나 재적의원 3분의 1 이상이 요구하면 그 의안을 본회의에 부쳐야 한다.

② 제1항 단서의 요구가 없으면 그 의안은 폐기된다.

제82조(의장이나 의원의 제척) 지방의회의 의장이나 지방의회의원은 본인·배우자·직계존비속(直系尊卑屬) 또는 형제자매와 직접 이

해관계가 있는 안건에 관하여는 그 의사에 참여할 수 없다. 다만, 의회의 동의가 있으면 의회에 출석하여 발언할 수 있다.

제83조(회의규칙) 지방의회는 회의 운영에 관하여 이 법에서 정한 것 외에 필요한 사항을 회의규칙으로 정한다.

제84조(회의록) ① 지방의회는 회의록을 작성하고 회의의 진행내용 및 결과와 출석의원의 성명을 적어야 한다.

② 회의록에는 지방의회의 의장과 지방의회에서 선출한 지방의회의원 2명 이상이 서명하여야 한다.

③ 지방의회의 의장은 회의록 사본을 첨부하여 회의 결과를 그 지방자치단체의 장에게 알려야 한다.

④ 지방의회의 의장은 회의록을 지방의회의원에게 배부하고, 주민에게 공개한다. 다만, 비밀로 할 필요가 있다고 지방의회의 의장이 인정하거나 지방의회에서 의결한 사항은 공개하지 아니한다.

제8절 청원

제85조(청원서의 제출) ① 지방의회에 청원을 하려는 자는 지방의회의원의 소개를 받아 청원서를 제출하여야 한다.

② 청원서에는 청원자의 성명(법인인 경우에는 그 명칭과 대표자의 성명을 말한다) 및 주소를 적고 서명·날인하여야 한다.

제86조(청원의 불수리) 재판에 간섭하거나 법령에 위배되는 내용의 청원은 수리하지 아니한다.

제87조(청원의 심사·처리) ① 지방의회의 의장은 청원서를 접수하면 소관 위원회나 본회

의에 회부하여 심사를 하게 한다.

② 청원을 소개한 지방의회의원은 소관 위원회나 본회의가 요구하면 청원의 취지를 설명하여야 한다.

③ 위원회가 청원을 심사하여 본회의에 부칠 필요가 없다고 결정하면 그 처리 결과를 지방의회의 의장에게 보고하고, 지방의회의 의장은 청원한 자에게 알려야 한다.

제88조(청원의 이송과 처리보고) ① 지방의회가 채택한 청원으로서 그 지방자치단체의 장이 처리하는 것이 타당하다고 인정되는 청원은 의견서를 첨부하여 지방자치단체의 장에게 이송한다.

② 지방자치단체의 장은 제1항의 청원을 처리하고 그 처리결과를 지체 없이 지방의회에 보고하여야 한다.

제9절 의원의 사직·퇴직과 자격심사

제89조(의원의 사직) 지방의회는 그 의결로 소속 지방의회의원의 사직을 허가할 수 있다. 다만, 폐회 중에는 지방의회의 의장이 허가할 수 있다.

제90조(의원의 퇴직) 지방의회의원이 다음 각 호의 어느 하나에 해당될 때에는 지방의회의원의 직에서 퇴직한다.

1. 제43조제1항 각 호의 어느 하나에 해당하는 직에 취임할 때

2. 피선거권이 없게 될 때(지방자치단체의 구역변경이나 없어지거나 합한 것 외의 다른 사유로 그 지방자치단체의 구역 밖으로 주민등록을 이전하였을 때를 포함한다)

3. 징계에 따라 제명될 때

제91조(의원의 자격심사) ① 지방의회의원은

다른 의원의 자격에 대하여 이의가 있으면 재적의원 4분의 1 이상의 찬성으로 지방의회의 의장에게 자격심사를 청구할 수 있다.

② 심사 대상인 지방의회의원은 자기의 자격심사에 관한 회의에 출석하여 의견을 진술할 수 있으나, 의결에는 참가할 수 없다.

제92조(자격상실 의결) ① 제91조제1항의 심사 대상인 지방의회의원에 대한 자격상실 의결은 재적의원 3분의 2 이상의 찬성이 있어야 한다.

② 심사 대상인 지방의회의원은 제1항에 따라 자격상실이 확정될 때까지는 그 직을 상실하지 아니한다.

제93조(결원의 통지) 지방의회의 의장은 지방의회의원의 결원이 생겼을 때에는 15일 이내에 그 지방자치단체의 장과 관할 선거관리위원회에 알려야 한다.

제10절 질서

제94조(회의의 질서유지) ① 지방의회의 의장이나 위원장은 지방의회의원이 본회의나 위원회의 회의장에서 이 법이나 회의규칙에 위배되는 발언이나 행위를 하여 회의장의 질서를 어지럽히면 경고 또는 제지를 하거나 발언의 취소를 명할 수 있다.

② 지방의회의 의장이나 위원장은 제1항의 명에 따르지 아니한 지방의회의원이 있으면 그 지방의회의원에 대하여 당일의 회의에서 발언하는 것을 금지하거나 퇴장시킬 수 있다.

③ 지방의회의 의장이나 위원장은 회의장이 소란하여 질서를 유지하기 어려우면 회의를 중지하거나 산회를 선포할 수 있다.

제95조(모욕 등 발언의 금지) ① 지방의회의원은 본회의나 위원회에서 다른 사람을 모욕하거나 다른 사람의 사생활에 대하여 발언해서는 아니 된다.

② 본회의나 위원회에서 모욕을 당한 지방의회의원은 모욕을 한 지방의회의원에 대하여 지방의회에 징계를 요구할 수 있다.

제96조(발언 방해 등의 금지) 지방의회의원은 회의 중에 폭력을 행사하거나 소란한 행위를 하여 다른 사람의 발언을 방해할 수 없으며, 지방의회의 의장이나 위원장의 허가 없이 연단(演壇)이나 단상(壇上)에 올라가서는 아니 된다.

제97조(방청인의 단속) ① 방청인은 의안에 대하여 찬성·반대를 표명하거나 소란한 행위를 하여서는 아니 된다.

② 지방의회의 의장은 회의장의 질서를 방해하는 방청인의 퇴장을 명할 수 있으며, 필요하면 경찰관서에 인도할 수 있다.

③ 지방의회의 의장은 방청석이 소란하면 모든 방청인을 퇴장시킬 수 있다.

④ 제1항부터 제3항까지에서 규정한 사항 외에 방청인 단속에 필요한 사항은 회의규칙으로 정한다.

제11절 징계

제98조(징계의 사유) 지방의회는 지방의회의원이 이 법이나 자치법규에 위배되는 행위를 하면 윤리특별위원회의 심사를 거쳐 의결로써 징계할 수 있다.

제99조(징계의 요구) ① 지방의회의 의장은 제98조에 따른 징계대상 지방의회의원이 있어 징계 요구를 받으면 윤리특별위원회에 회

부한다.

② 제95조제1항을 위반한 지방의회의원에 대하여 모욕을 당한 지방의회의원이 징계를 요구하려면 징계사유를 적은 요구서를 지방의회의 의장에게 제출하여야 한다.

③ 지방의회의 의장은 제2항의 징계 요구를 받으면 윤리특별위원회에 회부한다.

제100조(징계의 종류와 의결) ① 징계의 종류는 다음과 같다.

1. 공개회의에서의 경고
2. 공개회의에서의 사과
3. 30일 이내의 출석정지
4. 제명

② 제1항제4호에 따른 제명 의결에는 재적 의원 3분의 2 이상의 찬성이 있어야 한다.

제101조(징계에 관한 회의규칙) 징계에 관하여 이 법에서 정한 사항 외에 필요한 사항은 회의규칙으로 정한다.

제12절 사무기구와 직원

제102조(사무처 등의 설치) ① 시·도의회에는 사무를 처리하기 위하여 조례로 정하는 바에 따라 사무처를 둘 수 있으며, 사무처에는 사무처장과 직원을 둔다.

② 시·군 및 자치구의회에는 사무를 처리하기 위하여 조례로 정하는 바에 따라 사무국이나 사무과를 둘 수 있으며, 사무국·사무과에는 사무국장 또는 사무과장과 직원을 둘 수 있다.

③ 제1항과 제2항에 따른 사무처장·사무국장·사무과장 및 직원(이하 제103조, 제104조 및 제118조에서 "사무직원"이라 한다)은 지방공무원으로 보한다.

제103조(사무직원의 정원과 임면 등) ① 지방의회에 두는 사무직원의 수는 인건비 등 대통령령으로 정하는 기준에 따라 조례로 정한다.

② 지방의회의 의장은 지방의회 사무직원을 지휘·감독하고 법령과 조례·의회규칙으로 정하는 바에 따라 그 임면·교육·훈련·복무·징계 등에 관한 사항을 처리한다.

제104조(사무직원의 직무와 신분보장 등) ① 사무처장·사무국장 또는 사무과장은 지방의회의 의장의 명을 받아 의회의 사무를 처리한다.

② 사무직원의 임용·보수·복무·신분보장·징계 등에 관하여는 이 법에서 정한 것 외에는 「지방공무원법」을 적용한다.

제6장 집행기관

제1절 지방자치단체의 장

제1관 지방자치단체의 장의 직 인수위원회

제105조(지방자치단체의 장의 직 인수위원회) ① 「공직선거법」 제191조에 따른 지방자치단체의 장의 당선인(같은 법 제14조제3항 단서에 따라 당선이 결정된 사람을 포함하며, 이하 이 조에서 "당선인"이라 한다)은 이 법에서 정하는 바에 따라 지방자치단체의 장의 직 인수를 위하여 필요한 권한을 갖는다.

② 당선인을 보좌하여 지방자치단체의 장의 직 인수와 관련된 업무를 담당하기 위하여 당선이 결정된 때부터 해당 지방자치단체에 지방자치단체의 장의 직 인수위원회(이하 이 조에서 "인수위원회"라 한다)를 설치할 수 있다.

③ 인수위원회는 당선인으로 결정된 때부터

지방자치단체의 장의 임기 시작일 이후 20일의 범위에서 존속한다.

④ 인수위원회는 다음 각 호의 업무를 수행한다.

1. 해당 지방자치단체의 조직·기능 및 예산현황의 파악

2. 해당 지방자치단체의 정책기조를 설정하기 위한 준비

3. 그 밖에 지방자치단체의 장의 직 인수에 필요한 사항

⑤ 인수위원회는 위원장 1명 및 부위원장 1명을 포함하여 다음 각 호의 구분에 따른 위원으로 구성한다.

1. 시·도: 20명 이내

2. 시·군 및 자치구: 15명 이내

⑥ 위원장·부위원장 및 위원은 명예직으로 하고, 당선인이 임명하거나 위촉한다.

⑦ 「지방공무원법」 제31조 각 호의 어느 하나에 해당하는 사람은 인수위원회의 위원장·부위원장 및 위원이 될 수 없다.

⑧ 인수위원회의 위원장·부위원장 및 위원과 그 직에 있었던 사람은 그 직무와 관련하여 알게 된 비밀을 다른 사람에게 누설하거나 지방자치단체의 장의 직 인수 업무 외의 다른 목적으로 이용할 수 없으며, 직권을 남용해서는 아니 된다.

⑨ 인수위원회의 위원장·부위원장 및 위원과 그 직에 있었던 사람 중 공무원이 아닌 사람은 인수위원회의 업무와 관련하여 「형법」이나 그 밖의 법률에 따른 벌칙을 적용할 때에는 공무원으로 본다.

⑩ 제1항부터 제9항까지에서 규정한 사항 외에 인수위원회의 구성·운영 및 인력·예산 지원 등에 필요한 사항은 해당 지방자치단체의 조례로 정한다.

제2관 지방자치단체의 장의 지위

제106조(지방자치단체의 장) 특별시에 특별시장, 광역시에 광역시장, 특별자치시에 특별자치시장, 도와 특별자치도에 도지사를 두고, 시에 시장, 군에 군수, 자치구에 구청장을 둔다.

제107조(지방자치단체의 장의 선거) 지방자치단체의 장은 주민이 보통·평등·직접·비밀선거로 선출한다.

제108조(지방자치단체의 장의 임기) 지방자치단체의 장의 임기는 4년으로 하며, 3기 내에서만 계속 재임(在任)할 수 있다.

제109조(겸임 등의 제한) ① 지방자치단체의 장은 다음 각 호의 어느 하나에 해당하는 직을 겸임할 수 없다.

1. 대통령, 국회의원, 헌법재판소 재판관, 각급 선거관리위원회 위원, 지방의회의원

2. 「국가공무원법」 제2조에 따른 국가공무원과 「지방공무원법」 제2조에 따른 지방공무원

3. 다른 법령에 따라 공무원의 신분을 가지는 직

4. 「공공기관의 운영에 관한 법률」 제4조에 따른 공공기관(한국방송공사, 한국교육방송공사 및 한국은행을 포함한다)의 임직원

5. 농업협동조합, 수산업협동조합, 산림조합, 엽연초생산협동조합, 신용협동조합 및 새마을금고(이들 조합·금고의 중앙회와 연합회를 포함한다)의 임직원

6. 교원

7. 「지방공기업법」 제2조에 따른 지방공사와 지방공단의 임직원

8. 그 밖에 다른 법률에서 겸임할 수 없도록 정하는 직

② 지방자치단체의 장은 재임 중 그 지방자치단체와 영리를 목적으로 하는 거래를 하거나 그 지방자치단체와 관계있는 영리사업에 종사할 수 없다.

제110조(지방자치단체의 폐지·설치·분리·합병과 지방자치단체의 장) 지방자치단체를 폐지하거나 설치하거나 나누거나 합쳐 새로 지방자치단체의 장을 선출하여야 하는 경우에는 그 지방자치단체의 장이 선출될 때까지 시·도지사는 행정안전부장관이, 시장·군수 및 자치구의 구청장은 시·도지사가 각각 그 직무를 대행할 사람을 지정하여야 한다. 다만, 둘 이상의 동격의 지방자치단체를 통폐합하여 새로운 지방자치단체를 설치하는 경우에는 종전의 지방자치단체의 장 중에서 해당 지방자치단체의 장의 직무를 대행할 사람을 지정한다.

제111조(지방자치단체의 장의 사임) ① 지방자치단체의 장은 그 직을 사임하려면 지방의회의 의장에게 미리 사임일을 적은 서면(이하 "사임통지서"라 한다)으로 알려야 한다.

② 지방자치단체의 장은 사임통지서에 적힌 사임일에 사임한다. 다만, 사임통지서에 적힌 사임일까지 지방의회의 의장에게 사임통지가 되지 아니하면 지방의회의 의장에게 사임통지가 된 날에 사임한다.

제112조(지방자치단체의 장의 퇴직) 지방자치단체의 장이 다음 각 호의 어느 하나에 해당될 때에는 그 직에서 퇴직한다.

1. 지방자치단체의 장이 겸임할 수 없는 직에 취임할 때

2. 피선거권이 없게 될 때. 이 경우 지방자치단체의 구역이 변경되거나 없어지거나 합한 것 외의 다른 사유로 그 지방자치단체의 구역 밖으로 주민등록을 이전하였을 때를 포함한다.

3. 제110조에 따라 지방자치단체의 장의 직을 상실할 때

제113조(지방자치단체의 장의 체포 및 확정판결의 통지) ① 수사기관의 장은 체포되거나 구금된 지방자치단체의 장이 있으면 지체 없이 영장의 사본을 첨부하여 해당 지방자치단체에 알려야 한다. 이 경우 통지를 받은 지방자치단체는 그 사실을 즉시 행정안전부장관에게 보고하여야 하며, 시·군 및 자치구가 행정안전부장관에게 보고할 때에는 시·도지사를 거쳐야 한다.

② 각급 법원장은 지방자치단체의 장이 형사사건으로 공소가 제기되어 판결이 확정되면 지체 없이 해당 지방자치단체에 알려야 한다. 이 경우 통지를 받은 지방자치단체는 그 사실을 즉시 행정안전부장관에게 보고하여야 하며, 시·군 및 자치구가 행정안전부장관에게 보고할 때에는 시·도지사를 거쳐야 한다.

제3관 지방자치단체의 장의 권한

제114조(지방자치단체의 통할대표권) 지방자치단체의 장은 지방자치단체를 대표하고, 그 사무를 총괄한다.

제115조(국가사무의 위임) 시·도와 시·군 및 자치구에서 시행하는 국가사무는 시·도지

사와 시장·군수 및 자치구의 구청장에게 위임하여 수행하는 것을 원칙으로 한다. 다만, 법령에 다른 규정이 있는 경우에는 그러하지 아니하다.

제116조(사무의 관리 및 집행권) 지방자치단체의 장은 그 지방자치단체의 사무와 법령에 따라 그 지방자치단체의 장에게 위임된 사무를 관리하고 집행한다.

제117조(사무의 위임 등) ① 지방자치단체의 장은 조례나 규칙으로 정하는 바에 따라 그 권한에 속하는 사무의 일부를 보조기관, 소속 행정기관 또는 하부행정기관에 위임할 수 있다.

② 지방자치단체의 장은 조례나 규칙으로 정하는 바에 따라 그 권한에 속하는 사무의 일부를 관할 지방자치단체나 공공단체 또는 그 기관(사업소·출장소를 포함한다)에 위임하거나 위탁할 수 있다.

③ 지방자치단체의 장은 조례나 규칙으로 정하는 바에 따라 그 권한에 속하는 사무 중 조사·검사·검정·관리업무 등 주민의 권리·의무와 직접 관련되지 아니하는 사무를 법인·단체 또는 그 기관이나 개인에게 위탁할 수 있다.

④ 지방자치단체의 장이 위임받거나 위탁받은 사무의 일부를 제1항부터 제3항까지의 규정에 따라 다시 위임하거나 위탁하려면 미리 그 사무를 위임하거나 위탁한 기관의 장의 승인을 받아야 한다.

제118조(직원에 대한 임면권 등) 지방자치단체의 장은 소속 직원(지방의회의 사무직원은 제외한다)을 지휘·감독하고 법령과 조례·규칙으로 정하는 바에 따라 그 임면·교육훈련·복무·징계 등에 관한 사항을 처리한다.

제119조(사무인계) 지방자치단체의 장이 퇴직할 때에는 소관 사무 일체를 후임자에게 인계하여야 한다.

제4관 지방의회와의 관계

제120조(지방의회의 의결에 대한 재의 요구와 제소) ① 지방자치단체의 장은 지방의회의 의결이 월권이거나 법령에 위반되거나 공익을 현저히 해친다고 인정되면 그 의결사항을 이송받은 날부터 20일 이내에 이유를 붙여 재의를 요구할 수 있다.

② 제1항의 요구에 대하여 재의한 결과 재적의원 과반수의 출석과 출석의원 3분의 2 이상의 찬성으로 전과 같은 의결을 하면 그 의결사항은 확정된다.

③ 지방자치단체의 장은 제2항에 따라 재의결된 사항이 법령에 위반된다고 인정되면 대법원에 소(訴)를 제기할 수 있다. 이 경우에는 제192조제4항을 준용한다.

제121조(예산상 집행 불가능한 의결의 재의 요구) ① 지방자치단체의 장은 지방의회의 의결이 예산상 집행할 수 없는 경비를 포함하고 있다고 인정되면 그 의결사항을 이송받은 날부터 20일 이내에 이유를 붙여 재의를 요구할 수 있다.

② 지방의회가 다음 각 호의 어느 하나에 해당하는 경비를 줄이는 의결을 할 때에도 제1항과 같다.

  1. 법령에 따라 지방자치단체에서 의무적으로 부담하여야 할 경비

  2. 비상재해로 인한 시설의 응급 복구를 위하여 필요한 경비

③ 제1항과 제2항의 경우에는 제120조제2항을 준용한다.

제122조(지방자치단체의 장의 선결처분) ① 지방자치단체의 장은 지방의회가 지방의회의원이 구속되는 등의 사유로 제73조에 따른 의결정족수에 미달될 때와 지방의회의 의결사항 중 주민의 생명과 재산 보호를 위하여 긴급하게 필요한 사항으로서 지방의회를 소집할 시간적 여유가 없거나 지방의회에서 의결이 지체되어 의결되지 아니할 때에는 선결처분(先決處分)을 할 수 있다.

② 제1항에 따른 선결처분은 지체 없이 지방의회에 보고하여 승인을 받아야 한다.

③ 지방의회에서 제2항의 승인을 받지 못하면 그 선결처분은 그때부터 효력을 상실한다.

④ 지방자치단체의 장은 제2항이나 제3항에 관한 사항을 지체 없이 공고하여야 한다.

제2절 보조기관

제123조(부지사·부시장·부군수·부구청장) ① 특별시·광역시 및 특별자치시에 부시장, 도와 특별자치도에 부지사, 시에 부시장, 군에 부군수, 자치구에 부구청장을 두며, 그 수는 다음 각 호의 구분과 같다.

1. 특별시의 부시장의 수: 3명을 넘지 아니하는 범위에서 대통령령으로 정한다.

2. 광역시와 특별자치시의 부시장 및 도와 특별자치도의 부지사의 수: 2명(인구 800만 이상의 광역시나 도는 3명)을 넘지 아니하는 범위에서 대통령령으로 정한다.

3. 시의 부시장, 군의 부군수 및 자치구의 부구청장의 수: 1명으로 한다.

② 특별시·광역시 및 특별자치시의 부시장, 도와 특별자치도의 부지사는 대통령령으로 정하는 바에 따라 정무직 또는 일반직 국가공무원으로 보한다. 다만, 제1항제1호 및 제2호에 따라 특별시·광역시 및 특별자치시의 부시장, 도와 특별자치도의 부지사를 2명이나 3명 두는 경우에 1명은 대통령령으로 정하는 바에 따라 정무직·일반직 또는 별정직 지방공무원으로 보하되, 정무직과 별정직 지방공무원으로 보할 때의 자격기준은 해당 지방자치단체의 조례로 정한다.

③ 제2항의 정무직 또는 일반직 국가공무원으로 보하는 부시장·부지사는 시·도지사의 제청으로 행정안전부장관을 거쳐 대통령이 임명한다. 이 경우 제청된 사람에게 법적 결격사유가 없으면 시·도지사가 제청한 날부터 30일 이내에 임명절차를 마쳐야 한다.

④ 시의 부시장, 군의 부군수, 자치구의 부구청장은 일반직 지방공무원으로 보하되, 그 직급은 대통령령으로 정하며 시장·군수·구청장이 임명한다.

⑤ 시·도의 부시장과 부지사, 시의 부시장·부군수·부구청장은 해당 지방자치단체의 장을 보좌하여 사무를 총괄하고, 소속 직원을 지휘·감독한다.

⑥ 제1항제1호 및 제2호에 따라 시·도의 부시장과 부지사를 2명이나 3명 두는 경우에 그 사무 분장은 대통령령으로 정한다. 이 경우 부시장·부지사를 3명 두는 시·도에서는 그중 1명에게 특정지역의 사무를 담당하게 할 수 있다.

제124조(지방자치단체의 장의 권한대행 등) ① 지방자치단체의 장이 다음 각 호의 어느 하

나에 해당되면 부지사·부시장·부군수·부구청장(이하 이 조에서 "부단체장"이라 한다)이 그 권한을 대행한다.

1. 궐위된 경우
2. 공소 제기된 후 구금상태에 있는 경우
3. 「의료법」에 따른 의료기관에 60일 이상 계속하여 입원한 경우

② 지방자치단체의 장이 그 직을 가지고 그 지방자치단체의 장 선거에 입후보하면 예비후보자 또는 후보자로 등록한 날부터 선거일까지 부단체장이 그 지방자치단체의 장의 권한을 대행한다.

③ 지방자치단체의 장이 출장·휴가 등 일시적 사유로 직무를 수행할 수 없으면 부단체장이 그 직무를 대리한다.

④ 제1항부터 제3항까지의 경우에 부지사나 부시장이 2명 이상인 시·도에서는 대통령령으로 정하는 순서에 따라 그 권한을 대행하거나 직무를 대리한다.

⑤ 제1항부터 제3항까지의 규정에 따라 권한을 대행하거나 직무를 대리할 부단체장이 부득이한 사유로 직무를 수행할 수 없으면 그 지방자치단체의 규칙에 정해진 직제 순서에 따른 공무원이 그 권한을 대행하거나 직무를 대리한다.

제125조(행정기구와 공무원) ① 지방자치단체는 그 사무를 분장하기 위하여 필요한 행정기구와 지방공무원을 둔다.

② 제1항에 따른 행정기구의 설치와 지방공무원의 정원은 인건비 등 대통령령으로 정하는 기준에 따라 그 지방자치단체의 조례로 정한다.

③ 행정안전부장관은 지방자치단체의 행정기구와 지방공무원의 정원이 적절하게 운영되고 다른 지방자치단체와의 균형이 유지되도록 하기 위하여 필요한 사항을 권고할 수 있다.

④ 지방공무원의 임용과 시험·자격·보수·복무·신분보장·징계·교육·훈련 등에 관한 사항은 따로 법률로 정한다.

⑤ 지방자치단체에는 제1항에도 불구하고 법률로 정하는 바에 따라 국가공무원을 둘 수 있다.

⑥ 제5항에 규정된 국가공무원의 경우「국가공무원법」제32조제1항부터 제3항까지의 규정에도 불구하고 5급 이상의 국가공무원이나 고위공무원단에 속하는 공무원은 해당 지방자치단체의 장의 제청으로 소속 장관을 거쳐 대통령이 임명하고, 6급 이하의 국가공무원은 그 지방자치단체의 장의 제청으로 소속 장관이 임명한다.

제3절 소속 행정기관

제126조(직속기관) 지방자치단체는 소관 사무의 범위에서 필요하면 대통령령이나 대통령령으로 정하는 범위에서 그 지방자치단체의 조례로 자치경찰기관(제주특별자치도만 해당한다), 소방기관, 교육훈련기관, 보건진료기관, 시험연구기관 및 중소기업지도기관 등을 직속기관으로 설치할 수 있다.

제127조(사업소) 지방자치단체는 특정 업무를 효율적으로 수행하기 위하여 필요하면 대통령령으로 정하는 범위에서 그 지방자치단체의 조례로 사업소를 설치할 수 있다.

제128조(출장소) 지방자치단체는 외진 곳의 주민의 편의와 특정지역의 개발 촉진을 위

하여 필요하면 대통령령으로 정하는 범위에서 그 지방자치단체의 조례로 출장소를 설치할 수 있다.

제129조(합의제행정기관) ① 지방자치단체는 소관 사무의 일부를 독립하여 수행할 필요가 있으면 법령이나 그 지방자치단체의 조례로 정하는 바에 따라 합의제행정기관을 설치할 수 있다.

② 제1항의 합의제행정기관의 설치·운영에 필요한 사항은 대통령령이나 그 지방자치단체의 조례로 정한다.

제130조(자문기관의 설치 등) ① 지방자치단체는 소관 사무의 범위에서 법령이나 그 지방자치단체의 조례로 정하는 바에 따라 자문기관(소관 사무에 대한 자문에 응하거나 협의, 심의 등을 목적으로 하는 심의회, 위원회 등을 말한다. 이하 같다)을 설치·운영할 수 있다.

② 자문기관은 법령이나 조례에 규정된 기능과 권한을 넘어서 주민의 권리를 제한하거나 의무를 부과하는 내용으로 자문 또는 심의 등을 하여서는 아니 된다.

③ 자문기관의 설치 요건·절차, 구성 및 운영 등에 관한 사항은 대통령령으로 정한다. 다만, 다른 법령에서 지방자치단체에 둘 수 있는 자문기관의 설치 요건·절차, 구성 및 운영 등을 따로 정한 경우에는 그 법령에서 정하는 바에 따른다.

④ 지방자치단체는 자문기관 운영의 효율성 향상을 위하여 해당 지방자치단체에 설치된 다른 자문기관과 성격·기능이 중복되는 자문기관을 설치·운영해서는 아니 되며, 지방자치단체의 조례로 정하는 바에 따라 성격과 기능이 유사한 다른 자문기관의 기능을

포함하여 운영할 수 있다.

⑤ 지방자치단체의 장은 자문기관 운영의 효율성 향상을 위한 자문기관 정비계획 및 조치 결과 등을 종합하여 작성한 자문기관 운영현황을 매년 해당 지방의회에 보고하여야 한다.

제4절 하부행정기관

제131조(하부행정기관의 장) 자치구가 아닌 구에 구청장, 읍에 읍장, 면에 면장, 동에 동장을 둔다. 이 경우 면·동은 행정면·행정동을 말한다.

제132조(하부행정기관의 장의 임명) ① 자치구가 아닌 구의 구청장은 일반직 지방공무원으로 보하되, 시장이 임명한다.

② 읍장·면장·동장은 일반직 지방공무원으로 보하되, 시장·군수 또는 자치구의 구청장이 임명한다.

제133조(하부행정기관의 장의 직무권한) 자치구가 아닌 구의 구청장은 시장, 읍장·면장은 시장이나 군수, 동장은 시장(구가 없는 시의 시장을 말한다)이나 구청장(자치구의 구청장을 포함한다)의 지휘·감독을 받아 소관 국가사무와 지방자치단체의 사무를 맡아 처리하고 소속 직원을 지휘·감독한다.

제134조(하부행정기구) 지방자치단체는 조례로 정하는 바에 따라 자치구가 아닌 구와 읍·면·동에 소관 행정사무를 분장하기 위하여 필요한 행정기구를 둘 수 있다. 이 경우 면·동은 행정면·행정동을 말한다.

제5절 교육·과학 및 체육에 관한 기관

제135조(교육·과학 및 체육에 관한 기관) ① 지방

자치단체의 교육·과학 및 체육에 관한 사무를 분장하기 위하여 별도의 기관을 둔다.
② 제1항에 따른 기관의 조직과 운영에 필요한 사항은 따로 법률로 정한다.

제7장 재무
제1절 재정 운영의 기본원칙

제136조(지방재정의 조정) 국가와 지방자치단체는 지역 간 재정불균형을 해소하기 위하여 국가와 지방자치단체 간, 지방자치단체 상호 간에 적절한 재정 조정을 하도록 노력하여야 한다.

제137조(건전재정의 운영) ① 지방자치단체는 그 재정을 수지균형의 원칙에 따라 건전하게 운영하여야 한다.
② 국가는 지방재정의 자주성과 건전한 운영을 장려하여야 하며, 국가의 부담을 지방자치단체에 넘겨서는 아니 된다.
③ 국가는 다음 각 호의 어느 하나에 해당하는 기관의 신설·확장·이전·운영과 관련된 비용을 지방자치단체에 부담시켜서는 아니 된다.
　1. 「정부조직법」과 다른 법률에 따라 설치된 국가행정기관 및 그 소속 기관
　2. 「공공기관의 운영에 관한 법률」 제4조에 따른 공공기관
　3. 국가가 출자·출연한 기관(재단법인, 사단법인 등을 포함한다)
　4. 국가가 설립·조성·관리하는 시설 또는 단지 등을 지원하기 위하여 설치된 기관(재단법인, 사단법인 등을 포함한다)
④ 국가는 제3항 각 호의 기관을 신설하거나 확장하거나 이전하는 위치를 선정할 경우 지방자치단체의 재정적 부담을 입지 선정의 조건으로 하거나 입지 적합성의 선정 항목으로 이용해서는 아니 된다.

제138조(국가시책의 구현) ① 지방자치단체는 국가시책을 달성하기 위하여 노력하여야 한다.
② 제1항에 따라 국가시책을 달성하기 위하여 필요한 경비의 국고보조율과 지방비부담률은 법령으로 정한다.

제139조(지방채무 및 지방채권의 관리) ① 지방자치단체의 장이나 지방자치단체조합은 따로 법률로 정하는 바에 따라 지방채를 발행할 수 있다.
② 지방자치단체의 장은 따로 법률로 정하는 바에 따라 지방자치단체의 채무부담의 원인이 될 계약의 체결이나 그 밖의 행위를 할 수 있다.
③ 지방자치단체의 장은 공익을 위하여 필요하다고 인정하면 미리 지방의회의 의결을 받아 보증채무부담행위를 할 수 있다.
④ 지방자치단체는 조례나 계약에 의하지 아니하고는 채무의 이행을 지체할 수 없다.
⑤ 지방자치단체는 법령이나 조례의 규정에 따르거나 지방의회의 의결을 받지 아니하고는 채권에 관하여 채무를 면제하거나 그 효력을 변경할 수 없다.

제2절 예산과 결산

제140조(회계연도) 지방자치단체의 회계연도는 매년 1월 1일에 시작하여 그 해 12월 31일에 끝난다.

제141조(회계의 구분) ① 지방자치단체의 회계

는 일반회계와 특별회계로 구분한다.

② 특별회계는 법률이나 지방자치단체의 조례로 설치할 수 있다.

제142조(예산의 편성 및 의결) ① 지방자치단체의 장은 회계연도마다 예산안을 편성하여 시·도는 회계연도 시작 50일 전까지, 시·군 및 자치구는 회계연도 시작 40일 전까지 지방의회에 제출하여야 한다.

② 시·도의회는 제1항의 예산안을 회계연도 시작 15일 전까지, 시·군 및 자치구의회는 회계연도 시작 10일 전까지 의결하여야 한다.

③ 지방의회는 지방자치단체의 장의 동의 없이 지출예산 각 항의 금액을 증가시키거나 새로운 비용항목을 설치할 수 없다.

④ 지방자치단체의 장은 제1항의 예산안을 제출한 후 부득이한 사유로 그 내용의 일부를 수정하려면 수정예산안을 작성하여 지방의회에 다시 제출할 수 있다.

제143조(계속비) 지방자치단체의 장은 한 회계연도를 넘어 계속하여 경비를 지출할 필요가 있으면 그 총액과 연도별 금액을 정하여 계속비로서 지방의회의 의결을 받아야 한다.

제144조(예비비) ① 지방자치단체는 예측할 수 없는 예산 외의 지출이나 예산초과지출에 충당하기 위하여 세입·세출예산에 예비비를 계상하여야 한다.

② 예비비의 지출은 다음 해 지방의회의 승인을 받아야 한다.

제145조(추가경정예산) ① 지방자치단체의 장은 예산을 변경할 필요가 있으면 추가경정예산안을 편성하여 지방의회의 의결을 받

아야 한다.

② 제1항의 경우에는 제142조제3항 및 제4항을 준용한다.

제146조(예산이 성립하지 아니할 때의 예산 집행) 지방의회에서 새로운 회계연도가 시작될 때까지 예산안이 의결되지 못하면 지방자치단체의 장은 지방의회에서 예산안이 의결될 때까지 다음 각 호의 목적을 위한 경비를 전년도 예산에 준하여 집행할 수 있다.

1. 법령이나 조례에 따라 설치된 기관이나 시설의 유지·운영

2. 법령상 또는 조례상 지출의무의 이행

3. 이미 예산으로 승인된 사업의 계속

제147조(지방자치단체를 신설할 때의 예산) ① 지방자치단체를 폐지하거나 설치하거나 나누거나 합쳐 새로운 지방자치단체가 설치된 경우에는 지체 없이 그 지방자치단체의 예산을 편성하여야 한다.

② 제1항의 경우에 해당 지방자치단체의 장은 예산이 성립될 때까지 필요한 경상적 수입과 지출을 할 수 있다. 이 경우 수입과 지출은 새로 성립될 예산에 포함시켜야 한다.

제148조(재정부담이 따르는 조례 제정 등) 지방의회는 새로운 재정부담이 따르는 조례나 안건을 의결하려면 미리 지방자치단체의 장의 의견을 들어야 한다.

제149조(예산의 이송·고시 등) ① 지방의회의 의장은 예산안이 의결되면 그날부터 3일 이내에 지방자치단체의 장에게 이송하여야 한다.

② 지방자치단체의 장은 제1항에 따라 예산을 이송받으면 지체 없이 시·도에서는 행정안전부장관에게, 시·군 및 자치구에서는 시

·도지사에게 각각 보고하고, 그 내용을 고시하여야 한다. 다만, 제121조에 따른 재의 요구를 할 때에는 그러하지 아니하다.

제150조(결산) ① 지방자치단체의 장은 출납 폐쇄 후 80일 이내에 결산서와 증명서류를 작성하고 지방의회가 선임한 검사위원의 검사의견서를 첨부하여 다음 해 지방의회의 승인을 받아야 한다. 결산의 심사 결과 위법하거나 부당한 사항이 있는 경우에 지방의회는 본회의 의결 후 지방자치단체 또는 해당 기관에 변상 및 징계 조치 등 그 시정을 요구하고, 지방자치단체 또는 해당 기관은 시정 요구를 받은 사항을 지체 없이 처리하여 그 결과를 지방의회에 보고하여야 한다.
② 지방자치단체의 장은 제1항에 따른 승인을 받으면 그날부터 5일 이내에 시·도에서는 행정안전부장관에게, 시·군 및 자치구에서는 시·도지사에게 각각 보고하고, 그 내용을 고시하여야 한다.
③ 제1항에 따른 검사위원의 선임과 운영에 필요한 사항은 대통령령으로 정한다.

제151조(지방자치단체가 없어졌을 때의 결산) ① 지방자치단체를 폐지하거나 설치하거나 나누거나 합쳐 없어진 지방자치단체의 수입과 지출은 없어진 날로 마감하되, 그 지방자치단체의 장이었던 사람이 결산하여야 한다.
② 제1항의 결산은 제150조제1항에 따라 사무를 인수한 지방자치단체의 의회의 승인을 받아야 한다.

제3절 수입과 지출

제152조(지방세) 지방자치단체는 법률로 정하는 바에 따라 지방세를 부과·징수할 수 있

다.

제153조(사용료) 지방자치단체는 공공시설의 이용 또는 재산의 사용에 대하여 사용료를 징수할 수 있다.

제154조(수수료) ① 지방자치단체는 그 지방자치단체의 사무가 특정인을 위한 것이면 그 사무에 대하여 수수료를 징수할 수 있다.
② 지방자치단체는 국가나 다른 지방자치단체의 위임사무가 특정인을 위한 것이면 그 사무에 대하여 수수료를 징수할 수 있다.
③ 제2항에 따른 수수료는 그 지방자치단체의 수입으로 한다. 다만, 법령에 달리 정해진 경우에는 그러하지 아니하다.

제155조(분담금) 지방자치단체는 그 재산 또는 공공시설의 설치로 주민의 일부가 특히 이익을 받으면 이익을 받는 자로부터 그 이익의 범위에서 분담금을 징수할 수 있다.

제156조(사용료의 징수조례 등) ① 사용료·수수료 또는 분담금의 징수에 관한 사항은 조례로 정한다. 다만, 국가가 지방자치단체나 그 기관에 위임한 사무와 자치사무의 수수료 중 전국적으로 통일할 필요가 있는 수수료는 다른 법령의 규정에도 불구하고 대통령령으로 정하는 표준금액으로 징수하되, 지방자치단체가 다른 금액으로 징수하려는 경우에는 표준금액의 50퍼센트 범위에서 조례로 가감 조정하여 징수할 수 있다.
② 사기나 그 밖의 부정한 방법으로 사용료·수수료 또는 분담금의 징수를 면한 자에게는 그 징수를 면한 금액의 5배 이내의 과태료를, 공공시설을 부정사용한 자에게는 50만원 이하의 과태료를 부과하는 규정을 조례로 정할 수 있다.

자치분권 6법 사용설명서

③ 제2항에 따른 과태료의 부과·징수, 재판 및 집행 등의 절차에 관한 사항은 「질서위반행위규제법」에 따른다.

제157조(사용료 등의 부과·징수, 이의신청) ① 사용료·수수료 또는 분담금은 공평한 방법으로 부과하거나 징수하여야 한다.

② 사용료·수수료 또는 분담금의 부과나 징수에 대하여 이의가 있는 자는 그 처분을 통지받은 날부터 90일 이내에 그 지방자치단체의 장에게 이의신청할 수 있다.

③ 지방자치단체의 장은 제2항의 이의신청을 받은 날부터 60일 이내에 결정을 하여 알려야 한다.

④ 사용료·수수료 또는 분담금의 부과나 징수에 대하여 행정소송을 제기하려면 제3항에 따른 결정을 통지받은 날부터 90일 이내에 처분청을 당사자로 하여 소를 제기하여야 한다.

⑤ 제3항에 따른 결정기간에 결정의 통지를 받지 못하면 제4항에도 불구하고 그 결정기간이 지난 날부터 90일 이내에 소를 제기할 수 있다.

⑥ 제2항과 제3항에 따른 이의신청의 방법과 절차 등에 관하여는 「지방세기본법」 제90조와 제94조부터 제100조까지의 규정을 준용한다.

⑦ 지방자치단체의 장은 사용료·수수료 또는 분담금을 내야 할 자가 납부기한까지 그 사용료·수수료 또는 분담금을 내지 아니하면 지방세 체납처분의 예에 따라 징수할 수 있다.

제158조(경비의 지출) 지방자치단체는 자치사무 수행에 필요한 경비와 위임된 사무에 필요한 경비를 지출할 의무를 진다. 다만, 국가사무나 지방자치단체사무를 위임할 때에는 사무를 위임한 국가나 지방자치단체에서 그 경비를 부담하여야 한다.

제4절 재산 및 공공시설

제159조(재산과 기금의 설치) ① 지방자치단체는 행정목적을 달성하기 위한 경우나 공익상 필요한 경우에는 재산(현금 외의 모든 재산적 가치가 있는 물건과 권리를 말한다)을 보유하거나 특정한 자금을 운용하기 위한 기금을 설치할 수 있다.

② 제1항의 재산의 보유, 기금의 설치·운용에 필요한 사항은 조례로 정한다.

제160조(재산의 관리와 처분) 지방자치단체의 재산은 법령이나 조례에 따르지 아니하고는 교환·양여(讓與)·대여하거나 출자 수단 또는 지급 수단으로 사용할 수 없다.

제161조(공공시설) ① 지방자치단체는 주민의 복지를 증진하기 위하여 공공시설을 설치할 수 있다.

② 제1항의 공공시설의 설치와 관리에 관하여 다른 법령에 규정이 없으면 조례로 정한다.

③ 제1항의 공공시설은 관계 지방자치단체의 동의를 받아 그 지방자치단체의 구역 밖에 설치할 수 있다.

제5절 보칙

제162조(지방재정 운영에 관한 법률의 제정) 지방자치단체의 재정에 관하여 이 법에서 정한 것 외에 필요한 사항은 따로 법률로 정한다.

제163조(지방공기업의 설치·운영) ① 지방자치

단체는 주민의 복리증진과 사업의 효율적 수행을 위하여 지방공기업을 설치·운영할 수 있다.

② 지방공기업의 설치·운영에 필요한 사항은 따로 법률로 정한다.

제8장 지방자치단체 상호 간의 관계
제1절 지방자치단체 간의 협력과 분쟁조정

제164조(지방자치단체 상호 간의 협력) ① 지방자치단체는 다른 지방자치단체로부터 사무의 공동처리에 관한 요청이나 사무처리에 관한 협의·조정·승인 또는 지원의 요청을 받으면 법령의 범위에서 협력하여야 한다.

② 관계 중앙행정기관의 장은 지방자치단체 간의 협력 활성화를 위하여 필요한 지원을 할 수 있다.

제165조(지방자치단체 상호 간의 분쟁조정) ① 지방자치단체 상호 간 또는 지방자치단체의 장 상호 간에 사무를 처리할 때 의견이 달라 다툼(이하 "분쟁"이라 한다)이 생기면 다른 법률에 특별한 규정이 없으면 행정안전부장관이나 시·도지사가 당사자의 신청을 받아 조정할 수 있다. 다만, 그 분쟁이 공익을 현저히 해쳐 조속한 조정이 필요하다고 인정되면 당사자의 신청이 없어도 직권으로 조정할 수 있다.

② 제1항 단서에 따라 행정안전부장관이나 시·도지사가 분쟁을 조정하는 경우에는 그 취지를 미리 당사자에게 알려야 한다.

③ 행정안전부장관이나 시·도지사가 제1항의 분쟁을 조정하려는 경우에는 관계 중앙행정기관의 장과의 협의를 거쳐 제166조에 따른 지방자치단체중앙분쟁조정위원회나 지방자치단체지방분쟁조정위원회의 의결에 따라 조정을 결정하여야 한다.

④ 행정안전부장관이나 시·도지사는 제3항에 따라 조정을 결정하면 서면으로 지체 없이 관계 지방자치단체의 장에게 통보하여야 하며, 통보를 받은 지방자치단체의 장은 그 조정 결정 사항을 이행하여야 한다.

⑤ 제3항에 따른 조정 결정 사항 중 예산이 필요한 사항에 대해서는 관계 지방자치단체는 필요한 예산을 우선적으로 편성하여야 한다. 이 경우 연차적으로 추진하여야 할 사항은 연도별 추진계획을 행정안전부장관이나 시·도지사에게 보고하여야 한다.

⑥ 행정안전부장관이나 시·도지사는 제3항의 조정 결정에 따른 시설의 설치 또는 서비스의 제공으로 이익을 얻거나 그 원인을 일으켰다고 인정되는 지방자치단체에 대해서는 그 시설이나 운영 등의 전부나 일부를 행정안전부장관이 정하는 기준에 따라 부담하게 할 수 있다.

⑦ 행정안전부장관이나 시·도지사는 제4항부터 제6항까지의 규정에 따른 조정 결정 사항이 성실히 이행되지 아니하면 그 지방자치단체에 대하여 제189조를 준용하여 이행하게 할 수 있다.

제166조(지방자치단체중앙분쟁조정위원회 등의 설치와 구성 등) ① 제165조제1항에 따른 분쟁의 조정과 제173조제1항에 따른 협의사항의 조정에 필요한 사항을 심의·의결하기 위하여 행정안전부에 지방자치단체중앙분쟁조정위원회(이하 "중앙분쟁조정위원회"라 한다)를, 시·도에 지방자치단체지방분쟁조정위원

회(이하 "지방분쟁조정위원회"라 한다)를 둔다.

② 중앙분쟁조정위원회는 다음 각 호의 분쟁을 심의·의결한다.

1. 시·도 간 또는 그 장 간의 분쟁

2. 시·도를 달리하는 시·군 및 자치구 간 또는 그 장 간의 분쟁

3. 시·도와 시·군 및 자치구 간 또는 그 장 간의 분쟁

4. 시·도와 지방자치단체조합 간 또는 그 장 간의 분쟁

5. 시·도를 달리하는 시·군 및 자치구와 지방자치단체조합 간 또는 그 장 간의 분쟁

6. 시·도를 달리하는 지방자치단체조합 간 또는 그 장 간의 분쟁

③ 지방분쟁조정위원회는 제2항 각 호에 해당하지 아니하는 지방자치단체·지방자치단체조합 간 또는 그 장 간의 분쟁을 심의·의결한다.

④ 중앙분쟁조정위원회와 지방분쟁조정위원회(이하 "분쟁조정위원회"라 한다)는 각각 위원장 1명을 포함하여 11명 이내의 위원으로 구성한다.

⑤ 중앙분쟁조정위원회의 위원장과 위원 중 5명은 다음 각 호의 사람 중에서 행정안전부장관의 제청으로 대통령이 임명하거나 위촉하고, 대통령령으로 정하는 중앙행정기관 소속 공무원은 당연직위원이 된다.

1. 대학에서 부교수 이상으로 3년 이상 재직 중이거나 재직한 사람

2. 판사·검사 또는 변호사의 직에 6년 이상 재직 중이거나 재직한 사람

3. 그 밖에 지방자치사무에 관한 학식과 경험이 풍부한 사람

⑥ 지방분쟁조정위원회의 위원장과 위원 중 5명은 제5항 각 호의 사람 중에서 시·도지사가 임명하거나 위촉하고, 조례로 정하는 해당 지방자치단체 소속 공무원은 당연직위원이 된다.

⑦ 공무원이 아닌 위원장 및 위원의 임기는 3년으로 하며, 연임할 수 있다. 다만, 보궐위원의 임기는 전임자 임기의 남은 기간으로 한다.

제167조(분쟁조정위원회의 운영 등) ① 분쟁조정위원회는 위원장을 포함한 위원 7명 이상의 출석으로 개의하고, 출석위원 3분의 2 이상의 찬성으로 의결한다.

② 분쟁조정위원회의 위원장은 분쟁의 조정과 관련하여 필요하다고 인정하면 관계 공무원, 지방자치단체조합의 직원 또는 관계 전문가를 출석시켜 의견을 듣거나 관계 기관이나 단체에 대하여 자료 및 의견 제출 등을 요구할 수 있다. 이 경우 분쟁의 당사자에게는 의견을 진술할 기회를 주어야 한다.

③ 이 법에서 정한 사항 외에 분쟁조정위원회의 구성과 운영 등에 필요한 사항은 대통령령으로 정한다.

제168조(사무의 위탁) ① 지방자치단체나 그 장은 소관 사무의 일부를 다른 지방자치단체나 그 장에게 위탁하여 처리하게 할 수 있다.

② 지방자치단체나 그 장은 제1항에 따라 사무를 위탁하려면 관계 지방자치단체와의 협의에 따라 규약을 정하여 고시하여야 한다.

③ 제2항의 사무위탁에 관한 규약에는 다음 각 호의 사항이 포함되어야 한다.

  1. 사무를 위탁하는 지방자치단체와 사무를 위탁받는 지방자치단체

  2. 위탁사무의 내용과 범위

  3. 위탁사무의 관리와 처리방법

  4. 위탁사무의 관리와 처리에 드는 경비의 부담과 지출방법

  5. 그 밖에 사무위탁에 필요한 사항

④ 지방자치단체나 그 장은 사무위탁을 변경하거나 해지하려면 관계 지방자치단체나 그 장과 협의하여 그 사실을 고시하여야 한다.

⑤ 사무가 위탁된 경우 위탁된 사무의 관리와 처리에 관한 조례나 규칙은 규약에 다르게 정해진 경우 외에는 사무를 위탁받은 지방자치단체에 대해서도 적용한다.

제2절 행정협의회

제169조(행정협의회의 구성) ① 지방자치단체는 2개 이상의 지방자치단체에 관련된 사무의 일부를 공동으로 처리하기 위하여 관계 지방자치단체 간의 행정협의회(이하 "협의회"라 한다)를 구성할 수 있다. 이 경우 지방자치단체의 장은 시·도가 구성원이면 행정안전부장관과 관계 중앙행정기관의 장에게, 시·군 또는 자치구가 구성원이면 시·도지사에게 이를 보고하여야 한다.

② 지방자치단체는 협의회를 구성하려면 관계 지방자치단체 간의 협의에 따라 규약을 정하여 관계 지방의회에 각각 보고한 다음 고시하여야 한다.

③ 행정안전부장관이나 시·도지사는 공익

상 필요하면 관계 지방자치단체에 대하여 협의회를 구성하도록 권고할 수 있다.

제170조(협의회의 조직) ① 협의회는 회장과 위원으로 구성한다.

② 회장과 위원은 규약으로 정하는 바에 따라 관계 지방자치단체의 직원 중에서 선임한다.

③ 회장은 협의회를 대표하며 회의를 소집하고 협의회의 사무를 총괄한다.

제171조(협의회의 규약) 협의회의 규약에는 다음 각 호의 사항이 포함되어야 한다.

  1. 협의회의 명칭

  2. 협의회를 구성하는 지방자치단체

  3. 협의회가 처리하는 사무

  4. 협의회의 조직과 회장 및 위원의 선임방법

  5. 협의회의 운영과 사무처리에 필요한 경비의 부담이나 지출방법

  6. 그 밖에 협의회의 구성과 운영에 필요한 사항

제172조(협의회의 자료제출 요구 등) 협의회는 사무를 처리하기 위하여 필요하다고 인정하면 관계 지방자치단체의 장에게 자료 제출, 의견 제시, 그 밖에 필요한 협조를 요구할 수 있다.

제173조(협의사항의 조정) ① 협의회에서 합의가 이루어지지 아니한 사항에 대하여 관계 지방자치단체의 장이 조정을 요청하면 시·도 간의 협의사항에 대해서는 행정안전부장관이, 시·군 및 자치구 간의 협의사항에 대해서는 시·도지사가 조정할 수 있다. 다만, 관계되는 시·군 및 자치구가 2개 이상의 시·도에 걸쳐 있는 경우에는 행정안전부장관

이 조정할 수 있다.

② 행정안전부장관이나 시·도지사가 제1항에 따라 조정을 하려면 관계 중앙행정기관의 장과의 협의를 거쳐 분쟁조정위원회의 의결에 따라 조정하여야 한다.

제174조(협의회의 협의 및 사무처리의 효력) ① 협의회를 구성한 관계 지방자치단체는 협의회가 결정한 사항이 있으면 그 결정에 따라 사무를 처리하여야 한다.

② 제173조제1항에 따라 행정안전부장관이나 시·도지사가 조정한 사항에 관하여는 제165조제3항부터 제6항까지의 규정을 준용한다.

③ 협의회가 관계 지방자치단체나 그 장의 명의로 한 사무의 처리는 관계 지방자치단체나 그 장이 한 것으로 본다.

제175조(협의회의 규약변경 및 폐지) 지방자치단체가 협의회의 규약을 변경하거나 협의회를 없애려는 경우에는 제169조제1항 및 제2항을 준용한다.

제3절 지방자치단체조합

제176조(지방자치단체조합의 설립) ① 2개 이상의 지방자치단체가 하나 또는 둘 이상의 사무를 공동으로 처리할 필요가 있을 때에는 규약을 정하여 지방의회의 의결을 거쳐 시·도는 행정안전부장관의 승인, 시·군 및 자치구는 시·도지사의 승인을 받아 지방자치단체조합을 설립할 수 있다. 다만, 지방자치단체조합의 구성원인 시·군 및 자치구가 2개 이상의 시·도에 걸쳐 있는 지방자치단체조합은 행정안전부장관의 승인을 받아야 한다.

② 지방자치단체조합은 법인으로 한다.

제177조(지방자치단체조합의 조직) ① 지방자치단체조합에는 지방자치단체조합회의와 지방자치단체조합장 및 사무직원을 둔다.

② 지방자치단체조합회의의 위원과 지방자치단체조합장 및 사무직원은 지방자치단체조합규약으로 정하는 바에 따라 선임한다.

③ 관계 지방의회의원과 관계 지방자치단체의 장은 제43조제1항과 제109조제1항에도 불구하고 지방자치단체조합회의의 위원이나 지방자치단체조합장을 겸할 수 있다.

제178조(지방자치단체조합회의와 지방자치단체조합장의 권한) ① 지방자치단체조합회의는 지방자치단체조합의 규약으로 정하는 바에 따라 지방자치단체조합의 중요 사무를 심의·의결한다.

② 지방자치단체조합회의는 지방자치단체조합이 제공하는 서비스에 대한 사용료·수수료 또는 분담금을 제156조제1항에 따른 조례로 정한 범위에서 정할 수 있다.

③ 지방자치단체조합장은 지방자치단체조합을 대표하며 지방자치단체조합의 사무를 총괄한다.

제179조(지방자치단체조합의 규약) 지방자치단체조합의 규약에는 다음 각 호의 사항이 포함되어야 한다.

 1. 지방자치단체조합의 명칭
 2. 지방자치단체조합을 구성하는 지방자치단체
 3. 사무소의 위치
 4. 지방자치단체조합의 사무
 5. 지방자치단체조합회의의 조직과 위원의 선임방법

6. 집행기관의 조직과 선임방법

7. 지방자치단체조합의 운영 및 사무처리에 필요한 경비의 부담과 지출방법

8. 그 밖에 지방자치단체조합의 구성과 운영에 관한 사항

제180조(지방자치단체조합의 지도·감독) ① 시·도가 구성원인 지방자치단체조합은 행정안전부장관, 시·군 및 자치구가 구성원인 지방자치단체조합은 1차로 시·도지사, 2차로 행정안전부장관의 지도·감독을 받는다. 다만, 지방자치단체조합의 구성원인 시·군 및 자치구가 2개 이상의 시·도에 걸쳐 있는 지방자치단체조합은 행정안전부장관의 지도·감독을 받는다.

② 행정안전부장관은 공익상 필요하면 지방자치단체조합의 설립이나 해산 또는 규약 변경을 명할 수 있다.

제181조(지방자치단체조합의 규약 변경 및 해산) ① 지방자치단체조합의 규약을 변경하거나 지방자치단체조합을 해산하려는 경우에는 제176조제1항을 준용한다.

② 지방자치단체조합을 해산한 경우에 그 재산의 처분은 관계 지방자치단체의 협의에 따른다.

제4절 지방자치단체의 장 등의 협의체

제182조(지방자치단체의 장 등의 협의체) ① 지방자치단체의 장이나 지방의회의 의장은 상호 간의 교류와 협력을 증진하고, 공동의 문제를 협의하기 위하여 다음 각 호의 구분에 따라 각각 전국적 협의체를 설립할 수 있다.

1. 시·도지사

2. 시·도의회의 의장

3. 시장·군수 및 자치구의 구청장

4. 시·군 및 자치구의회의 의장

② 제1항 각 호의 전국적 협의체는 그들 모두가 참가하는 지방자치단체 연합체를 설립할 수 있다.

③ 제1항에 따른 협의체나 제2항에 따른 연합체를 설립하였을 때에는 그 협의체·연합체의 대표자는 지체 없이 행정안전부장관에게 신고하여야 한다.

④ 제1항에 따른 협의체나 제2항에 따른 연합체는 지방자치에 직접적인 영향을 미치는 법령 등에 관한 의견을 행정안전부장관에게 제출할 수 있으며, 행정안전부장관은 제출된 의견을 관계 중앙행정기관의 장에게 통보하여야 한다.

⑤ 관계 중앙행정기관의 장은 제4항에 따라 통보된 내용에 대하여 통보를 받은 날부터 2개월 이내에 타당성을 검토하여 행정안전부장관에게 결과를 통보하여야 하고, 행정안전부장관은 통보받은 검토 결과를 해당 협의체나 연합체에 지체 없이 통보하여야 한다. 이 경우 관계 중앙행정기관의 장은 검토 결과 타당성이 없다고 인정하면 구체적인 사유 및 내용을 밝혀 통보하여야 하며, 타당하다고 인정하면 관계 법령에 그 내용이 반영될 수 있도록 적극 협력하여야 한다.

⑥ 제1항에 따른 협의체나 제2항에 따른 연합체는 지방자치와 관련된 법률의 제정·개정 또는 폐지가 필요하다고 인정하는 경우에는 국회에 서면으로 의견을 제출할 수 있다.

⑦ 제1항에 따른 협의체나 제2항에 따른 연합체의 설립신고와 운영, 그 밖에 필요한 사항은 대통령령으로 정한다.

제9장 국가와 지방자치단체 간의 관계

제183조(국가와 지방자치단체의 협력 의무) 국가와 지방자치단체는 주민에 대한 균형적인 공공서비스 제공과 지역 간 균형발전을 위하여 협력하여야 한다.

제184조(지방자치단체의 사무에 대한 지도와 지원) ① 중앙행정기관의 장이나 시·도지사는 지방자치단체의 사무에 관하여 조언 또는 권고하거나 지도할 수 있으며, 이를 위하여 필요하면 지방자치단체에 자료 제출을 요구할 수 있다.

② 국가나 시·도는 지방자치단체가 그 지방자치단체의 사무를 처리하는 데 필요하다고 인정하면 재정지원이나 기술지원을 할 수 있다.

③ 지방자치단체의 장은 제1항의 조언·권고 또는 지도와 관련하여 중앙행정기관의 장이나 시·도지사에게 의견을 제출할 수 있다.

제185조(국가사무나 시·도 사무 처리의 지도·감독) ① 지방자치단체나 그 장이 위임받아 처리하는 국가사무에 관하여 시·도에서는 주무부장관, 시·군 및 자치구에서는 1차로 시·도지사, 2차로 주무부장관의 지도·감독을 받는다.

② 시·군 및 자치구나 그 장이 위임받아 처리하는 시·도의 사무에 관하여는 시·도지사의 지도·감독을 받는다.

제186조(중앙지방협력회의의 설치) ① 국가와 지방자치단체 간의 협력을 도모하고 지방자치 발전과 지역 간 균형발전에 관련되는 중요 정책을 심의하기 위하여 중앙지방협력회의를 둔다.

② 제1항에 따른 중앙지방협력회의의 구성

과 운영에 관한 사항은 따로 법률로 정한다.

제187조(중앙행정기관과 지방자치단체 간 협의·조정) ① 중앙행정기관의 장과 지방자치단체의 장이 사무를 처리할 때 의견을 달리하는 경우 이를 협의·조정하기 위하여 국무총리 소속으로 행정협의조정위원회를 둔다.

② 행정협의조정위원회는 위원장 1명을 포함하여 13명 이내의 위원으로 구성한다.

③ 행정협의조정위원회의 위원은 다음 각 호의 사람이 되고, 위원장은 제3호의 위촉위원 중에서 국무총리가 위촉한다.

  1. 기획재정부장관, 행정안전부장관, 국무조정실장 및 법제처장

  2. 안건과 관련된 중앙행정기관의 장과 시·도지사 중 위원장이 지명하는 사람

  3. 그 밖에 지방자치에 관한 학식과 경험이 풍부한 사람 중에서 국무총리가 위촉하는 사람 4명

④ 제1항부터 제3항까지에서 규정한 사항 외에 행정협의조정위원회의 구성과 운영 등에 필요한 사항은 대통령령으로 정한다.

제188조(위법·부당한 명령이나 처분의 시정) ① 지방자치단체의 사무에 관한 지방자치단체의 장(제103조제2항에 따른 사무의 경우에는 지방의회의 의장을 말한다. 이하 이 조에서 같다)의 명령이나 처분이 법령에 위반되거나 현저히 부당하여 공익을 해친다고 인정되면 시·도에 대해서는 주무부장관이, 시·군 및 자치구에 대해서는 시·도지사가 기간을 정하여 서면으로 시정할 것을 명하고, 그 기간에 이행하지 아니하면 이를 취소하거나 정지할 수 있다.

② 주무부장관은 지방자치단체의 사무에

관한 시장·군수 및 자치구의 구청장의 명령이나 처분이 법령에 위반되거나 현저히 부당하여 공익을 해침에도 불구하고 시·도지사가 제1항에 따른 시정명령을 하지 아니하면 시·도지사에게 기간을 정하여 시정명령을 하도록 명할 수 있다.

③ 주무부장관은 시·도지사가 제2항에 따른 기간에 시정명령을 하지 아니하면 제2항에 따른 기간이 지난 날부터 7일 이내에 직접 시장·군수 및 자치구의 구청장에게 기간을 정하여 서면으로 시정할 것을 명하고, 그 기간에 이행하지 아니하면 주무부장관이 시장·군수 및 자치구의 구청장의 명령이나 처분을 취소하거나 정지할 수 있다.

④ 주무부장관은 시·도지사가 시장·군수 및 자치구의 구청장에게 제1항에 따라 시정명령을 하였으나 이를 이행하지 아니한 데 따른 취소·정지를 하지 아니하는 경우에는 시·도지사에게 기간을 정하여 시장·군수 및 자치구의 구청장의 명령이나 처분을 취소하거나 정지할 것을 명하고, 그 기간에 이행하지 아니하면 주무부장관이 이를 직접 취소하거나 정지할 수 있다.

⑤ 제1항부터 제4항까지의 규정에 따른 자치사무에 관한 명령이나 처분에 대한 주무부장관 또는 시·도지사의 시정명령, 취소 또는 정지는 법령을 위반한 것에 한정한다.

⑥ 지방자치단체의 장은 제1항, 제3항 또는 제4항에 따른 자치사무에 관한 명령이나 처분의 취소 또는 정지에 대하여 이의가 있으면 그 취소처분 또는 정지처분을 통보받은 날부터 15일 이내에 대법원에 소를 제기할 수 있다.

제189조(지방자치단체의 장에 대한 직무이행명령)

① 지방자치단체의 장이 법령에 따라 그 의무에 속하는 국가위임사무나 시·도위임사무의 관리와 집행을 명백히 게을리하고 있다고 인정되면 시·도에 대해서는 주무부장관이, 시·군 및 자치구에 대해서는 시·도지사가 기간을 정하여 서면으로 이행할 사항을 명령할 수 있다.

② 주무부장관이나 시·도지사는 해당 지방자치단체의 장이 제1항의 기간에 이행명령을 이행하지 아니하면 그 지방자치단체의 비용부담으로 대집행 또는 행정상·재정상 필요한 조치(이하 이 조에서 "대집행등"이라 한다)를 할 수 있다. 이 경우 행정대집행에 관하여는 「행정대집행법」을 준용한다.

③ 주무부장관은 시장·군수 및 자치구의 구청장이 법령에 따라 그 의무에 속하는 국가위임사무의 관리와 집행을 명백히 게을리하고 있다고 인정됨에도 불구하고 시·도지사가 제1항에 따른 이행명령을 하지 아니하는 경우 시·도지사에게 기간을 정하여 이행명령을 하도록 명할 수 있다.

④ 주무부장관은 시·도지사가 제3항에 따른 기간에 이행명령을 하지 아니하면 제3항에 따른 기간이 지난 날부터 7일 이내에 직접 시장·군수 및 자치구의 구청장에게 기간을 정하여 이행명령을 하고, 그 기간에 이행하지 아니하면 주무부장관이 직접 대집행등을 할 수 있다.

⑤ 주무부장관은 시·도지사가 시장·군수 및 자치구의 구청장에게 제1항에 따라 이행명령을 하였으나 이를 이행하지 아니한 데 따른 대집행등을 하지 아니하는 경우에는

시·도지사에게 기간을 정하여 대집행등을 하도록 명하고, 그 기간에 대집행등을 하지 아니하면 주무부장관이 직접 대집행등을 할 수 있다.

⑥ 지방자치단체의 장은 제1항 또는 제4항에 따른 이행명령에 이의가 있으면 이행명령서를 접수한 날부터 15일 이내에 대법원에 소를 제기할 수 있다. 이 경우 지방자치단체의 장은 이행명령의 집행을 정지하게 하는 집행정지결정을 신청할 수 있다.

제190조(지방자치단체의 자치사무에 대한 감사) ① 행정안전부장관이나 시·도지사는 지방자치단체의 자치사무에 관하여 보고를 받거나 서류·장부 또는 회계를 감사할 수 있다. 이 경우 감사는 법령 위반사항에 대해서만 한다.

② 행정안전부장관 또는 시·도지사는 제1항에 따라 감사를 하기 전에 해당 사무의 처리가 법령에 위반되는지 등을 확인하여야 한다.

제191조(지방자치단체에 대한 감사 절차 등) ① 주무부장관, 행정안전부장관 또는 시·도지사는 이미 감사원 감사 등이 실시된 사안에 대해서는 새로운 사실이 발견되거나 중요한 사항이 누락된 경우 등 대통령령으로 정하는 경우를 제외하고는 감사 대상에서 제외하고 종전의 감사 결과를 활용하여야 한다.

② 주무부장관과 행정안전부장관은 다음 각 호의 어느 하나에 해당하는 감사를 하려고 할 때에는 지방자치단체의 수감부담을 줄이고 감사의 효율성을 높이기 위하여 같은 기간 동안 함께 감사를 할 수 있다.

1. 제185조에 따른 주무부장관의 위임사

무 감사

2. 제190조에 따른 행정안전부장관의 자치사무 감사

③ 제185조, 제190조 및 이 조 제2항에 따른 감사의 절차·방법 등에 관하여 필요한 사항은 대통령령으로 정한다.

제192조(지방의회 의결의 재의와 제소) ① 지방의회의 의결이 법령에 위반되거나 공익을 현저히 해친다고 판단되면 시·도에 대해서는 주무부장관이, 시·군 및 자치구에 대해서는 시·도지사가 해당 지방자치단체의 장에게 재의를 요구하게 할 수 있고, 재의 요구 지시를 받은 지방자치단체의 장은 의결사항을 이송받은 날부터 20일 이내에 지방의회에 이유를 붙여 재의를 요구하여야 한다.

② 시·군 및 자치구의회의 의결이 법령에 위반된다고 판단됨에도 불구하고 시·도지사가 제1항에 따라 재의를 요구하게 하지 아니한 경우 주무부장관이 직접 시장·군수 및 자치구의 구청장에게 재의를 요구하게 할 수 있고, 재의 요구 지시를 받은 시장·군수 및 자치구의 구청장은 의결사항을 이송받은 날부터 20일 이내에 지방의회에 이유를 붙여 재의를 요구하여야 한다.

③ 제1항 또는 제2항의 요구에 대하여 재의한 결과 재적의원 과반수의 출석과 출석의원 3분의 2 이상의 찬성으로 전과 같은 의결을 하면 그 의결사항은 확정된다.

④ 지방자치단체의 장은 제3항에 따라 재의결된 사항이 법령에 위반된다고 판단되면 재의결된 날부터 20일 이내에 대법원에 소를 제기할 수 있다. 이 경우 필요하다고 인정되면 그 의결의 집행을 정지하게 하는 집

행정지결정을 신청할 수 있다.

⑤ 주무부장관이나 시·도지사는 재의결된 사항이 법령에 위반된다고 판단됨에도 불구하고 해당 지방자치단체의 장이 소를 제기하지 아니하면 시·도에 대해서는 주무부장관이, 시·군 및 자치구에 대해서는 시·도지사(제2항에 따라 주무부장관이 직접 재의 요구 지시를 한 경우에는 주무부장관을 말한다. 이하 이 조에서 같다)가 그 지방자치단체의 장에게 제소를 지시하거나 직접 제소 및 집행정지결정을 신청할 수 있다.

⑥ 제5항에 따른 제소의 지시는 제4항의 기간이 지난 날부터 7일 이내에 하고, 해당 지방자치단체의 장은 제소 지시를 받은 날부터 7일 이내에 제소하여야 한다.

⑦ 주무부장관이나 시·도지사는 제6항의 기간이 지난 날부터 7일 이내에 제5항에 따른 직접 제소 및 집행정지결정을 신청할 수 있다.

⑧ 제1항 또는 제2항에 따라 지방의회의 의결이 법령에 위반된다고 판단되어 주무부장관이나 시·도지사로부터 재의 요구 지시를 받은 해당 지방자치단체의 장이 재의를 요구하지 아니하는 경우(법령에 위반되는 지방의회의 의결사항이 조례안인 경우로서 재의 요구 지시를 받기 전에 그 조례안을 공포한 경우를 포함한다)에는 주무부장관이나 시·도지사는 제1항 또는 제2항에 따른 기간이 지난 날부터 7일 이내에 대법원에 직접 제소 및 집행정지 결정을 신청할 수 있다.

⑨ 제1항 또는 제2항에 따른 지방의회의 의결이나 제3항에 따라 재의결된 사항이 둘 이상의 부처와 관련되거나 주무부장관이

불분명하면 행정안전부장관이 재의 요구 또는 제소를 지시하거나 직접 제소 및 집행정지 결정을 신청할 수 있다.

제10장 국제교류·협력

제193조(지방자치단체의 역할) 지방자치단체는 국가의 외교·통상 정책과 배치되지 아니하는 범위에서 국제교류·협력, 통상·투자유치를 위하여 외국의 지방자치단체, 민간기관, 국제기구(국제연합과 그 산하기구·전문기구를 포함한 정부 간 기구, 지방자치단체 간 기구를 포함한 준정부 간 기구, 국제 비정부기구 등을 포함한다. 이하 같다)와 협력을 추진할 수 있다.

제194조(지방자치단체의 국제기구 지원) 지방자치단체는 국제기구 설립·유치 또는 활동 지원을 위하여 국제기구에 공무원을 파견하거나 운영비용 등 필요한 비용을 보조할 수 있다..

제195조(해외사무소 설치·운영) ① 지방자치단체는 국제교류·협력 등의 업무를 원활히 수행하기 위하여 필요한 곳에 단독 또는 지방자치단체 간 협력을 통해 공동으로 해외사무소를 설치할 수 있다.

② 지방자치단체는 해외사무소가 효율적으로 운영될 수 있도록 노력해야 한다.

제11장 서울특별시 및 대도시 등과 세종특별자치시 및 제주특별자치도의 행정특례

제196조(자치구의 재원) 특별시장이나 광역시장은 「지방재정법」에서 정하는 바에 따라

해당 지방자치단체의 관할 구역의 자치구 상호 간의 재원을 조정하여야 한다.

제197조(특례의 인정) ① 서울특별시의 지위·조직 및 운영에 대해서는 수도로서의 특수성을 고려하여 법률로 정하는 바에 따라 특례를 둘 수 있다.

② 세종특별자치시와 제주특별자치도의 지위·조직 및 행정·재정 등의 운영에 대해서는 행정체제의 특수성을 고려하여 법률로 정하는 바에 따라 특례를 둘 수 있다.

제198조(대도시 등에 대한 특례 인정) ① 서울특별시·광역시 및 특별자치시를 제외한 인구 50만 이상 대도시의 행정, 재정 운영 및 국가의 지도·감독에 대해서는 그 특성을 고려하여 관계 법률로 정하는 바에 따라 특례를 둘 수 있다.

② 제1항에도 불구하고 서울특별시·광역시 및 특별자치시를 제외한 다음 각 호의 어느 하나에 해당하는 대도시 및 시·군·구의 행정, 재정 운영 및 국가의 지도·감독에 대해서는 그 특성을 고려하여 관계 법률로 정하는 바에 따라 추가로 특례를 둘 수 있다.

1. 인구 100만 이상 대도시(이하 "특례시"라 한다)

2. 실질적인 행정수요, 국가균형발전 및 지방소멸위기 등을 고려하여 대통령령으로 정하는 기준과 절차에 따라 행정안전부장관이 지정하는 시·군·구

③ 제1항에 따른 인구 50만 이상 대도시와 제2항제1호에 따른 특례시의 인구 인정기준은 대통령령으로 정한다.

제12장 특별지방자치단체
제1절 설치

제199조(설치) ① 2개 이상의 지방자치단체가 공동으로 특정한 목적을 위하여 광역적으로 사무를 처리할 필요가 있을 때에는 특별지방자치단체를 설치할 수 있다. 이 경우 특별지방자치단체를 구성하는 지방자치단체(이하 "구성 지방자치단체"라 한다)는 상호 협의에 따른 규약을 정하여 구성 지방자치단체의 지방의회 의결을 거쳐 행정안전부장관의 승인을 받아야 한다.

② 행정안전부장관은 제1항 후단에 따라 규약에 대하여 승인하는 경우 관계 중앙행정기관의 장 또는 시·도지사에게 그 사실을 알려야 한다.

③ 특별지방자치단체는 법인으로 한다.

④ 특별지방자치단체를 설치하기 위하여 국가 또는 시·도 사무의 위임이 필요할 때에는 구성 지방자치단체의 장이 관계 중앙행정기관의 장 또는 시·도지사에게 그 사무의 위임을 요청할 수 있다.

⑤ 행정안전부장관이 국가 또는 시·도 사무의 위임이 포함된 규약에 대하여 승인할 때에는 사전에 관계 중앙행정기관의 장 또는 시·도지사와 협의하여야 한다.

⑥ 구성 지방자치단체의 장이 제1항 후단에 따라 행정안전부장관의 승인을 받았을 때에는 규약의 내용을 지체 없이 고시하여야 한다. 이 경우 구성 지방자치단체의 장이 시장·군수 및 자치구의 구청장일 때에는 그 승인사항을 시·도지사에게 알려야 한다.

제200조(설치 권고 등) 행정안전부장관은 공익상 필요하다고 인정할 때에는 관계 지방

자치단체에 대하여 특별지방자치단체의 설치, 해산 또는 규약 변경을 권고할 수 있다. 이 경우 행정안전부장관의 권고가 국가 또는 시·도 사무의 위임을 포함하고 있을 때에는 사전에 관계 중앙행정기관의 장 또는 시·도지사와 협의하여야 한다.

제201조(구역) 특별지방자치단체의 구역은 구성 지방자치단체의 구역을 합한 것으로 한다. 다만, 특별지방자치단체의 사무가 구성 지방자치단체 구역의 일부에만 관계되는 등 특별한 사정이 있을 때에는 해당 지방자치단체 구역의 일부만을 구역으로 할 수 있다.

제2절 규약과 기관 구성

제202조(규약 등) ① 특별지방자치단체의 규약에는 법령의 범위에서 다음 각 호의 사항이 포함되어야 한다.

1. 특별지방자치단체의 목적
2. 특별지방자치단체의 명칭
3. 구성 지방자치단체
4. 특별지방자치단체의 관할 구역
5. 특별지방자치단체의 사무소의 위치
6. 특별지방자치단체의 사무
7. 특별지방자치단체의 사무처리를 위한 기본계획에 포함되어야 할 사항
8. 특별지방자치단체의 지방의회의 조직, 운영 및 의원의 선임방법
9. 특별지방자치단체의 집행기관의 조직, 운영 및 장의 선임방법
10. 특별지방자치단체의 운영 및 사무처리에 필요한 경비의 부담 및 지출방법
11. 특별지방자치단체의 사무처리 개시일

12. 그 밖에 특별지방자치단체의 구성 및 운영에 필요한 사항

② 구성 지방자치단체의 장은 제1항의 규약을 변경하려는 경우에는 구성 지방자치단체의 지방의회 의결을 거쳐 행정안전부장관의 승인을 받아야 한다. 이 경우 국가 또는 시·도 사무의 위임에 관하여는 제199조제4항 및 제5항을 준용한다.

③ 구성 지방자치단체의 장은 제2항에 따라 행정안전부장관의 승인을 받았을 때에는 지체 없이 그 사실을 고시하여야 한다. 이 경우 구성 지방자치단체의 장이 시장·군수 및 자치구의 구청장일 때에는 그 승인사항을 시·도지사에게 알려야 한다.

제203조(기본계획 등) ① 특별지방자치단체의 장은 소관 사무를 처리하기 위한 기본계획(이하 "기본계획"이라 한다)을 수립하여 특별지방자치단체 의회의 의결을 받아야 한다. 기본계획을 변경하는 경우에도 또한 같다.

② 특별지방자치단체는 기본계획에 따라 사무를 처리하여야 한다.

③ 특별지방자치단체의 장은 구성 지방자치단체의 사무처리가 기본계획의 시행에 지장을 주거나 지장을 줄 우려가 있을 때에는 특별지방자치단체의 의회 의결을 거쳐 구성 지방자치단체의 장에게 필요한 조치를 요청할 수 있다.

제204조(의회의 조직 등) ① 특별지방자치단체의 의회는 규약으로 정하는 바에 따라 구성 지방자치단체의 의회 의원으로 구성한다.

② 제1항의 지방의회의원은 제43조제1항에도 불구하고 특별지방자치단체의 의회 의원을 겸할 수 있다.

③ 특별지방자치단체의 의회가 의결하여야 할 안건 중 대통령령으로 정하는 중요한 사항에 대해서는 특별지방자치단체의 장에게 미리 통지하고, 특별지방자치단체의 장은 그 내용을 구성 지방자치단체의 장에게 통지하여야 한다. 그 의결의 결과에 대해서도 또한 같다.

제205조(집행기관의 조직 등) ① 특별지방자치단체의 장은 규약으로 정하는 바에 따라 특별지방자치단체의 의회에서 선출한다.

② 구성 지방자치단체의 장은 제109조에도 불구하고 특별지방자치단체의 장을 겸할 수 있다.

③ 특별지방자치단체의 의회 및 집행기관의 직원은 규약으로 정하는 바에 따라 특별지방자치단체 소속인 지방공무원과 구성 지방자치단체의 지방공무원 중에서 파견된 사람으로 구성한다.

제3절 운영

제206조(경비의 부담) ① 특별지방자치단체의 운영 및 사무처리에 필요한 경비는 구성 지방자치단체의 인구, 사무처리의 수혜범위 등을 고려하여 규약으로 정하는 바에 따라 구성 지방자치단체가 분담한다.

② 구성 지방자치단체는 제1항의 경비에 대하여 특별회계를 설치하여 운영하여야 한다.

③ 국가 또는 시·도가 사무를 위임하는 경우에는 그 사무를 수행하는 데 필요한 재정적 지원을 할 수 있다.

제207조(사무처리상황 등의 통지) 특별지방자치단체의 장은 대통령령으로 정하는 바에 따라 사무처리 상황 등을 구성 지방자치단체의 장 및 행정안전부장관(시·군 및 자치구만으로 구성하는 경우에는 시·도지사를 포함한다)에게 통지하여야 한다.

제208조(가입 및 탈퇴) ① 특별지방자치단체에 가입하거나 특별지방자치단체에서 탈퇴하려는 지방자치단체의 장은 해당 지방의회의 의결을 거쳐 특별지방자치단체의 장에게 가입 또는 탈퇴를 신청하여야 한다.

② 제1항에 따른 가입 또는 탈퇴의 신청을 받은 특별지방자치단체의 장은 특별지방자치단체 의회의 동의를 받아 신청의 수용 여부를 결정하되, 특별한 사유가 없으면 가입하거나 탈퇴하려는 지방자치단체의 의견을 존중하여야 한다.

③ 제2항에 따른 가입 및 탈퇴에 관하여는 제199조를 준용한다.

제209조(해산) ① 구성 지방자치단체는 특별지방자치단체가 그 설치 목적을 달성하는 등 해산의 사유가 있을 때에는 해당 지방의회의 의결을 거쳐 행정안전부장관의 승인을 받아 특별지방자치단체를 해산하여야 한다.

② 구성 지방자치단체는 제1항에 따라 특별지방자치단체를 해산할 경우에는 상호 협의에 따라 그 재산을 처분하고 사무와 직원의 재배치를 하여야 하며, 국가 또는 시·도 사무를 위임받았을 때에는 관계 중앙행정기관의 장 또는 시·도지사와 협의하여야 한다. 다만, 협의가 성립하지 아니할 때에는 당사자의 신청을 받아 행정안전부장관이 조정할 수 있다.

제210조(지방자치단체에 관한 규정의 준용) 시·도, 시·도와 시·군 및 자치구 또는 2개 이

상의 시·도에 걸쳐 있는 시·군 및 자치구로 구성되는 특별지방자치단체는 시·도에 관한 규정을, 시·군 및 자치구로 구성하는 특별지방자치단체는 시·군 및 자치구에 관한 규정을 준용한다. 다만, 제3조, 제1장제2절, 제11조부터 제14조까지, 제17조제3항, 제25조, 제4장, 제38조, 제39조, 제40조제1항제1호 및 제2호, 같은 조 제3항, 제41조, 제6장제1절제1관, 제106조부터 제108조까지, 제110조, 제112조제2호 후단, 같은 조 제3호, 제123조, 제124조, 제6장제3절(제130조는 제외한다)부터 제5절까지, 제152조, 제166조, 제167조 및 제8장제2절부터 제4절까지, 제11장에 관하여는 그러하지 아니하다.

제211조(다른 법률과의 관계) ① 다른 법률에서 지방자치단체 또는 지방자치단체의 장을 인용하고 있는 경우에는 제202조제1항에 따른 규약으로 정하는 사무를 처리하기 위한 범위에서는 특별지방자치단체 또는 특별지방자치단체의 장을 인용한 것으로 본다.

② 다른 법률에서 시·도 또는 시·도지사를 인용하고 있는 경우에는 제202조제1항에 따른 규약으로 정하는 사무를 처리하기 위한 범위에서는 시·도, 시·도와 시·군 및 자치구 또는 2개 이상의 시·도에 걸쳐 있는 시·군 및 자치구로 구성하는 특별지방자치단체 또는 특별지방자치단체의 장을 인용한 것으로 본다.

③ 다른 법률에서 시·군 및 자치구 또는 시장·군수 및 자치구의 구청장을 인용하고 있는 경우에는 제202조제1항에 따른 규약으로 정하는 사무를 처리하기 위한 범위에서는 동일한 시·도 관할 구역의 시·군 및 자치구로 구성하는 특별지방자치단체 또는 특별지방자치단체의 장을 인용한 것으로 본다.

부칙 <제18661호, 2021. 12. 28.> (중소기업창업 지원법)

제1조(시행일) 이 법은 공포 후 6개월이 경과한 날부터 시행한다. 다만, ···〈생략〉··· · 부칙 제7조제27항은 2022년 1월 13일부터 시행한다.

제2조 부터 제6조까지 생략

제7조(다른 법률의 개정) ①부터 ㉖까지 생략

㉗ 법률 제17893호 지방자치법 전부개정법률 일부를 다음과 같이 개정한다.

부칙 제22조제48항 중 "제39조의3제2항제1호"를 "제23조제2항제1호"로 한다.

제8조 생략

주민조례발안에 관한 법률

(약칭: 주민조례발안법)

[시행 2022. 1. 13.]
[법률 제18495호, 2021. 10. 19., 제정]

제1조(목적) 이 법은 「지방자치법」 제19조에 따른 주민의 조례 제정과 개정·폐지 청구에 필요한 사항을 규정함으로써 주민의 직접참여를 보장하고 지방자치행정의 민주성과 책임성을 제고함을 목적으로 한다.

제2조(주민조례청구권자) 18세 이상의 주민으로서 다음 각 호의 어느 하나에 해당하는 사람(「공직선거법」 제18조에 따른 선거권이 없는 사람은 제외한다. 이하 "청구권자"라 한다)은 해당 지방자치단체의 의회(이하 "지방의회"라 한다)에 조례를 제정하거나 개정 또는 폐지할 것을 청구(이하 "주민조례청구"라 한다)할 수 있다.

1. 해당 지방자치단체의 관할 구역에 주민등록이 되어 있는 사람

2. 「출입국관리법」 제10조에 따른 영주(永住)할 수 있는 체류자격 취득일 후 3년이 지난 외국인으로서 같은 법 제34조에 따라 해당 지방자치단체의 외국인등록대장에 올라 있는 사람

제3조(주민조례청구권의 보장) ① 국가 및 지방자치단체는 청구권자가 지방의회에 주민조례청구를 할 수 있도록 필요한 조치를 하여야 한다.

② 지방자치단체는 청구권자가 전자적 방식을 통하여 주민조례청구를 할 수 있도록 행정안전부장관이 정하는 바에 따라 정보시스템을 구축·운영하여야 한다. 이 경우 행정안전부장관은 정보시스템을 구축·운영하는 데 필요한 지원을 할 수 있다.

제4조(주민조례청구 제외 대상) 다음 각 호의 사항은 주민조례청구 대상에서 제외한다.

1. 법령을 위반하는 사항

2. 지방세·사용료·수수료·부담금을 부과·징수 또는 감면하는 사항

3. 행정기구를 설치하거나 변경하는 사항

4. 공공시설의 설치를 반대하는 사항

제5조(주민조례청구 요건) ① 청구권자가 주민조례청구를 하려는 경우에는 다음 각 호의 구분에 따른 기준 이내에서 해당 지방자치단체의 조례로 정하는 청구권자 수 이상이 연대 서명하여야 한다.

1. 특별시 및 인구 800만 이상의 광역시·도: 청구권자 총수의 200분의 1

2. 인구 800만 미만의 광역시·도, 특별자치시, 특별자치도 및 인구 100만 이상의 시: 청구권자 총수의 150분의 1

3. 인구 50만 이상 100만 미만의 시·군 및 자치구: 청구권자 총수의 100분의 1

4. 인구 10만 이상 50만 미만의 시·군 및 자치구: 청구권자 총수의 70분의 1

5. 인구 5만 이상 10만 미만의 시·군 및 자치구: 청구권자 총수의 50분의 1

6. 인구 5만 미만의 시·군 및 자치구: 청구권자 총수의 20분의 1

② 청구권자 총수는 전년도 12월 31일 현재의 주민등록표 및 외국인등록표에 따라 산정한다.

③ 지방자치단체의 장은 매년 1월 10일까지 제2항에 따라 산정한 청구권자 총수를 공표하여야 한다.

제6조(대표자 증명서 발급 등) ① 청구권자가 주민조례청구를 하려는 경우에는 청구인의 대표자(이하 "대표자"라 한다)를 선정하여야 하며, 선정된 대표자는 다음 각 호의 서류를 첨부하여 지방의회의 의장에게 대표자 증명서 발급을 신청하여야 한다. 이 경우 대표자는 그 발급을 신청할 때 제7조제4항에 따른 전자서명의 요청에 필요한 제3조제2항에 따른 정보시스템(이하 "정보시스템"이라 한다)의 이용을 함께 신청할 수 있다.

　　1. 주민조례청구의 취지·이유 등을 내용으로 하는 조례의 제정·개정·폐지 청구서(이하 "청구서"라 한다)

　　2. 조례의 제정안·개정안·폐지안(이하 "주민청구조례안"이라 한다)

② 지방의회의 의장은 제1항에 따른 신청을 받으면 대표자가 청구권자인지를 확인하여 대표자 증명서를 발급하고 그 사실을 공표하여야 한다. 이 경우 제1항 각 호 외의 부분 후단에 따라 정보시스템의 이용 신청을 받은 지방의회의 의장은 다음 각 호의 사항을 함께 공표하고, 정보시스템에 제7조제3항 각 호의 서류를 게시하여야 한다.

　　1. 전자서명을 할 수 있는 정보시스템의 인터넷 주소

　　2. 전자서명 방법 및 제9조제3항에 따른 전자서명 취소 방법

제7조(서명요청 등) ① 대표자(제2항에 따라 서명요청권을 위임한 경우에는 같은 항에 따른 수임자를 포함한다)는 청구권자에게 청구인명부에 서명할 것을 요청할 수 있다.

② 대표자는 청구권자에게 제1항에 따른 서명요청권을 위임할 수 있으며, 이를 위임한 경우에는 수임자의 성명 및 위임 연월일을 해당 지방의회의 의장에게 신고하여야 한다. 이 경우 지방의회의 의장은 즉시 위임신고증을 발급하여야 한다.

③ 대표자 또는 제2항에 따른 수임자(이하 "수임자"라 한다)는 제1항에 따라 서명을 요청하는 경우에는 청구인명부에 다음 각 호의 서류를 첨부하여야 한다.

　　1. 청구서나 그 사본

　　2. 주민청구조례안 또는 그 사본

　　3. 제6조제2항에 따른 대표자 증명서(수임자의 경우 이 조 제2항 후단에 따른 위임신고증을 포함한다)나 그 사본

④ 대표자는 청구권자에게 제1항에 따른 서명을 갈음하여 전자적 방식으로 생성된 청구인서명부에 정보시스템을 이용하여 「전자서명법」 제2조제2호에 따른 전자서명(이하 "전자서명"이라 한다)을 할 것을 요청할 수 있다.

⑤ 대표자 또는 수임자는 제6조제2항 각 호의 사항을 청구권자에게 알릴 수 있다.

⑥ 제1항부터 제5항까지에서 규정한 사항 외에 서명요청 절차 등에 관하여 필요한 사항은 지방자치단체의 조례로 정한다.

제8조(서명요청 기간 등) ① 대표자 또는 수임자는 제6조제2항에 따른 공표가 있은 날부터 특별시·광역시·특별자치시·도 및 특별자치도(이하 "시·도"라 한다)의 경우에는 6개월 이내에, 시·군 및 자치구의 경우에는 3개월 이내에 제7조제1항에 따른 서명과 전자서명을 요청하여야 한다. 이 경우 제7조제1항에 따른 서명과 전자서명의 요청 기간을 계산할 때 「공직선거법」 제33조에 따른 선거기

간은 산입하지 아니한다.

② 대표자 또는 수임자는 「공직선거법」 제33조에 따른 선거기간에는 제7조제1항에 따른 서명과 전자서명을 요청할 수 없다.

③ 대표자 또는 수임자가 아닌 자는 제7조제1항에 따른 서명과 전자서명을 요청할 수 없다.

제9조(청구인명부의 작성 등) ① 청구인명부에 서명하려는 청구권자는 청구인명부에 다음 각 호의 사항을 적고, 서명하거나 도장을 찍어야 한다. 다만, 청구권자가 전자서명을 하는 경우에는 전자문서로 생성된 청구인명부에 다음 각 호의 사항을 적은 것으로 본다.

  1. 성명

  2. 생년월일

  3. 주소 또는 체류지

  4. 서명 연월일

② 서명을 한 청구권자가 그 서명을 취소하려면 제10조제1항 본문에 따라 대표자가 지방의회의 의장에게 청구인명부를 제출하기 전에 대표자에게 서명 취소를 요청하여야 한다. 이 경우 요청을 받은 대표자는 즉시 청구인명부에서 그 서명을 삭제하여야 한다.

③ 전자서명을 한 청구권자가 그 전자서명을 취소하려는 경우에는 제10조제1항 단서에 따라 대표자가 해당 지방의회에 청구인명부 활용을 요청하기 전에 정보시스템을 통하여 직접 취소하여야 한다.

④ 제1항 각 호 외의 부분 본문에 따른 청구인명부는 시·군 및 자치구의 경우에는 읍·면·동별로 작성하고, 시·도의 경우에는 시·군·자치구별로 읍·면·동으로 구분하여 작성하여야 한다.

⑤ 제1항부터 제4항까지에서 규정한 사항 외에 청구인명부 작성 등에 필요한 사항은 지방자치단체의 조례로 정한다.

제10조(청구인명부의 제출 등) ① 대표자는 청구인명부에 서명(전자서명을 포함한다. 이하 같다)한 청구권자의 수가 제5조제1항에 따른 해당 지방자치단체의 조례로 정하는 청구권자 수 이상이 되면 제8조제1항에 따른 서명요청 기간이 지난 날부터 시·도의 경우에는 10일 이내에, 시·군 및 자치구의 경우에는 5일 이내에 지방의회의 의장에게 청구인명부를 제출하여야 한다. 다만, 전자서명의 경우에는 대표자가 지방의회의 의장에게 정보시스템에 생성된 청구인명부를 직접 활용하도록 요청하여야 한다.

② 지방의회의 의장은 제1항에 따라 청구인명부를 제출받거나 청구인명부의 활용을 요청받은 날부터 5일 이내에 청구인명부의 내용을 공표하여야 하며, 공표한 날부터 10일간 청구인명부나 그 사본을 공개된 장소에 갖추어 두어 열람할 수 있도록 하여야 한다.

③ 제1항 및 제2항에서 규정한 사항 외에 청구인명부의 제출 등에 필요한 사항은 지방자치단체의 조례로 정한다.

제11조(이의신청 등) ① 지방의회의 의장은 청구인명부의 서명이 다음 각 호의 어느 하나에 해당하는 경우 해당 서명을 무효로 결정하고 청구인명부를 수정한 후 그 사실을 즉시 대표자에게 알려야 한다.

  1. 청구권자가 아닌 사람의 서명

  2. 누구의 서명인지 확인하기 어려운 서명

  3. 제7조제1항에 따른 서명요청권이 없는

사람이 받은 서명

4. 한 사람이 동일한 사안에 대하여 2개 이상의 유효한 서명을 한 경우 그 중 하나의 서명을 제외한 나머지 서명

5. 제8조제1항에 따른 서명요청 기간 외의 기간 또는 같은 조 제2항에 따른 서명요청 제한 기간에 받은 서명

6. 제9조제2항에 따라 청구권자가 서명 취소를 요청한 서명

7. 강요·속임수나 그 밖의 부정한 방법으로 받은 서명

② 청구인명부의 서명에 이의가 있는 사람은 제10조제2항에 따른 열람기간에 지방의회의 의장에게 이의를 신청할 수 있다.

③ 지방의회의 의장은 제2항에 따른 이의신청을 받으면 제10조제2항에 따른 열람기간이 끝난 날부터 14일 이내에 이를 심사·결정하여야 한다. 이 경우 이의신청이 이유 있다고 결정하는 경우에는 청구인명부를 수정하고, 그 사실을 이의신청을 한 사람과 대표자에게 알려야 하며, 이의신청이 이유 없다고 결정하는 경우에는 그 뜻을 즉시 이의신청을 한 사람에게 알려야 한다.

④ 지방의회의 의장은 제1항 및 제3항에 따른 결정으로 청구인명부에 서명한 청구권자의 수가 제5조제1항에 따른 청구요건에 미치지 못할 때에는 대표자로 하여금 다음 각 호의 구분에 따른 기간의 범위에서 해당 지방자치단체의 조례로 정하는 기간 내에 보정하게 할 수 있다.

1. 시·도: 15일 이상

2. 시·군 및 자치구: 10일 이상

⑤ 제4항에 따라 보정된 청구인명부의 제출, 공표 및 이의신청 등에 관하여는 제10조 및 이 조 제1항부터 제3항까지의 규정을 준용한다. 이 경우 제10조제1항 본문 중 "제8조제1항에 따른 서명요청 기간"은 "제11조제4항에 따른 보정 기간"으로 본다.

⑥ 제1항부터 제5항까지에서 규정한 사항 외에 이의신청에 필요한 사항은 지방자치단체의 조례로 정한다.

제12조(청구의 수리 및 각하) ① 지방의회의 의장은 다음 각 호의 어느 하나에 해당하는 경우로서 제4조, 제5조 및 제10조제1항(제11조제5항에서 준용하는 경우를 포함한다)에 따른 요건에 적합한 경우에는 주민조례청구를 수리하고, 요건에 적합하지 아니한 경우에는 주민조례청구를 각하하여야 한다. 이 경우 수리 또는 각하 사실을 대표자에게 알려야 한다.

1. 제11조제2항(같은 조 제5항에 따라 준용되는 경우를 포함하며, 이하 같다)에 따른 이의신청이 없는 경우

2. 제11조제2항에 따라 제기된 모든 이의신청에 대하여 같은 조 제3항(같은 조 제5항에 따라 준용되는 경우를 포함한다)에 따른 결정이 끝난 경우

② 지방의회의 의장은 제1항에 따라 주민조례청구를 각하하려면 대표자에게 의견을 제출할 기회를 주어야 한다.

③ 지방의회의 의장은 「지방자치법」 제76조제1항에도 불구하고 이 조 제1항에 따라 주민조례청구를 수리한 날부터 30일 이내에 지방의회의 의장 명의로 주민청구조례안을 발의하여야 한다.

④ 제1항 및 제2항에서 규정한 사항 외에

주민조례청구의 수리 절차에 관하여 필요한 사항은 지방의회의 회의규칙으로 정한다.

제13조(주민청구조례안의 심사 절차) ① 지방의회는 제12조제1항에 따라 주민청구조례안이 수리된 날부터 1년 이내에 주민청구조례안을 의결하여야 한다. 다만, 필요한 경우에는 본회의 의결로 1년 이내의 범위에서 한 차례만 그 기간을 연장할 수 있다.

② 지방의회는 심사 안건으로 부쳐진 주민청구조례안을 의결하기 전에 대표자를 회의에 참석시켜 그 청구의 취지(대표자와의 질의·답변을 포함한다)를 들을 수 있다.

③ 「지방자치법」 제79조 단서에도 불구하고 주민청구조례안은 제12조제1항에 따라 주민청구조례안을 수리한 당시의 지방의회의원의 임기가 끝나더라도 다음 지방의회의원의 임기까지는 의결되지 못한 것 때문에 폐기되지 아니한다.

④ 제1항부터 제3항까지에서 규정한 사항 외에 주민청구조례안의 심사 절차에 관하여 필요한 사항은 지방의회의 회의규칙으로 정한다.

제14조(사무 협조) 지방의회의 의장은 제11조에 따른 청구인명부의 서명 확인 사무를 원활하게 수행하기 위하여 필요한 경우 해당 지방자치단체의 장에게 협조를 요청할 수 있다. 이 경우 요청을 받은 지방자치단체의 장은 특별한 사유가 없으면 그 요청에 따라야 한다.

제15조(고유식별정보의 처리) ① 지방자치단체는 제11조에 따른 청구인명부의 서명 확인 사무를 수행하기 위하여 불가피한 경우 당사자의 동의를 받아 「개인정보 보호법」 제24조에 따른 고유식별정보가 포함된 자료를 처리할 수 있다.

② 지방자치단체는 제1항에 따른 정보가 포함된 자료를 처리할 때에는 해당 정보를 「개인정보 보호법」에 따라 보호하여야 한다.

부칙 <제18495호, 2021. 10. 19.>

제1조(시행일) 이 법은 2022년 1월 13일부터 시행한다.

제2조(주민조례청구에 관한 적용례 등) ① 이 법은 이 법 시행 당시 종전의 「지방자치법」(법률 제17893호로 전부개정되기 전의 것을 말한다) 제15조에 따라 조례의 제정과 개정·폐지 청구 절차가 진행 중인 경우에도 적용한다. 이 경우 지방자치단체의 장에게 한 청구는 지방의회에 한 청구로, 지방자치단체의 장에게 한 신청 또는 제출은 지방의회의 의장에게 한 신청 또는 제출로, 지방자치단체의 장이 한 행위는 지방의회의 의장이 한 행위로 본다.

② 제1항에도 불구하고 제13조제1항 및 제3항은 이 법 시행 이후 제12조제1항에 따라 수리되는 주민청구조례안부터 적용한다.

③ 지방자치단체의 장은 이 법 시행 당시 절차가 진행 중인 조례의 제정과 개정·폐지 청구에 관한 모든 서류 및 그 밖의 자료를 지체 없이 지방의회에 이관하여야 한다.

제3조(주민조례청구 요건 등에 관한 특례) ① 이 법 시행 당시 제5조제1항에 따라 해당 지방자치단체의 조례로 정하는 청구권자 수 기준이 같은 항에 따른 기준에 맞지 아니하는 경우에는 그 기준에 맞는 조례가 제정되거나 그 기준에 맞게 개정될 때까지는 같은

항 각 호의 구분에 따른 청구권자 수 이상이 연대 서명하여 주민조례청구를 할 수 있다.

② 이 법 시행 당시 제11조제4항 각 호 외의 부분에 따라 해당 지방자치단체의 조례로 정하는 보정 기간이 같은 항 각 호의 구분에 따른 기준에 맞지 아니하는 경우에는 그 기준에 맞는 조례가 제정되거나 그 기준에 맞게 개정될 때까지는 다음 각 호의 구분에 따른 기간 내에 청구인명부를 보정하게 할 수 있다.

1. 시·도: 15일

2. 시·군 및 자치구: 10일

제4조(다른 법률의 개정) ① 세종특별자치시 설치 등에 관한 특별법 일부를 다음과 같이 개정한다.

제20조제1항 각 호 외의 부분 중 "19세"를 각각 "18세"로, 「지방자치법」 제15조제1항"을 "「주민조례발안에 관한 법률」 제5조제1항"으로, "시장에게"를 "시의회에"로 한다.

② 제주특별자치도 설치 및 국제자유도시 조성을 위한 특별법 일부를 다음과 같이 개정한다.

제29조제1항 각 호 외의 부분 중 "19세"를 각각 "18세"로, 「지방자치법」 제15조제1항"을 "「주민조례발안에 관한 법률」 제5조제1항"으로, "도지사에게"를 "도의회에"로 한다.

제77조의 제목("「지방자치법」의 준용")을 "(「주민조례발안에 관한 법률」 및 「지방자치법」의 준용)"으로 하고, 같은 조 제1항 전단 중 "「지방자치법」 제15조,"를 "「주민조례발안에 관한 법률」 및 「지방자치법」"으로 한다.

중앙지방협력회의의 구성 및 운영에 관한 법률

(약칭: 중앙지방협력회의법)

[시행 2022. 1. 13.]
[법률 제18297호, 2021. 7. 13., 제정]

제1조(목적) 이 법은 「지방자치법」 제186조에 따른 중앙지방협력회의의 구성과 운영 등에 필요한 사항을 정함으로써 국가와 지방자치단체의 대등하고 협력적인 관계를 바탕으로 지방자치 발전과 지역 간 균형발전 정책의 효과를 제고하는 것을 목적으로 한다.

제2조(중앙지방협력회의의 기능) 중앙지방협력회의(이하 "협력회의"라 한다)는 다음 각 호의 사항을 심의한다.

1. 국가와 지방자치단체 간 협력에 관한 사항

2. 국가와 지방자치단체의 권한, 사무 및 재원의 배분에 관한 사항

3. 지역 간 균형발전에 관한 사항

4. 지방자치단체의 재정 및 세제에 영향을 미치는 국가 정책에 관한 사항

5. 그 밖에 지방자치 발전에 관한 사항

제3조(구성 및 운영) ① 협력회의는 대통령, 국무총리, 기획재정부장관, 교육부장관, 행정안전부장관, 국무조정실장, 법제처장, 특별시장·광역시장·특별자치시장·도지사·특별자치도지사(이하 "시·도지사"라 한다), 「지방자치법」 제182조제1항제2호부터 제4호까지의 규정에 따른 전국적 협의체의 대표자 및 그 밖에 대통령령으로 정하는 사람으로 구성한다.

② 협력회의의 의장(이하 "의장"이라 한다)은 대통령이 된다.

③ 협력회의의 부의장(이하 "부의장"이라 한다)은 국무총리와 「지방자치법」 제182조제1항제1호에 따라 설립된 시·도지사 협의체의 대표자(이하 "시·도지사협의회장"이라 한다)가 공동으로 된다.

④ 의장은 협력회의를 소집하고 이를 주재한다.

⑤ 부의장은 의장에게 회의의 소집을 요청할 수 있으며, 의장이 협력회의에 출석하지 못하는 경우에는 국무총리, 시·도지사협의회장의 순으로 그 직무를 대행한다.

⑥ 제1항에 따른 협력회의의 구성원은 협력회의에 심의할 안건을 제출할 수 있다.

⑦ 의장은 제6항에 따라 제출된 안건의 심의를 위하여 필요한 경우에는 안건과 관련된 중앙행정기관의 장, 지방자치단체의 장, 관계 공무원 또는 해당 분야의 민간전문가를 협력회의에 참석하게 하여 의견을 들을 수 있다.

⑧ 제1항부터 제7항까지에서 규정한 사항 외에 협력회의의 개최 및 운영에 필요한 사항은 대통령령으로 정한다.

제4조(심의 결과의 활용) ① 국가 및 지방자치단체는 협력회의의 심의 결과를 존중하고 성실히 이행하여야 한다.

② 국가 및 지방자치단체는 심의 결과에 따른 조치 계획 및 이행 결과를 협력회의에 보고하여야 한다.

③ 국가 또는 지방자치단체는 제1항에도 불구하고 심의 결과를 이행하기 어려운 특별한 사유가 있는 경우에는 그 사유와 향후

조치 계획을 협력회의에 보고하여야 한다.

제5조(관계기관 등에 대한 협조요청) 협력회의는 제2조에 따른 심의를 위하여 필요하다고 인정하는 경우에는 관계 중앙행정기관의 장, 지방자치단체의 장 및 지방의회의 의장 등에게 필요한 자료의 제출을 요청하거나 의견을 수렴할 수 있다.

제6조(실무협의회) ① 협력회의에 상정할 안건을 사전에 조정하고 의장으로부터 지시받은 사항을 처리하기 위하여 실무협의회를 둔다.

② 실무협의회는 다음 각 호의 사람으로 구성한다.

1. 기획재정부의 차관 중 기획재정부장관이 지명하는 1명, 교육부차관, 행정안전부차관, 국무조정실의 차장 중 국무조정실장이 지명하는 1명, 법제처 차장

2. 특별시·광역시·특별자치시·도·특별자치도의 부시장 또는 부지사(해당 지방자치단체에 부시장 또는 부지사가 2명 이상인 경우에는 해당 시·도지사가 지명하는 1명을 말한다)

3. 「지방자치법」 제182조제1항제2호부터 제4호까지의 규정에 따른 전국적 협의체의 대표자가 그 구성원 중에서 지명하는 각 1명

4. 그 밖에 대통령령으로 정하는 사람

③ 실무협의회의 위원장은 행정안전부장관과 시·도지사협의회장이 시·도지사 중에서 지명하는 1명이 공동으로 된다.

④ 실무협의회의 위원장은 실무협의회를 소집하고 이를 주재한다.

⑤ 실무협의회의 위원장은 필요한 경우에는 관계 공무원 또는 해당 분야의 민간전문가를 실무협의회에 참석하게 하여 의견을 들을 수 있다.

⑥ 제1항부터 제5항까지에서 규정한 사항 외에 실무협의회의 구성 및 운영에 필요한 사항은 대통령령으로 정한다.

부칙 <제18297호, 2021. 7. 13.>

이 법은 2022년 1월 13일부터 시행한다.

고향사랑 기부금에 관한 법률

(약칭: 고향사랑기부금법)

[시행 2023. 1. 1.]
[법률 제18489호, 2021. 10. 19., 제정]

제1조(목적) 이 법은 고향사랑 기부금의 모금
·접수와 고향사랑기금의 관리·운용 등에
관하여 필요한 사항을 정하여 고향에 대한
건전한 기부문화를 조성하고 지역경제를 활
성화함으로써 국가균형발전에 이바지함을
목적으로 한다.

제2조(정의) 이 법에서 사용하는 용이의 뜻
은 다음과 같다.

1. "고향사랑 기부금"이란 지방자치단체가
주민복리 증진 등의 용도로 사용하기 위
한 재원을 마련하기 위하여 해당 지방자
치단체의 주민이 아닌 사람으로부터 자발
적으로 제공받거나 모금을 통하여 취득하
는 금전을 말한다.

2. "고향사랑 기부금의 모금"이란 지방자
치단체가 광고, 정보통신망의 이용, 그 밖
의 방법으로 해당 지방자치단체에 고향사
랑 기부금을 제공하여 줄 것을 다른 사람
에게 의뢰·권유 또는 요구하는 행위를 말
한다.

제3조(다른 법률과의 관계) 이 법에 따른 고향
사랑 기부금의 모금·접수 및 사용 등에 관
하여는 「기부금품의 모집 및 사용에 관한
법률」을 적용하지 아니한다.

제4조(고향사랑 기부금의 모금 주체 및 대상) ①
지방자치단체는 해당 지방자치단체의 주민
이 아닌 사람에 대해서만 고향사랑 기부금

을 모금·접수할 수 있다.

② 행정안전부장관은 지방자치단체 또는 그
소속 공무원이 다음 각 호의 어느 하나에
해당하는 경우 다음 회계연도 1년 이내의
기간 동안 해당 지방자치단체의 고향사랑
기부금 모금·접수를 제한할 수 있다.

1. 제6조제1항 또는 제2항을 위반하여 고
향사랑 기부금을 낼 것을 강요하거나 적
극적으로 권유·독려한 경우

2. 제7조를 위반한 방법으로 고향사랑 기
부금을 모금한 경우

③ 제2항에 따른 구체적인 제한기간 등은
대통령령으로 정한다.

제5조(기부의 제한) ① 누구든지 타인의 명의
나 가명으로 고향사랑 기부금을 기부하여
서는 아니 된다.

② 누구든지 업무·고용, 계약이나 처분 등
에 의한 재산상의 권리·이익 또는 그 밖의
관계가 있는 지방자치단체에 기부하여서는
아니 된다.

제6조(기부·모금 강요 등의 금지) ① 누구든지
업무·고용 그 밖의 관계를 이용하여 다른
사람에게 고향사랑 기부금의 기부 또는 모
금을 강요하여서는 아니 된다.

② 공무원은 그 직원에게 고향사랑 기부금
의 기부 또는 모금을 강요하거나 적극적으
로 권유·독려하여서는 아니 된다.

제7조(고향사랑 기부금의 모금 방법) ① 지방자
치단체는 대통령령으로 정하는 광고매체를
통하여 고향사랑 기부금의 모금을 할 수 있
다. 다만, 다음 각 호의 어느 하나에 해당하
는 방법으로는 고향사랑 기부금의 모금을
할 수 없다.

1. 개별적인 전화, 서신 또는 전자적 전송 매체(「정보통신망 이용촉진 및 정보보호 등에 관한 법률」 제2조제1항제13호에 따른 전자적 전송매체를 말한다)의 이용

2. 호별 방문

3. 향우회, 동창회 등 사적인 모임에 참석·방문하여 적극적으로 기부를 권유·독려하는 방법

4. 그 밖에 제1호부터 제3호까지에서 규정한 방법과 유사한 방법으로서 대통령령으로 정하는 방법

② 제1항에 따른 고향사랑 기부금의 모금 방법·절차 등에 관하여 필요한 사항은 대통령령으로 정한다.

제8조(고향사랑 기부금의 접수 및 상한액) ① 고향사랑 기부금은 지방자치단체의 장이 지정한 금융기관에 납부하게 하거나, 제12조에 따른 정보시스템을 통한 전자결제·신용카드·전자자금이체 또는 지방자치단체의 청사, 그 밖의 공개된 장소에서 접수하여야 한다.

② 지방자치단체가 고향사랑 기부금을 접수한 경우에는 고향사랑 기부금을 기부한 사람(이하 "기부자"라 한다)에게 지방자치단체의 장의 명의로 영수증을 발급하여야 한다.

③ 개인별 고향사랑 기부금의 연간 상한액은 500만원으로 한다.

④ 제1항 및 제2항에서 규정한 사항 외에 고향사랑 기부금의 접수 방법·절차 등에 관하여 필요한 사항은 대통령령으로 정한다.

제9조(답례품의 제공) ① 지방자치단체는 기부자에게 대통령령으로 정하는 한도를 초과하지 아니하는 범위에서 물품 또는 경제적 이익(이하 "답례품"이라 한다)을 제공할 수 있다.

② 제1항에 따라 제공하는 답례품은 다음 각 호의 어느 하나에 해당하는 것으로 한다.

1. 지역특산품 등 해당 지방자치단체의 관할구역에서 생산·제조된 물품

2. 지방자치단체가 해당 지방자치단체의 관할구역에서만 통용될 수 있도록 발행한 상품권 등 유가증권

3. 그 밖에 해당 지역의 경제 활성화 등에 기여할 수 있는 것으로서 조례로 정하는 것

③ 지방자치단체는 다음 각 호의 어느 하나에 해당하는 것을 답례품으로 제공하여서는 아니 된다.

1. 현금

2. 고가의 귀금속 및 보석류

3. 제2항제2호에 해당하지 아니하는 상품권 등 유가증권

4. 그 밖에 지역경제 활성화에 기여하지 못하는 것으로서 대통령령으로 정하는 것

제10조(위법행위의 신고 및 신고자 보호) ① 누구든지 다음 각 호의 어느 하나에 해당하는 자를 관계 행정기관이나 수사기관에 신고 또는 고발할 수 있다.

1. 제5조제1항 또는 제2항을 위반하여 고향사랑 기부금을 기부한 자

2. 제6조제1항 또는 제2항을 위반하여 고향사랑 기부금의 기부 또는 모금을 강요하거나 적극적으로 권유·독려한 자

3. 제7조를 위반하여 이 법에서 정하지 아니한 방법으로 고향사랑 기부금을 모금한 자

4. 제8조제1항을 위반하여 공개된 장소가 아닌 장소에서 고향사랑 기부금을 접수한 자

5. 제9조제1항 또는 제3항을 위반하여 답례품을 제공한 자

② 누구든지 제1항에 따른 신고 또는 고발을 한 자에게 신고 또는 고발을 이유로 불이익조치(「공익신고자 보호법」 제2조제6호에 따른 불이익조치를 말한다)를 하여서는 아니 된다.

제11조(고향사랑기금의 설치 등) ① 지방자치단체는 모금·접수한 고향사랑 기부금의 효율적인 관리·운용을 위하여 기금을 설치하여야 한다.

② 제1항에 따른 기금(이하 "고향사랑기금"이라 한다)은 고향사랑 기부금을 재원으로 하고, 제3항에 따라 모집·운용 비용에 충당하는 경우 외에는 다음 각 호의 어느 하나에 해당하는 목적으로만 사용되어야 한다.

1. 사회적 취약계층의 지원 및 청소년의 육성·보호

2. 지역 주민의 문화·예술·보건 등의 증진

3. 시민참여, 자원봉사 등 지역공동체 활성화 지원

4. 그 밖에 주민의 복리 증진에 필요한 사업의 추진

③ 지방자치단체는 고향사랑기금의 일부(전년도 고향사랑 기부금액의 100분의 15 이내의 범위에서 대통령령으로 정하는 비율을 초과하지 아니하는 금액으로 한정한다)를 고향사랑 기부금의 모집과 운용 등에 필요한 비용에 충당할 수 있다.

④ 제1항 및 제2항에 따른 고향사랑기금의 관리·운용 등에 필요한 세부적인 사항은 대통령령으로 정하는 바에 따라 지방자치단체의 조례로 정한다.

제12조(제도의 연구 및 지원) ① 행정안전부장관 및 지방자치단체의 장은 고향사랑 기부금 제도에 대한 주기적인 조사·분석, 연구 등을 통하여 기부가 활성화되도록 노력하여야 한다.

② 행정안전부장관 및 지방자치단체의 장은 고향사랑 기부금의 모금·접수 및 답례품 제공 등의 업무를 지원하고 그에 관한 정보를 제공하기 위하여 필요한 경우 정보시스템을 구축·운영할 수 있다.

③ 행정안전부장관 및 지방자치단체의 장은 제2항에 따른 정보시스템의 구축·운영 업무를 대통령령으로 정하는 바에 따라 관계 전문기관에 위탁할 수 있다.

제13조(결과 공개의무) 지방자치단체는 고향사랑 기부금의 접수 현황과 고향사랑기금의 운용 결과 등을 대통령령으로 정하는 바에 따라 공개하여야 한다.

제14조(불법 고향사랑 기부금의 반환) ① 지방자치단체는 다음 각 호의 어느 하나에 해당하는 경우 고향사랑 기부금을 기부자에게 반환하고, 교부된 영수증을 회수하여야 한다.

1. 제4조제1항을 위반하여 해당 지방자치단체의 주민으로부터 고향사랑 기부금을 받은 경우

2. 제4조제2항에 따라 모금 주체에서 제외된 지방자치단체가 고향사랑 기부금을 접수한 경우

3. 제5조제1항 또는 제2항을 위반하여 고

향사랑 기부금을 기부한 경우

4. 제6조제1항 또는 제2항을 위반하여 고향사랑 기부금을 낼 것을 강요하거나 적극적으로 권유·독려한 경우

5. 제7조를 위반하여 이 법에서 정하지 아니한 방법으로 고향사랑 기부금을 모금한 경우

6. 제8조제1항을 위반하여 공개된 장소가 아닌 장소에서 고향사랑 기부금을 접수한 경우

7. 제9조제1항 또는 제3항을 위반하여 답례품을 제공한 경우

② 제1항제1호부터 제6호까지에 따라 반환하는 기부금은 답례품 가액을 제외한 금액으로 한다.

제15조(지도·감독 등) ① 행정안전부장관은 고향사랑 기부금의 모금, 고향사랑기금의 관리·운용 등에 대하여 지도·감독 또는 시정권고를 하거나, 그 밖에 필요한 조치를 하도록 지방자치단체에 요구할 수 있다.

② 지방자치단체는 특별한 사유가 없으면 제1항에 따른 지도·감독, 시정권고 또는 그 밖에 필요한 조치의 요구에 따라야 한다.

제16조(위반사실 공표) ① 행정안전부장관 및 지방자치단체의 장은 지방자치단체가 제4조제2항에 따라 고향사랑 기부금의 모금·접수를 제한받은 경우 해당 사실이 있음을 공표하여야 한다.

② 제1항에 따른 공표 방법, 절차 등에 필요한 사항은 대통령령으로 정한다.

제17조(벌칙) ① 제6조제1항을 위반하여 고향사랑 기부금의 기부 또는 모금을 강요한 자는 3년 이하의 징역 또는 3천만원 이하의 벌금에 처한다.

② 제6조제2항을 위반하여 고향사랑 기부금의 기부 또는 모금을 강요하거나 적극적으로 권유·독려한 공무원은 3년 이하의 징역 또는 3천만원 이하의 벌금에 처한다.

③ 제7조제1항을 위반하여 고향사랑 기부금을 모금한 자는 1년 이하의 징역 또는 1천만원 이하의 벌금에 처한다.

부칙 <제18489호, 2021. 10. 19.>

이 법은 2023년 1월 1일부터 시행한다.